博士文庫

—社会学—

流动人口的社会融入

彭灵灵◎著

知识产权出版社
全国百佳图书出版单位
—北京—

图书在版编目（CIP）数据

流动人口的社会融入/彭灵灵著. —北京：知识产权出版社，2021.10
ISBN 978-7-5130-7797-2

Ⅰ.①流… Ⅱ.①彭… Ⅲ.①流动人口—社会管理—研究—中国 Ⅳ.①D631.42

中国版本图书馆 CIP 数据核字（2021）第 211815 号

责任编辑：江宜玲 石红华　　责任校对：谷 洋
封面设计：智兴设计室　　责任印制：刘译文

流动人口的社会融入

彭灵灵 著

出版发行：知识产权出版社有限责任公司　　网 址：http：//www.ipph.cn
社 址：北京市海淀区气象路 50 号院　　邮 编：100081
责编电话：010-82000860 转 8339　　责编邮箱：jiangyiling@cnipr.com
发行电话：010-82000860 转 8101/8102　　发行传真：010-82000893/82005070/82000270
印 刷：北京九州迅驰传媒文化有限公司　　经 销：各大网上书店、新华书店及相关专业书店
开 本：880mm×1230mm 1/32　　印 张：10.75
版 次：2021 年 10 月第 1 版　　印 次：2021 年 10 月第 1 次印刷
字 数：256 千字　　定 价：58.00 元
ISBN 978-7-5130-7797-2

自 序 以为社会增温、促社会和谐为己任

改革开放推进了中国工业化、城市化和现代化进程，推动了中国的发展、进步和繁荣。中国社会由此出现了万马奔腾、五彩缤纷、焕然一新的局面。但与此同时，急速的社会变革和转型，使中国社会由单位制到街区制再到社区制，社会个体也由“单位人”变成了“社区人”。在此期间，作为社会资源连接和群体互动重要纽带的社会组织崭露头角，以崭新的面貌成为建设和谐社会、实现美丽中国的重要力量之一。社会组织以为社会增温、促社会和谐为己任，对中国社会体制改革、社会事业发展，尤其是对流动人口的社会融入作用巨大。

流动人口的社会融入问题是社会学研究领域一个极具中国特色的经典议题。改革开放 40 多年来，伴随剧烈的城市化、现代化运动和社会转型，广泛、频繁、复杂的从农村到城市的人口流动随之出现。数以亿计的农村人口流动到城市，对当代中国社会变迁无论是在广度上还是在深度上都产生了前所未有的深刻影响。同时，由于城乡二元户籍制度壁垒

的存在，除少部分人外，规模庞大的流动人口移入居住地后并不能在当地落户，从而催生出大量的城市流动人口。如何推动这类群体更快、更好地融入当地社会是当前城市地方政府关注的焦点，也是学术研究亟待破解的难题。

已有研究对社会组织参与社会融入及其作用发挥的探讨，多由宏观角度切入，探究政社关系与社会组织参与社会治理的机制、社会融入及其测量及归因分析等。这些研究大多强调社会组织起到了什么作用，或将社会组织本身视为一个“黑箱”状态，抑或将社会组织参与流动人口社会融入视为给定的条件，而忽视了社会组织的主体性和异质性的影响，社会组织合法性基础的不同对促进流动人口社会融入方面的影响，以及社会组织与流动人口的社会融入之间是否存在中介或影响机制。这导致现有的研究分析视角相对单一，且缺乏动静结合的深入探讨，缺乏对社会融入的影响因素进行类型划分和对社会融入的结果进行层次划分以及对社会组织促进流动人口社会融入具体机制的关注和对主体的清晰界定，社会融入概念的运用也不够科学，等等。

而流动人口能否顺利地融入当地社区，与其所获得的社会资本息息相关。社会组织通过与当地政府、流动人口和户籍人口的持续互动，建构和发展了多种形式的合法性组织，并通过提供多种社会服务实现资源连接，促进群体互动，帮助流动人口构建不同类型的社会资本，进而推动其顺利融入当地社区。

本书探讨的问题是：社会组织异质性对流动人口的社会融入有何影响？社会组织如何促进流动人口的社会融入？换言之，社会组织及其合法性如何促进流动人口获得不同层次的社会资本？具备不同层次社会资本的流动人口如何实现不同程度的社会融入？

为深入探讨上述问题，本书以流动人口为研究对象，以珠江三角洲地区流动人口聚集的Z市为案例发生的场域，选取Z市的三个社区中社会组织促进流动人口实现社会融入的经验作为典型案例，从静态和动态两个方面重点分析流动人口的社会融入现状，通过参与式观察、深度访谈、问卷调查和文献分析等资料收集方法，结合实地调研的资料观察流动人口在历经长期的城市社区接触后社会融入的现状并探究导致这种状况的原因。本书的经验资料来自作者2017年至2019年在当地进行的访谈与问卷调查。

本书从促进流动人口社会融入这一社会治理问题出发，以组织合法性理论、社会资本理论和社会融入理论为分析框架，主要围绕社会组织培育和累积社会资本的理论基础、促进流动人口社会融入的具体机制和模式等几个方面展开探讨，以期为相关理论拓展和社会治理实践做出贡献。第一，社会组织是如何参与流动人口的社会融入的？第二，从社会组织合法性的角度对社会组织进行分类，探讨社会组织及其合法性如何影响社会资本的形成，进而对流动人口的社会融入起到了何种作用？促进流动人口社会融入的作用机制是什么？产生了怎样的效果？第三，社会组织产生、提供的社会资本是如何助推流动人口三种社会融入模式形成的？通过对三个社区的比较分析，本书试图呈现出社会组织参与流动人口社会融入的逻辑和运行机理，既从服务供给侧——社会组织的异质性方面，也从服务对象，即需求侧的异质性——社会资本方面展开研究，并对由此产生的社会融入结果进行类型学划分，既关注社会融入的结构因素，也探讨融入过程中的组织行为。

首先，明晰用于测量社会融入的四大维度——经济融入、社交融入、文化融入和心理融入，并依据融入程度的差异，将社会融入分为低度融入、中度融入和高度融入三种类型。其次，探究具备不同合法性的社会组织通过承接项目、提供专业化服务等方式来为流动人口培育和累积社会资本，并将培育产生的社会资本划分为结合型社会资本、桥接型社会资本和连结型社会资本三个层次，以此分析社会组织对于社会资本培育的作用，阐释社会组织参与流动人口社会融入的具体机制。再次，以Z市三个社区作为典型，在考察社会组织帮助流动人口培育结合型、桥接型和连结型社会资本的基础上，对三个社区流动人口的社会融入状况进行梯度模式比较，着重论证在不同层次的社会资本形式下，社会组织促进流动人口社会融入模式的形成过程，并对现实中社会组织促进流动人口社会融入存在的不足进行分析。最后，提出更好地发挥社会组织促进流动人口社会融入功能作用的政策建议。

研究发现，“身份认同”与“文化认同”对流动人口的社会融入影响显著。前者主要影响流动人口在生活层面的融入，后者则对深层的社会交往和心理层面具有显著影响。社会组织在促进流动人口社会融入方面能够发挥至关重要的作用，是多种机制综合作用的结果。这些组织根据自身所具备的不同类型的合法性，通过开展活动、承接项目等方式来提供不同层次的社会资本，进而参与到流动人口社会融入的进程之中，充分地发挥其功能作用，并以此促进流动人口社会融入的实现。在这一过程中，社会资本发挥了中介作用。首先，具备不同类型合法性的社会组织通过提供结合型社会资本，帮助流动人口获得个体层面的社会资本；通过提供桥接型社会资本，帮助流动人口获得组织层面或社区内的社会资本；通过提供连结型社会资本，帮助流动人口获得系统层面的或跨社区的社会资本。其次，在不同层次社会资本的作用下，流动人口实现了低度、中度和高度三种不同程度的社会融入。由此，社会组织通过帮助流动人口获得不同层次的社会资本促进了他们不同程度的社会融入，最终社会组织促进流动人口社会融入这一作用得以完全发挥，功能得以最大化体现，流动人口的社会融入也得以实现。

目录

导 论 流动中国之和谐社会营造

伴随工业化、城市化和现代化而来的中国社会的转型，从农业到工业、从农村到城市、从传统到现代，浩浩荡荡，势不可当。自20世纪80年代初，改革开放令数以亿计的农村剩余劳动力流入、聚集到“广阔”的城市，觅生计、奔“小康”，寻求新的生活。城市，成为“美好生活”的象征和实现梦想之地。事实的确如此，由于城乡发展不平衡的长期存在，城市的物质繁荣让初入城市的打工者体验到城市生活的美好。但是，城市生活的艰辛也让无数打工者流下辛酸热泪。每逢节庆，打工者们就如候鸟一般，在追梦与寻根之间往返、徘徊，在拥挤的人群中感叹“留不下的城市，回不去的故乡”。“入城”的农民们，常常会发现他们很难融入城市——城市很美好，但农民工的“城市梦”并不那么美好。对他们而言，城市是一个充满酸甜苦辣的生活舞台和人生竞技场，相较于故乡，这里是成功与失败、希望与失望的交织和轮回之所。他们对现实中城市“幸福”生活的认识与以前大不相同。本着改革开放成果共享、社会治理多元主体共建共治共享、城市流动人口生活质量提高和社会融入（Social inclusion）

实现的美好愿望，笔者从社会组织合法性、社会资本的视角研究以农民工为主体的流动人口的社会融入问题。这一研究具有重要的理论价值和实践意义。

第一节　流动的中国与流动人口社会融入问题

习近平总书记在2019年的新年贺词中指出："一个流动的中国，充满了繁荣发展的活力。我们都在努力奔跑，我们都是追梦人。"① 亚里士多德（Aristotle）有句名言："人们来到城市是为了生活，人们居住在城市是为了生活得更好。"② 在中国快速城市化的进程中，经济富裕的地区成为大部分流动人口③的主要流入地和聚集地，我们一方面要看到城市让生活更美好，另一方面也要看到城市发展和城市化带给人们，尤其是带给流动人口的种种问题和困扰。为了让这些城市建设的重要参与者能够留下来，2016年7月，国务院发布《关于实施支持农业转移人口市民化若干财政政策的通知》，从制度层面为流动人口融入城市提供了保障。为了回应国家的市民化政策，本书从实践层面提出如下问题：作为流动中国的一个重要组成，流动人口，尤其是其中的以农民工为主体的流动人口如何更好地融入城市生活，让生活更美好？

近些年来，国家开始强调政府职能转移，强调社会组织参与社会治理，在流动人口的社会融入方面，也寄希望于越来越多的

---

① 人民网（http：//politics. people. com. cn. /GB/nl/2018/1231/c1024_30497518. html）.

② 亚里士多德. 政治学［M］. 吴寿彭，译. 北京：商务印书馆，1965.

③ 流动人口是指一个地区的非常住人口，包括寄居人口、暂住人口、旅客登记人口和在途人口。在建筑和运输部门做临时工的外地民工，进城经商、办企业、就学或从事各种第三产业劳动的外地人口，探亲访友人员，来自外地参加各种会议、展览、购货、旅游的人员，都构成了流动人口。

社会组织能够参与到流动人口的治理与社会融入中来。针对流动人口在流入地的社会融入问题，学界也给予了关注，并产生了一系列的研究成果。但既有的社会组织与流动人口社会融入的有关研究，大多强调社会组织起到了什么作用，或将社会组织本身视为一个“黑箱”状态，抑或将社会组织参与流动人口社会融入视为给定的条件，而忽视了社会组织的主体性和异质性的影响，特别是政社关系的影响；社会组织的合法性是其在中国社会中存在的基础，也决定着社会组织的活动空间和资源获取能力，影响着社会组织参与流动人口社会融入的动机和动力。而现有的研究忽视了社会组织合法性基础的不同对于促进流动人口社会融入方面的影响，以及社会组织与流动人口的社会融入之间是否存在中介或影响机制。

因此，本书关注的其中一个问题是社会组织异质性的影响，即社会组织及其合法性这一异质性对流动人口的社会融入有何影响？如何促进流动人口的社会融入？在这其中，社会组织及其合法性这一异质性如何通过社会资本影响流动人口的社会融入？即社会组织及其合法性如何促进流动人口获得不同层次的社会资本？而具备不同层次社会资本的流动人口如何实现其不同程度的社会融入？同时，本研究还关注融入对象的异质性，即身处不同社区的流动人口的社会融入状况如何？为何流动人口的社会融入呈现出差异化特点？是什么影响了流动人口的社会融入？本书尤其关注社会资本的差异所带来的流动人口社会融入的差异情况。如果说社会组织的异质性构成了服务供给侧的差异，那么流动人口的异质性就是融入对象需求侧的差异。此外，本书还关注两种异质性的交互作用。

为进一步说明这一问题，本书从以下问题展开分析：第一，社会组织是如何参与流动人口的社会融入的？第二，社会组织具备的不同合法性对流动人口社会资本的发掘培育有何影响？促进流动人口社会融入的机制是什么？第三，社会组织产生、提供的社会资本如何助推流动人口三种社会融入模式的形成？本书选取珠江三角洲地区（以下简称“珠三角地区”或“珠三角”）Z 市的三个社区中社会组织促进流动人口社会融入作为典型案例，对社会组织尤其是从其合法性这一组织特质进行分类，探讨社会组织及其合法性如何影响社会资本的形成，进而对流动人口的社会融入起到了何种作用？产生了怎样的效果？本书通过对上述所提及三个社区的比较分析，以及对以上问题的解答，试图找出社会组织参与流动人口社会融入的逻辑和运行机理，既从服务供给侧——社会组织的异质性方面，也从服务对象，即需求侧的异质性——社会资本方面展开研究，以期为相关理论拓展和社会治理实践做出贡献。

第二节　社会组织参与流动人口社会融入研究之可为

本研究主要通过社会组织参与流动人口社会融入的结构特征、功能和模式差异，探究组织合法性下社会组织对流动人口社会融入的促进机制，进而探讨不同社会资本对流动人口社会融入的影响机制，以及社会组织如何通过影响不同类型社会资本的累积来对流动人口的社会融入产生促进作用等。

本研究关注流动人口社会融入的类型划分，以社会资本为突破口，分析社会组织参与流动人口社会融入的作用和模式，有利于社会资本的重新分类和社会融入类型的划分，有助于流动人口的社会融入及其效果分析、提升社会治理新格局下多元主体参与社会建设的能力、制定针对我国流动人口社会融入特点的社会服务政策、助推社会组织不断提升自身的自主性和专业性，还有利于推进户籍、社保等制度改革。

一、社会组织促进流动人口社会融入研究之理论贡献

（一）拓展社会组织促进流动人口社会融入的研究视角

已有关于社会组织参与流动人口社会融入的研究，大多强调社会组织对流动人口社会融入的影响，而未考虑到社会组织本身的异质性。为了弥补现有研究的缺陷，本研究从社会组织异质性的角度出发，重新界定社会组织合法性的构成要素，并对社会组织参与流动人口社会融入的原因进行分析。本研究关注社会组织的异质性及其影响，认为社会组织并不是同质化的社会组织，社会组织及其合法性影响到其参与流动人口社会融入动机与投入程度，也影响到其活动的范围和资源获得能力，影响其所提供的社会资本，进而影响其参与流动人口社会融入的程度，以及流动人口社会融入的效果。不同于以往人们按照组织的三重要素[①]对组织合法性的概念进行界定，本书将社会组织的合法性依其构成要素更切合实际地将其划分为形式合法性、实质合法性和社会合法性三类，以社会组织参与流动人口社会融入的原因为研究起点，认为社会组织参与流动人口社会融入是基于组织合法性获取的考量。

（二）深化社会组织主动性研究的相关理论

已有关于社会组织的研究基本都在分类控制的框架下开展，且多数研究关注的是政社关系。在这类研究中，研究者通常强调的是政府的主动性，即政府如何对社会组织进行控制，认为政府可通过多种方式对社会组织实施控制。另一类研究则关注社会组

① 即规制性要素、规范性要素和文化—认知性要素。

织如何通过不同的策略来“依附”政府。不同于以往的基于“国家—社会”二分的静态研究视角的研究，本书认为，社会组织的能动性还体现在其与社会大众的互动中。社会组织在参与促进流动人口的社会融入中具有一定的能动性，它们通过成功注册，获得法律认可，从而获取形式合法性；通过遵守行政机关的相关规章制度，获得政府认可，承接政府转移的公共服务职能，提高服务质量和资源配置效率，以获取实质合法性；通过参与社会化动员、优化社区资源、实现市场化资源配置，为流动人口提供优质的、多样化的专业化服务，从而获取社会合法性。这些研究和发现跳出了政社关系的范围，从社会组织与公众的互动中来发掘社会组织的能动性，将有利于深化和拓展社会组织研究的相关理论。

（三）丰富社会资本与社会融入之关系和类型划分的研究成果

流动人口融入流入地社会历来是一个难题。从宏观层面上看，它与流入地的政治、社会、经济和文化等方面密切关联，有时候它还涉及一些地方的宗教、权力、制度、政策等敏感性问题。而就个体而言，它还涉及人的社会发展和心理适应问题。因此，探索社会融入的类型和模式问题，是一个针对多因素进行分析和讨论的问题，是一个需要多方面协调和研究的问题。在已有的研究中，较多集中于社会融入的测量方面，认为社会融入由经济、文化和心理等多层次的融入所构成，仅从政治、经济、社会、文化等视角进行简单分析，而关于社会融入的归因分析尚存不足。虽有不少研究注意到了既有社会资本对流动人口社会融入的影响，认为社会资本是流动人口社会融入的一个重要的影响因子，社会资本的重组与转型对于城市流动人口社会融入具有不可替代的重要作用，构建新的人际关系网络，是流动人口熟悉城市文化、学习生存技能、内化新规则的重要途径，却未对重组产生的新社会资本的类型和特质做进一步的探讨。① 还有不少研究探讨既有社会资本对流动人口社会融入存在的消极影响，但却鲜少就此问题提出可资借鉴的解决方案。本书从服务对象需求侧的异质性问题展开，即从促进流动人口社会融入的社会资本出发，对社会资本进行重新分类，并探讨由此导致的社会融入类型和模式，这将有利于社会资本与社会融入的关系研究，有利于社会融入的归因分析、社会资本的重新分类和社会融入类型的划分研究。

（四）提升社会组织合法性、社会资本与社会融入之研究结论的说服力

本研究所关注的社会组织促进流动人口社会融入的问题，属于对组织行为和社会现象的归纳和构建理解意义的过程。对社会组织合法性、社会资本、社会融入等的类型划分，更是要求深入实践调研以获取反映真实世界的资料与数据，力求尽可能真实地概括与总结相关类型，以及理解供给侧与服务对象之间的互动过程。已有关于社会融入的研究，多采用问卷调查、量表调查等数据收集的定量分析方法，侧重于对指标体系的构建。区别于这些方法，本研究立足于研究问题，根据研究问题的特质和属性，选择定性研究的方法，通过参与观察、深度访谈和二手资料等方法来获取相关经验材料，运用多案例比较分析的方式，对社会组织及其合法性如何通过影响社会资本从而促进流动人口社会融入进行归类分析，并通过典型个案分析，将社会资本作为重要的中介，深入探究社会组织是如何帮助流动人口聚集社会资本，进而在促

① 刘芳．桥接型社会资本与新移民社会融入——兼论社会组织与基层社区对新移民融入的推动作用［J］．学习论坛，2015（11）：67－72.

进其社会融入方面发挥独特且重要作用的。本研究采用符合研究问题属性的研究方法，并在研究执行过程中遵循严格的学术规范，力求获取更为丰富且真实的资料，以客观反映组织行为和相关因果关系，进一步增强研究结论的科学性和说服力。

二、社会组织促进流动人口社会融入研究之实践修为

（一）有助于客观地分析流动人口社会融入模式，提升社会治理新格局下多元主体参与社会建设的能力

社会融入问题已上升到非解决不可的地步。改革开放 40 多年来，我国社会经济取得了巨大的发展和进步，同时社会各阶层矛盾不断出现，甚至出现局部激化。党的十九大报告指出："我国社会主要矛盾已经转化为人民日益增长的美好生活需要和不平衡不充分的发展之间的矛盾。"[①] 具体而言，由于发展的不平衡不充分，各地区开始出现人员融合的问题。这些问题与阶层矛盾、民族矛盾和其他社会矛盾交织叠加，如果不从根本上加以解决，而任其发展，那么到一定的时候，矛盾累积后就有可能转变为对抗和破坏，这显然不利于和谐社会的构建。因此，本研究选择珠三角地区 Z 市作为案例分析的场域，将社会组织参与流动人口社会融入研究置于社会治理创新的大背景下，这有助于客观地分析经济发达地区流动人口社会融入的模式，也有助于社会治理新格局下多元主体参与社会建设能力的提升。

---

① 习近平. 决胜全面建成小康社会 夺取新时代中国特色社会主义伟大胜利——在中国共产党第十九次全国代表大会上的讲话［EB/OL］.（2017－10－27）. http：//www. xinhuanet. com/politics/19cpcnc/2017－10/27/c_1121867529. htm.

（二）有助于发现我国流动人口融入的特点，为政策制定者提供有针对性的社会服务政策建议

对流动人口的社会融入类型进行类型划分，并从社会组织合法性和社会资本的角度进行分析，有助于更清晰地发现我国流动人口社会融入的特点，为政策制定者提供有针对性的社会服务政策建议。

（三）有助于厘清社会组织的差异性、独立性和自主性，助推社会组织自身专业性提升

分析社会组织参与流动人口社会融入的行动策略，有助于从现实场景中厘清社会组织差异性、独立性和自主性存在的问题，有助于社会组织不断地提升自身专业性，通过培育、累积更多的社会资本来促进流动人口的社会融入。

（四）有利于推进户籍、社保等制度改革

我国尚处于社会迅速变革的转型期，户籍制度、社会保障制度、教育公平制度、住房保障制度等一系列制度的不健全是流动人口社会融入度低的重要原因。被赋予了教育、就业、医疗、养老、住房、福利等一系列附加功能的上述制度，对人口迁移影响重大。对流动人口社会融入问题展开深入的研究，有利于消除户籍制度等带来的负面效应，推进社会保障制度和教育公平制度等相关制度的改革，进而助推并实现社会公平。

第三节　概念厘定：流动人口、社会组织及其合法性、社会资本、社会融入

本研究的核心概念有：流动人口、社会组织、组织合法性、

社会资本和社会融入。

一、流动人口

已有关于社会融入的研究大多以流动人口、外来人口或某一特定群体（如农民工、新生代农民工、农民工子女等）为分析对象。从中国知网所查的文献来看，早在20世纪80年代初期就有学者关注流动人口问题。马侠首提“流动人口”这一概念。① 徐云鹏对“流动人口”做出如下定义：“城市流动人口，是指流入城市暂时居住而不改变户口登记常住地的人，或者是虽不在城市居住，但每日早晚往返于城市与其住地的人（包括城区与郊区之间每日往返移动的人，而不包括城区内每日往返移动的人）。”②之后的大量关于流动人口的定义基本上都是在此定义上衍生而来的。流动人口从宏观角度来看主要是指居住地发生改变，但户口没有改变的所有移动人口；除国内人口外，还包括定居地不变，但居住地有所变化的外籍人口。从微观的某个特定的地理区域来看，流动人口不仅包括流入该地区的没有当地户口的人口，也包括那些虽然具有当地户口但是流出去的人口。③

上述对“流动人口”的定义并未对这类群体内部的特质进行区分。而“城乡分治”的二元户籍制度和建立在户籍制度之上的各种城市制度构成了流动人口融入城市社会的制度性障碍。虽然目前众多城市相继推出积分入户、积分入学等多项政策措施以助推流动人口社会融入，部分流动人口也因此取得了流入地户籍，

---

① 马侠．关于暂时性农业人口流动问题的探索［J］．人口与经济，1984（01）：10－13.

② 徐云鹏．浅谈城市流动人口问题［J］．人口学刊，1985（03）：28－31.

③ 蔡旭昶，严国萍，任泽涛，等．社会组织在流动人口管理服务中的作用——基于浙江省慈溪市和谐促进会的研究［J］．经济社会体制比较，2011（05）：199－205.

但未取得流入地户籍的流动人口仍占绝对多数。此外，由于流动人口中存在部分人员不仅未取得流入地户籍，且流动性较强，并不常住在一个城市，研究其社会融入状况显然缺乏意义或意义不大。因此，本研究重点关注流动人口的社会融入状况和社会组织所起的作用。本书中的流动人口专指离开常住户口所在地而进入流入地的跨地级以上城市且居住半年以上的、但没有取得流入地户籍的所有类型的移动人口。①

二、社会组织

我国政府管理语境中所使用的“社会组织”这一概念与社会学意义上的社会组织不同。社会学语境中的社会组织一般是指由相互作用的个人或小群体所构成的一种有特定目标的协作系统，是社会生活的基本单位。政府管理语境中的社会组织，从其范畴来看，有广义和狭义之分：广义的社会组织，包括所有由人所组织成的、从事共同活动的所有群体形式，包括民族、家庭和学校等；而狭义的社会组织，是指为了实现特定的目标、按一定方式建立起来的、有固定成员和权益结构的社会群体，如企业、医院和社会团体等。当下，我国社会组织的范畴主要是指上述语境中的那些根据现有的法律制度和管理实践，在各级民政部门登记注册的社会团体、基金会和社会服务机构。② 本研究所涉及的社会组

① 一般而言，非户籍常住人口指进入流入地居住，或在流入地跨县区居住的人员，如《贵州市流动人口管理条例》中对流动人口的定义为离开户籍所在地进入本省居住或者在本省行政区域内跨县（市、区）居住的人员。但在现实中可以发现，对非户籍常住人口而言，跨地级市居住对其影响比较大，故而本书将非户籍常住人口定义为离开常住户口所在地，进入流入地行政区域内跨地级以上城市居住半年以上的人员。

② 原称民办非企业单位。

织特指为了实现特定的目标、按一定方式组建起来的、有固定成员和权益结构的社会群体，既包括承接了政府社会服务项目、在民政部门登记注册的社会团体、基金会和社会服务机构等正式的社会组织，也包括社区居民自发成立的非正式组织——社区自组织，还包括连接正式组织、非正式组织的枢纽型社会组织。

三、组织合法性

合法性具有“合乎规则、规范，合乎法定义务”之意，它起源于马克斯·韦伯（Max Weber）对政治合法性的系统诠释。尤尔根·哈贝马斯（Jürgen Habermas）在其基础上进一步深入研究合法性，指出合法性是某种在事实上被承认的政治秩序和被认可的价值。① 塔尔科特·帕森斯（Talcott Parsons）则以组织社会学的视角来探讨合法性，并以此来诠释组织制度结构趋同的情况，后遂成为组织制度理论的核心概念和组织行为分析的重要解释变量，② 即一个组织能否得到生存和发展所需之资源，是否具备合法性是一项重要的考量指标。也就是说，一个组织存续的原因在于其内部组织体系是否具有较高的生产效率和能否与周围的环境融为一体并被环境接受、认可和信任。具有合法性的社会组织能获取更多的资源和可持续的支持，不具有合法性的组织则有着固定的初始失败率，或者失败率随时间推移而上升。③ 从中国的现实出发，本研究不同于以往组织合法性的概念界定，按照组织合法性的三

① 尤尔根·哈贝马斯. 合法化危机［M］. 刘北成，曹卫东，译. 上海：上海世纪出版集团，2009.

② T. 帕森斯. 现代社会的结构与过程［M］. 梁向阳，译. 北京：光明日报出版社，1988.

③ 陈怀超，陈安，范建红. 组织合法性研究脉络梳理与未来展望［J］. 中央财经大学学报，2014（04）：87－96.

要素，认为社会组织的合法性构成要素包括形式合法性、实质合法性和社会合法性三个层面。

四、社会资本

社会资本源于或多或少制度化了的、或疏离或紧密的社会网络。法国社会学家皮埃尔·布迪厄（Pierre Bourdieu）认为，社会资本是“实际或潜在资源的集合体，这些资源与由相互默认或承认的关系所组成的持久网络有关”①，是“社会关系的总和”②。美国著名学者罗伯特·D. 普特南（Robert D. Putnam）认为：“社会资本所包含的社会网络、社会规范和社会信任，能使合作和互惠的实现成为便利。”③ 他将社会资本分为两种不同强度的社会支持，认为资本的多寡可以反映社会支持的强度，不同强度的支持产生的作用不同。“强支持”主要是针对个体本身而言，对其自我的社会心理活动产生作用；而“弱支持”主要是针对个体的外部发生作用，可以连接个体而令社交圈拓展变得更为广泛。在本研究中，从微观层次来讲，社会资本是指居民个体所拥有的社会关系网络以及通过这种网络所能获取其他资源的能力，包括亲情、信仰、信任、参与和互惠等，可称之为结合型社会资本；④ 从中观层次来讲，它指社区组织在社区社会网络形成中的作用，即社区组织的关系网和动员能力，包括规则、参与、信任以及以组织名义发生

① BOURDIEU P. The forms of capital [M] // J RICHARDSON. Handbook of theory and research for the sociology of education. New York: Greenwood, 1985.

② BOURDIEU P, WACQUANT L. Invitation to reflexive sociology [M]. Chicago: University of Chicago Press, 1992.

③ PUTNAM R D. Making democracy work: civic traditions in modern Italy [M]. New Jersey: Princeton University Press, 1993.

④ 吴光芸，李建华. 社会资本：区域经济发展的软实力 [J]. 未来与发展，2009 (07): 26-30.

的各种联系，可称之为桥接型社会资本；从宏观层次来看，它是指社区整体所拥有的社会资本，也就是把社区视为一个整体，它在嵌入社会系统时所依赖的法律、制度、规则以及网络等，可称之为连结型社会资本。[①] 总之，社会资本以社会关系、社会规范、社会文化等形式通过社会网络关系发挥作用。结合型社会资本、桥接型社会资本和连结型社会资本三个不同层次的社会资本相互作用、相互影响，在流动人口社会融入中发挥着重要的作用。

五、社会融入

与已有文献中使用社会融合来描述流动人口在流入地的互动状况不同，本书重点关注流动人口的社会融入状况。与强调“流入”与“流出”互相交融渗透、本地人与外来人的双向“融合”[②]不同，“融入是单向度的，指流动人口在经济、行为、文化和观念上都融入到了流入地的主流社会体系中”[③]。从目前流动人口与本地人的互动情况来看，融合所反映的交融、渗透、互补、互惠等平等特征尚未出现。因此，本研究使用流动人口的社会融入作为研究的切入点，以更好地体现流动人口融入当地的现状、存在的问题及其原因。在此，社会融入意指流动人口在经济、社交、文化和心理等方面融入流入地主流社会体系的状况及表现，包括经济融入、社交融入、文化融入和心理融入。

值得指出的是，由于社会隔离与社会融入是一组相对应的概

① 赵衡宇，胡晓鸣. 邻里资本视角下的城市住区空间变革［J］. 城市问题，2009（05）：2－6.

② 表示流入地文化与流出地文化融汇到一起，互相渗透，形成一定程度上具有新意的文化体系。

③ 杨菊华. 从隔离、选择融入到融合——流动人口社会融入问题的理论思考［J］. 人口研究，2009（01）：17－29.

念，因此本书也将该词一并引入并予以简单界定。社会隔离亦称“居住隔离”，是指都市居民由于种族、宗教、职业、生活习惯、文化水准或财富差异等关系，特征相类似的聚居于同一特定地区，而不相类似的集团之间则彼此分开，产生隔离作用，有的甚至彼此产生歧视或敌对的态度。① 居住隔离包含两种情形：一是对两个（或以上）团体（阶层群体）而言，居住隔离必须满足居住空间上隔断、团体的主体互不接触（即没有社会交往）两个要件；二是对一个特定的团体（阶层）来说，其居住分布区是由两个或两个以上有一定空间距离的地区组成，在中间地区里没有该团体居住。② 具体到本书中，在低度、中度、高度社会融入之间也呈现出社会隔离的特征，相同经济地位、受教育程度、所属阶层的社区居民往往倾向于居住在同一小区。但值得注意的是，三种社会融入情境彼此之间也表现出互相隔离的状态。换言之，流动人口在社会融入的同时又形成了新的社会隔离状态。

第四节　定性研究定点场域之可行

本研究是定性研究，以社区为分析单位展开多案例比较分析研究，重点关注珠三角 Z 市三个案例社区中社会组织所起的作用、流动人口的社会融入程度。本研究在采用参与观察、深度访谈和二手资料等方式进行研究资料收集和分析的过程中，注重完整呈现三个案例社区的真实状况并对其进行分类，通过比较的方法提高研究的信度和效度。

---

① SCHWAB W A. The sociology of cities ［M］. Pearson College Dividion，1992：367 – 376.

② 黄怡. 城市居住隔离及其研究进程［J］. 城市规划汇刊，2004（05）：65 – 72.

一、定性研究方法之适切

深入理解社会现象、对研究对象进行实地观察和访谈归纳、提炼理论，是定性研究的一个显著特点。[①] 定性研究是“以研究者本人作为研究工具，在自然情境下采用多种资料收集方法对社会现象进行整体性探究，使用归纳法分析资料和形成理论，通过与研究对象互动对其行为和意义建构获得解释性理解的一种活动”[②]。

本研究选用定性研究的方法来展开探讨，原因如下。

（一）本研究属于探索性研究

当前国内外对于社会组织参与社会融入问题的研究缺乏必要的关注，相关的研究尚未成熟。关于社会组织对社会融入的影响机制，以及如何发挥社会组织参与社会融入的功能问题尚缺乏必要的理论探讨，且基于实地的探索性研究几乎没有。相较于定量研究多用于确认性研究而言，定性研究的方法多用于探索性研究，其结论具有某种程度的不确定性。[③] 本研究的选题是对社会组织参与流动人口社会融入的结构特征和功能及模式、社会组织对流动人口社会融入的促进机制、不同社会资本对流动人口社会融入的影响机制，以及社会组织如何通过影响不同类型社会资本的获得而对流动人口的社会融入产生促进作用等问题进行探索，由此得出的结论具有不确定性，因此适合采用定性研究的方法。

（二）本研究采用理解性视角

从理解性的视角出发，意在对社会组织如何通过社会资本这

---

① 风笑天．社会学研究方法［M］．北京：中国人民大学出版社，2005．

② 陈向明．质的研究方法与社会科学研究［M］．北京：教育科学出版社，2000.

③ 王宁．个案研究中的样本属性与外推逻辑［J］．公共行政评论，2008（03）：46.

一中介对流动人口的社会融入产生影响进行深入调研，运用观察和深度访谈等方式来了解其作用机理和功能差异，以及不同类型的社会资本如何影响流动人口的社会融入，并就社会组织在参与流动人口社会融入过程中存在的问题进行提炼，进而提出改善性建议。对这些问题的解答都需要建立在对社会组织参与流动人口社会融入进行整体性研究后的综合理解之上，而定性研究比定量研究更适合进行这种深入的探讨。

（三）本研究运用多案例研究方法

结合研究问题，我们需要对如下这些属于“为什么”和“如何”的问题进行分析与归纳：需要对社会组织参与流动人口社会融入的结构特征、功能与模式进行深入分析；需要对社会组织如何通过影响流动人口的社会资本进而对其社会融入产生促进作用展开分析；还需要界定社会融入的类型，等等。选择多案例研究方法，是为了能使本研究的研究假设和相关理论得到更加充分的检验和修正。此外，多案例研究能够帮助我们更加全面地了解和反映案例的不同方面——它可以指向同一个证据，或者为相互的结论提供支持，从而形成更加完整的理论。本研究结合学术研究传统和实践情况，选取每个类别中的一个社区作为案例进行调研、考察，并对三个社区中社会组织促进流动人口参与社会融入的情况进行对比分析。

二、案例发生的典型场域之选取

本研究的分析单位为社区，将珠三角 Z 市作为案例发生的场域，将 Z 市的 GN 社区、ZS 社区、CJ 社区三个典型社区中的流动人口和社会组织作为分析的对象，重点关注其社会组织所起的作用、流动人口的社会融入程度。

（一）可行性

选择社区作为分析单位的原因在于，本书关注的是社会组织如何培育社会资本，社会资本怎样参与流动人口社会融入，社会组织参与流动人口社会融入的结果，而社区是“社会的细胞”，是社会服务的最终落脚点——社会组织承接的社会服务最终会落脚到社区。因此，以社区为分析单位，可以较便利地观测到社区中的社会组织促进流动人口社会融入的全过程。此外，流动人口的社会融入不仅最终落脚于社区，而且也最先开始于社区，所以以社区为单位分析流动人口的社会融入行为具有可行性。

（二）代表性

选择珠三角Z市作为案例发生的场域，并将GN社区、ZS社区和CJ社区作为研究案例，主要是基于其典型性和代表性。Z市是珠三角地区具有代表性的城市之一，根据Z市2018年统计年鉴，截至2017年底，Z市共有常住人口326万，其中户籍人口仅为170.47万，流动人口占比47.7%，接近一半。[①] 可见，Z市是典型的流动人口倒挂的城市，对该市流动人口的社会融入研究具有典型意义。其中GN社区、ZS社区和CJ社区又分别代表了Z市的多种社区类型中流动人口最多、融入问题最突出的三个社区类型。

GN社区所在的G镇流动人口基数大，基于“国际灯都”特性，企业主和员工来自世界各地，有2万多家企业，庞大的流动人口给G镇的发展带来了机遇，但同时也带来了压力和挑战。为此，G镇大力探索社会治理创新模式，形成了“在地为本”的社区治理模式。通过积极培育商会、社工机构和慈善基金会等，充分发挥社会组织在社区治理中的作用与功能，大力推进流动人口的社

① Z市统计局. 2018年Z市统计年鉴［Z］，2018-10-31.

会融入。具体而言：通过发挥商会作用来协调社区治理；通过引入社工机构来推动社会服务体系完善；镇、村慈善公益基金会等也在社区社会服务的提供上发挥着积极的作用；当地妇联等群团组织对村级社区志愿者组织的扶持和培育起到了大力的推动作用。GN社区作为G镇最为典型的流动人口聚集的社区，流动人口大多居住在该社区的出租屋内，社会组织通过提供相应的社会资本促进了该类型社区内流动人口的社会融入。因此，以GN社区作为本研究的案例之一具有典型性。

ZS社区所在的K区是典型的高新技术开发区，K区内有九大产业基地，分别为国家健康科技产业基地、中国包装印刷生产基地、中国电子（Z市）基地、国家高新技术产品出口加工基地、中国技术市场科技成果产业化（Z市）示范基地、国家火炬计划Z市（临海）装备制造产业基地、中国绿色食品产业基地等国家级基地。K区还曾获评“国家产学研合作创新示范基地”“G省技术创新专业镇”等荣誉称号。与此同时，K区也是典型的流动人口倒挂的镇区，并为此出台了一系列推动流动人口社会融入的措施，社会组织在其中发挥了重要作用。ZS社区是K区最为典型的流动人口集中的社区，且社区人口素质总体较高，将其作为案例社区之一具有典型意义。

CJ社区所在的D区，面积73.21平方千米，下辖10个社区居民委员会（以下简称“居委会”）和18个经济联合社。从人口组成上看，该区有海外华侨、港澳台同胞3万多人，是Z市的侨乡之一。全区户籍人口约12.48万人，流动人口约6.54万人，流动人口占常住人口比例约为34.4%，是流动人口存量和占有量较大的地区，流动人口流入的原因以外来务工为主。D区开展了较多推动流动人口社会融入的社会服务，社会组织的发育状况是Z市较好的镇区之一。截至 2018 年，Z 市 D 区登记在册的社会组织有 198 个，其中社会团体有 137 个、社会服务机构有 61 个。早在 2015 年 12 月 30 日，D 区全民公益园正式开园运营，现已成为积极发挥枢纽型组织和资源平台作用、整合 D 区社会层面的社会服务项目、形成服务民生的项目集群、探索建设“项目枢纽、组织枢纽、人才枢纽、资源枢纽、信息枢纽”的社区服务综合体。CJ 社区是 D 区典型的社会组织进驻的社区，在 D 区全民公益园的枢纽作用下，流动人口产生了较高层次的社会资本，因而选择 CJ 社区作为案例之一具有典型性和代表性。

（三）便利性

从调研资料的获取和场域进入的便利性来看，将社区作为分析单位具有优势。社区既是基层政府促进流动人口社会融入项目的最终落脚点，也是社会治理创新的主要源头，因而对其进行分析具有针对性和科学性。Z 市的大量社会服务项目均与促进流动人口的社会融入有关，有些服务项目虽然没有专门写明社会融入或流动人口，但实际上这些社会服务项目最终都会下放到流动人口较多的社区。此外，社区较容易进入，自下而上的进入往往更容易与受访者建立符合“自然状态”下的关系，最终有助于提高研究的信度和效度。Z 市众多的社会融入创新项目也落脚于社区，为了积极宣传项目的效果，众多社区融入创新项目向政府部门、事业单位和社会组织等机构开放，以便交流学习。因此，从调研的进入和资料获取的可信度来看，上述三个社区较适合做长期的跟踪和观察；笔者对三个社区中的社会组织、流动人口社会融入进行观察和访谈也较有意义。

三、研究资料之来源及信度与效度

依据本书的研究问题，为了进一步还原研究对象的真实情况，本书主要采用了参与式观察法、深度访谈法、座谈会和二手文献等方法进行资料收集。

（一）参与式观察法

直接观察有助于研究者获得真实的一手资料，也有助于研究者发现整个研究对象运作的逻辑。[①] 因此，笔者在收集资料时首先采用了参与式观察法。对研究对象的观察主要分为三个阶段。

第一阶段，案例熟悉阶段（2016 年 12 月—2017 年 1 月）

主要是借助与 Z 市开展的“Z 市异地商会的作用发挥与规范管理研究”“Z 市流动人口公民参与意识研究”“Z 市社区居民参与社会治理模式研究”“‘在地为本’：G 镇社会政策与社区治理的实证研究”（主要参与者）等项目研究，对案例所在的社区治理模式、流动人口的基本情况及融入现状、社会组织的发育状况、社会服务开展的情况等进行摸底考察，发现研究问题。主要获得的资料包括：Z 市流动人口社会融入的总体情况、社会组织参与社会融入的基本情况、社区的基本情况等，为后期进行类型学划分奠定了基本资料基础。

第二阶段，参与式观察阶段（2018 年 3 月—9 月）

正式驻点案例所在地，观察时间为 2008 年 3 月至 9 月。笔者关注社会组织管理领域已久，通过前期参与项目研究的经验，建立了有关社会组织研究的学术圈和社会网络，与有关社会组织管理的政府部门、学术研究机构以及诸多社会组织建立了长期的、

① 陈向明. 质的研究方法与社会科学研究［M］. 北京：教育科学出版社，2001.

稳定的联系，并保持着有效的、持久的沟通交流。因此，笔者以实习和社会调研者的身份参与观察了Z市社会创新基地，对Z市社会组织的培育、社会组织承接政府购买服务（Government Purchase of Services Contracting）、社会组织参与社会融入的创新举措等情况进行了观察和记录。此外，笔者还参与了社区服务中心所举办的各类社会服务项目，通过旁听或参与社会组织的各类正式或非正式会议、服务活动等了解到社会组织参与社会融入的做法、社区流动人口的社区融入情况等，掌握了较为全面的第一手资料。

第三阶段，补充调研阶段（2018年10月—2019年6月）

主要是针对写作过程中出现的细节问题及时进行了补充调研，查漏补缺；通过定期了解和观察各个目标社区后期举办的活动，完善调研资料。

（二）访谈法

在实习和项目调研期间，笔者综合运用了焦点团体访谈法（座谈会）和深度访谈法作为资料收集的第二种方式。

第一，笔者开展的座谈会包括三个类型：一是借助已有项目研究的机会，与Z市的相关职能部门进行座谈，参与座谈的主要职能部门包括Z市政法委、社工委、人社局、流管办等，主要了解Z市社会组织参与社会融入的创新做法、Z市流动人口社会融入的状况和瓶颈问题等；二是先后在Z市的5个镇（区）开展座谈会，参会人员包括镇（区）党委、社工委、流管局、社保局等部门的一把手或主要负责人，主要收集各镇（区）社会组织参与促进流动人口社会融入的情况等；三是在实习期间，与Z市社会创新基地的驻点社会组织进行了座谈，参与座谈的主要是承接Z市流动人口社会融入相关项目的社会组织，主要收集社会组织参与流动人口社会融入的基本情况。

第二，除座谈会之外，笔者还进行了多次深度访谈，访谈的对象除上述座谈会的参与人员之外，还有案例社区的社区居委会负责人（社区党委书记、社区两委委员等）、驻点社区的社会组织负责人、社区非户籍常住居民、社区户籍居民等。通过与他们进行正式或非正式的深度访谈，了解流动人口在社区融入中的现状、社会组织参与社会融入中的行动策略以及社区社会服务项目的实施情况等，为后续社会融入的类型划分提供资料基础。

（三）二手文献

除上述两种方法之外，笔者还采用了文献研究的方式收集资料。重点对各类二手资料进行分析与整理。第一类是文件资料。对案例所在市、镇（区）和社区的社会治理文件资料进行查阅和整理，获得了关于流动人口社会融入的相关资料，如对Z市近几年来的社会治理创新文件、5个镇（区）的社会治理创新文件、社会组织培育与发展的相关文件资料等进行了收集与分析；对各职能部门与流动人口社会融入相关的总结报告、项目简报、活动年刊等进行了收集与归纳，了解了Z市流动人口社会融入的背景资料。第二类是档案资料和会议记录。对市、镇（区）和社区社会组织、社区居委会等参与并促进流动人口社会融入的相关会议记录和档案资料进行了查阅。第三类是关于社区社会服务项目的文书资料。向社区服务中心申请对在三个案例社区开展的社会服务项目的资料进行查阅，了解各个项目的实际执行情况和项目实施中存在的问题。

（四）研究资料之信度与效度

本研究以多案例研究为主要研究方法，因此本研究的资料分析起始于资料收集和整理过程。首先，在观察过程中，笔者尽可能详尽地撰写工作日志和调研笔记，及时记录重要的观测信息。其次，在征得受访者同意的前提下，在每次访谈过程中录音并做记录，访谈结束后将其整理成文字。再次，在查阅政策文件、总结报告、活动简刊等资料的过程中，记录并摘抄重要文件资料的档案信息和具体内容。复次，在对各类资料进行反复阅读的过程中，笔者用资料主导与研究问题主导并重的方法对所有资料进行初步编码、分类和分析，以此发现相关问题的答案。而在此过程中，对现象的抽象理解和归纳分析都以备忘录形式记载下来。最后，在结束所有调研、访谈后的正式资料分析阶段，将全部的文字资料归类，运用反复比较的方法进行综合分析，直至归纳出相关研究问题的答案。

质性研究方法在研究中特别需要注意信度和效度的问题，为了增强研究结果的可靠性，本研究尽力采取多种方式进行规避。①

本研究在采用参与观察、深度访谈和二手资料搜集等方式进行研究资料收集和分析的过程中，特别注意提高研究的信度：一是在参与观察过程中，笔者坚持每天撰写调研日记以保证所观察现象能够被及时记录下来，以保证写作时多次运用参与观察所发现的现象均来自同一份日记材料；二是在深度访谈过程中，在征得被访谈对象同意的前提下，对每次访谈进行录音并做笔记，事后认真仔细地将录音内容转写为文字并做文档资料保存，以保证访谈内容的稳定性；三是在二手资料的收集上，小心保护所有通过调研获得的资料，以保证资料不被破坏，避免影响写作。与此同时，在不同时间段进行重复观察，或者就相同问题对不同的人群进行访谈，以保证所获得资料的可信度。在访谈对象的选择中，

---

① 林聚任，刘玉安. 社会科学研究方法［M］. 济南：山东人民出版社，2004.

注重以人口学的因素作为抽样的依据，力争受访者的分布较为均匀，以保证资料的全面性；对相同的受访者注重对其进行长期的观察和访谈，以捕捉其在不同时期的行为变化规律，最终验证所获资料的可信度；将所获得的文件资料、访谈资料和观察资料进行对比，以提高访谈的可信度。

在研究结果的有效性——效度方面，调研主要从以下三方面进行：一是在进入现场之前，笔者注重对已有文献进行分析和归纳，了解研究现状，为后期的理论建构奠定基础。二是在参与式观察中，尽量保持中立态度，注意排除干扰因素，尽量以内部人员的身份进行工作，以降低相关组织人员的防备心，尽量使受访者处于“本原”状态，让他们呈现出更为真实的工作场景，以便观察记录到最为真实的情况。三是在访谈中，尽量不使用引导性用语，注重保留受访者自己的语言表述习惯，尽量保证安静、轻松的外部环境；事先将访谈提纲发给被访谈对象，让其有一定的准备时间和思考空间，以便在被访谈时能给予更多经过思考和准备后的感受，避免因紧张或者防卫心理而出现临场回答不了访谈问题的尴尬与遗憾。

此外，质性研究无法由样本推论总体，案例研究不具有定量研究样本那种统计意义上的代表性，为保证外部效度，即推广度，本研究十分注重案例选择的典型性。笔者在调研前阅读了大量文献并做了前期预调研，在确定了研究框架和具备了理论基础之后，才根据理论框架需求和典型性要求确定三种不同类型特点的社区，并结合前期的调查和了解，最终选取了最为符合研究需求的三个不同特点的社区作为案例代表，以保证其案例的典型性与可推广性。其所选择案例所在的场域为 Z 市，Z 市处于珠三角经济发达地区，是社会治理创新的研发地之一，也是典型的流动人口倒挂现象严重的城市，社会组织的培育和发展较早，社区的类型多样，符合质性研究案例选择的典型性特点。因此在研究中，笔者注重完整呈现三个案例社区的真实状况，注重对其进行分类，注重通过比较的方法开展研究，以提高研究的信度和效度。

第五节　社会组织参与流动人口社会融入研究之思路

本书在对研究背景和研究问题深入研判的基础上，形成如下研究思路，并做相应的研究设计和内容安排。

一、研究思路

从促进流动人口社会融入的社会治理问题出发，运用社会融入理论、社会资本理论和组织合法性理论，以及定性研究方法，通过文献研究、实地调研和访谈，结合已有研究和调研资料，明确用于测量社会融入的经济融入、社交融入、文化融入和心理融入四大维度，通过研究社会组织及其合法性的异质性对结合型、桥接型和连结型三个层次社会资本的培育、产生和积累的影响，分析不同类型社会资本对不同社会融入模式的影响机制，对Z市三个社区的社会融入状况进行比较分析和梯度模式比较，基于已经明确的社会组织对社会融入的作用机制，对现实中社会组织促进流动人口社会融入存在的不足进行分析，并提出如何更好地发挥社会组织参与流动人口社会融入功能作用的政策建议。

二、内容安排

本研究主要围绕社会组织培育和累积社会资本的理论基础、社会组织参与流动人口社会融入的具体机制、社会组织促进流动人口社会融入模式形成及其逻辑等方面展开，共包括九个部分。

(一) 导论

主要介绍研究背景并引出研究问题，同时阐述本研究的意义和价值，对可能混淆的主要概念“流动人口”“社会组织”“组织合法性”“社会融入”“社会资本”等进行明确的界定；并就本研究所采用的主要研究方法和案例选择及其依据做说明，本书主要采用定性研究和多案例研究方法，抽取 GN 社区、ZS 社区、CJ 社区作为典型案例，通过参与观察、深度访谈和二手资料等方式进行研究资料的收集和分析，注重呈现三个案例社区的真实状况并对其进行分类；最后对全书的研究思路和研究内容进行系统呈现。

(二) 文献综述与分析框架

主要从政社关系与社会组织参与社会治理的机制，社会组织与社会融入的测量和归因分析，社会组织、社会资本的类型和社会融入等几个方面对现有的研究进行综述，并在此基础上提出本书的分析框架。此内容作为第一章。

(三) 我国流动人口的历史发展与管理制度变迁

主要介绍我国流动人口的发展历史、现状和管理制度的变迁，并对三个案例社区的流动人口的状况、管理制度的设计和社会组织的参与情况进行了细致的分析，展现了流动人口及其管理制度的历史变迁、发展及未来可能的政策取向。此内容作为第二章。

(四) 社会组织培育流动人口社会资本的影响机制分析

首先，从社会资本这一中介出发，通过制度分析、实地调研和文献研究等，结合已有研究和深度访谈材料，从内因和外因两个方面对社会组织培育和累积社会资本的理论基础进行梳理，同时强调不同类型的合法性这一社会组织的特质对于社会资本的影响，具体分析社会组织目前面临的合法性困境和获取合法性的路径——在面对合法性困境的情况下，社会组织通过积极参与流动人口的社会融入，获取形式合法性、实质合法性和社会合法性，并使之不断地提升。这些对于流动人口社会资本的培育和累积产生重要影响。其次，对社会组织推进流动人口社会融入的机制进行具体分析，将社会资本划分为三个层次——结合型社会资本、桥接型社会资本和连结型社会资本，指出社会组织通过提供上述三个层次的社会资本促进流动人口的社会融入。此内容作为第三章。

（五）社会组织促进流动人口低度社会融入的机制与表现

选取Z市G镇GN社区作为典型案例，着力论证在以结合型社会资本为中介的条件下，社会组织促进流动人口实现低度社会融入的过程。低度社会融入主要是指流动人口在经济融入、社交融入、文化融入和心理融入等方面的融入程度均较低，体现出一种与当地居民相对隔离或疏离的状态。在这种类型的流动人口的社会融入模式中，虽然社会交往呈现出积极的面貌，但因户籍制度带来的二元区隔、相关的社会保障和教育资源尚未完全均等，流动人口在城市的竞争压力大，本地城市居民对其态度也呈现出相对排斥的状况。此内容作为第四章。

（六）社会组织促进流动人口中度社会融入的机制与表现

选取Z市K区ZS社区作为典型案例，着力论证在以桥接型社会资本为中介的条件下，社会组织促进流动人口实现中度社会融入的过程。中度社会融入主要是指流动人口在经济融入、社交融入上呈现出较高水平，但在文化融入和心理融入上存在犹豫心理和选择困难，融入程度相对较低。在此类社会融入模式下，流动人口在社会结构和社会制度区隔向积极面改变的过程中，开始主动与当地居民互动，积极融入当地社会的意识有了显著提高。而当地居民在对待流动人口融入城市的过程中，也逐渐意识到流动人口为城市发展所做出的贡献，社会排斥的心理和行为均有所弱化，也开始主动接纳流动人口，双方向包容、合作的方向迈进。此内容作为第五章。

（七）社会组织促进流动人口高度社会融入的机制与表现

选取Z市D区CJ社区作为典型案例，着力论证在以连结型社会资本为中介的条件下，社会组织促进流动人口实现高度社会融入的过程，主要体现在流动人口在经济融入、社交融入、文化融入和心理融入等方面均呈现出较高的水平。在这种类型的社会融入模式下，流动人口不仅在制度环境和社会结构中处于一种相互交融的状态，而且在社会网络的构建中呈现出一种多元文化、多个群体之间的深度融合状态。而枢纽型社会组织通过积极的运作，正好为流动人口获得这种上下交融、左右互动的连结型社会资本发挥了重要作用。这种类型的社会融入模式随着连结型社会资本的润滑作用，帮助流动人口跳出社会资本路径依赖的怪圈。此内容作为第六章。

（八）社会组织促进流动人口社会融入的模式

主要对上述三种社会融入模式的形成、三个社区流动人口的社会融入和社会资本的中介作用以及社会组织在其中发挥的功能作用展开比较分析，以进一步探讨社会组织通过培育社会资本来为流动人口提供服务、促进其社会融入的影响及其机制之不同。此内容作为第七章。

（九）结论与讨论

主要对本书的论点、要点、观点和创新点进行结论性阐述，对现实中社会组织促进流动人口社会融入存在的不足进行分析，并提出未来的研究展望。主要包括：在对本书的研究结论进行分析的基础上，对我国进一步促进社会组织参与流动人口社会融入提出政策性建议；同时，在对研究不足进行分析的基础上，提出未来可进一步研究的方向和改进措施。此内容作为余论。

第一章　文献回顾及分析框架

本章从政社关系与社会组织参与社会治理的机制,社会融入及其测量及归因分析，社会组织、社会资本与社会融入等几个方面对已有的研究进行综述性研究，并在此基础上进行本研究理论及研究框架的建构。

第一节　政社关系与社会组织参与社会治理的机制研究

学术界一般从国家与社会关系、社会组织的发展、社会组织的合法性及参与社会治理等方面来研究社会组织。

一、“国家—社会”关系视角下的社会组织研究

学者们主要探讨的是政府的权力集中与转移、政府的社会管理理念和政策、公共服务等，其分析的角度主要有：国家与社会关系、政府对社会组织的管理、政府与社会的协作和分离。

（一）国家与社会关系的研究

将政府与社会的关系置于国家与社会这一大框架中，主要以公民社会理论和法团主义理论为视角展开研究。公民社会理论视角主要将社会组织的发展置于公民社会的研究框架之内，主要将公民社会的产生方式作为研究的重点。如在市场化改革过程中，社会如何产生并逐步壮大；[①] 再如，以社会组织怎样与国家合作作为分析的重点，对其采取的各种策略进行概念化，并讨论是否应将社会组织研究纳入公民社会理论范畴之中等。[②] 在这一研究框架下，我国的部分学者开始对公民社会理论进行分析和深化，如邓正来和景跃进对我国是否存在、能否建设公民社会和如何实现国家与社会互动进行了系统研究，其研究也奠定了我国学者对国家与社会研究的基础。[③] 随后，"国家与社会的良性互动"开始成为我国学者对公民社会研究的第二个阶段。[④] 在这一阶段，新的研究范式开始出现，商会、行业协会等社会组织开始成为学者们关注的热点。[⑤] 一言以蔽之，以公民社会理论为重点的国家与社会关系研究的一个前提是：社会开始生长出来，并可以在一定程度上对

---

① WHITE G, HOWELL J A, SHANG X. In search of civil society: market reform and social change in contemporary China [M]. Oxford: Clarendon Press, 1996.

② SAICH T. Negotiating the state: the development of social organizations in China [J]. The China Quarterly, 2000 (161): 124-141.

③ 邓正来，景跃进. 建构中国的市民社会 [J]. 中国社会科学季刊，1992（创刊号）：60.

④ 郁建兴，周俊. 中国公民社会研究的新进展 [J]. 马克思主义与现实，2006 (03)：36-45.

⑤ 余晖. 行业协会及其在中国的发展：理论与案例 [M]. 北京：经济管理出版社，2002；郁建兴，吴宇. 中国民间组织的兴起与国家——社会关系理论的转型 [J]. 人文杂志，2003 (04)：142-148.

国家进行制衡。①

法团主义视角是对公民社会理论研究视角的推进。法团主义的出现，源于对自由主义的补充，它是在多元主义体制下的国家与社会团体合作。② 但法团主义不同于自由主义，在对某些领域的解释力上，法团主义更具魅力。如有学者就运用法团主义理论对“社会特质与东亚经济发展关系”进行了深入分析。③ 在此之后，法团主义理论发挥了其理论的优越性，逐步替代公民社会理论成为解释国家与社会关系的重要工具。更有学者开始对法团主义进行内涵和外延的扩展。如菲利普·施密特（Philippe Schmitter）在对法团主义深入分析的基础上，将其进一步区分为国家法团主义和社会法团主义，且二者适用的范围不同：国家法团主义的主要目的是通过结社实现社会稳定、排除异己，而社会法团主义更注重社会力量能纳入决策。④ 再如乔尔·S. 米格代尔（Joel S. Migdal）以国家扮演的角色的不同，将法团主义分为欧美式法团主义和拉美式法团主义，从而探讨国家与社会之间的关系。⑤ 又如有学者借助法团主义和市民社会，从这两个视角对社会组织进行类型学划分，在两个理论要素的两两交叉下，对民办非企业单位、社会团体和

---

① 纪莺莺. 当代中国的社会组织：理论视角与经验研究［J］. 社会学研究，2013（05）：219 -241，246.

② 张静. 法团主义［M］. 北京：中国社会科学出版社，2005 .

③ CHAN A. Revolution or corporatism? workers and trade unions in post - Mao China［J］. The Australian Journal of Chinese Affairs，1993（29）：31 -61.

④ SCHMITTER P C，PIKE F B，STRITCH T. The new corporatism：social - political structures in the lberian world［J］. The Review of Politics，1974，36（01）：85 -131.

⑤ 乔尔·S. 米格代尔. 社会中的国家：国家与社会如何相互改变与相互构成［M］. 李杨，郭一聪，译. 南京：江苏人民出版社，2013.

基金会进行分析。①

（二）政府管理社会组织研究

对政府如何管理社会组织及其采取的行动进行分析，并提出众多本土化的概念。不论是公民社会视角，还是法团主义视角，对国家与社会关系的解读均具有一定的合理性，但也存在有待商榷的地方。在公民社会研究中，诸多学者重点研究市民社会与国家的抗衡；而在法团主义研究中，他们关注的是社会如何实现团结。两个理论研究路径实际上均认为，我国事实上已存在一个具备相当力量的社会，且能与国家抗衡。但事实是，公民社会在我国发育较晚，且发展情况亦有别于西方国家，故而直接用这两个理论范式来讨论社会与国家抗衡是有一定的商榷空间的。此外，我国的社会组织不同于西方国家的非营利组织，其类型较为多样化，因而不能将社会组织视作铁板一块，国家与社会的关系也应该根据不同的类型分别研究和分类研究。因而，一批具有本土化意义的概念开始用于研究国家与社会组织的关系，学术界也因此积累了一些研究成果。

（1）社会组织具有“官民二重性”特点。于晓红、李姿姿对中国社会组织的特点进行了分析，认为中国社会组织在先天上不同于西方国家的非营利组织，具有“半官不民”的特点，② 这种二重性下的社会组织是一种“社会中间层”，且由政府所主导。③

（2）国家对社会组织的管理呈现出一种分类控制的特点。康

---

① 范明林．非政府组织与政府的互动关系——基于法团主义和市民社会视角的比较个案研究［J］．社会学研究，2010（03）：159－176，245.

② 于晓红，李姿姿．当代中国社团官民二重性的制度分析——以北京市海淀区个私协会为个案［J］．开放时代，2001（09）：90－96.

③ 王颖．社会中间层——改革与中国的社团组织［M］．北京：中国发展出版社，1993.

晓光和韩恒是这一观点的代表人物，他们对我国的社会组织开展了系统分析，在分析我国现有社会组织类型的基础上，以政府性程序和营利性为主要维度，将社会组织分为四个类型，并提出了分类控制的概念，即国家对不同社会组织采用不同的控制策略，从而实现不同类别社会组织的公共物品供给。这种分类控制的分析与原有法团主义或者公民社会理论框架均不同，他们的研究指出，国家虽然对社会进行控制且居于主导地位，但社会也并非完全没有生长空间，国家给予社会部分表达空间。① 此外，他们还进一步发展了分类控制体系，通过分析国家的“限制”“功能替代”“优先满足强者利益”等控制策略，实现国家对社会组织的行政吸纳，从而实现国家与社会的融合。② 唐文玉对“行政吸纳社会”进行了深入分析，认为国家与社会的融合主要体现在“支持”与“配合”同行：一方面国家通过为社会组织发展提供政策支持、硬件支持和资源支持；另一方面社会组织对国家的政策进行配合，最终实现了“行政吸纳服务”。③ 但作者也指出，两个概念虽然相似，却各有侧重：“行政吸纳社会”的重点在于国家对社会的控制，而“行政吸纳服务”的重点在于政府以提高公共服务供给能力为目的。

（3）国家对社会的管理呈现出嵌入性特点，国家通过嵌入社会组织内部实现其对社会组织的行政控制。在上述研究的基础上，有学者进一步分析行政控制的手段和特点，提出“嵌入性监管”

① 康晓光，韩恒．分类控制：当前中国大陆国家与社会关系研究［J］．社会学研究，2005（06）：73－89．

② 康晓光，韩恒．行政吸纳社会——当前中国大陆国家与社会关系再研究［J］．中国社会科学（英文版），2007（02）：116－128．

③ 唐文玉．行政吸纳服务：中国大陆国家与社会关系的一种新诠释［J］．公共管理学报，2010（01）：13－19．

这一概念，并对其进行了系统分析。即国家对社会组织不仅进行单一的管理，而且对社会组织的管理是多样化的，“监管”更能准确表达国家与社会组织的关系。因而分类控制和行政吸纳实际上是一种嵌入性的监管。[①] 也有学者认为，虽然国家对社会组织实施控制，但实际策略却愈加趋向于柔性化的管理，随着对社会组织的扶持与发展策略愈发积极，政府与社会之间实际上是一种“控制与赋权”的逻辑，在共同利益部分，国家更加倾向于赋权，从而实现控制基础上的社会繁荣。[②] 还有学者认为，国家与社会之间的关系是一种政府对社会组织的柔性化和隐形化控制，呈现的是“吸纳与控制”的特点。[③]

（三）政府与社会的协作和分离研究

对政府与社会究竟应该协作，还是应该分离进行了探讨。一是围绕政社分离和政社困境的总体特征进行描述。如认为政社分离势在必行、是大势所趋，但目前政社分离还遇到了一定的瓶颈——政社管理界限不清、“国强民弱”、合作治理缺失等，阻碍了政社分离的步伐[④]；政社关系存在边界难寻、政府权力扩张、自治分权等困境[⑤]。康晓光认为，政府职能的转变不应成为政府“甩包袱”的借口，不意味着社会组织足以包打天下，而是意味着在公共物品供给方面，政府与社会组织要开展更广泛、有效、深入

---

① 刘鹏．从分类控制走向嵌入型监管：地方政府社会组织管理政策创新［J］．中国人民大学学报，2011（05）：91－99．

② 敬乂嘉．控制与赋权：中国政府的社会组织发展策略［J］．学海，2016（01）：22－23．

③ 吴月．吸纳与控制：政府购买社会服务背后的逻辑［J］．上海行政学院学报，2015（06）：75－83．

④ 朱健刚．草根 NGO 与中国公民社会的成长［J］．开放时代，2004（06）：36－47．

⑤ 张劲松，许甜甜．论非政府组织对政府职能转移的承接［J］．新视野，2012（04）：71－76．

的合作。① 现阶段政社关系还存在“政府职能转移和政府机构扩张并存”“政府服务购买和资源控制并存”“社团职能替代和关系依附并存”“政府与社团契约合作和行政隶属并存”等特点。② 二是围绕政社分离的困境，学者们给出了政社协作和协同的途径，如政社协同可以是政府购买服务、转移自己的公共服务职能，也可以是还权给社会、承认社会组织的地位和重要性、尊重社会组织的独立性；政社协同本质是赋予社会组织一定的权利，通过立法、顶层设计和制度规定给予社会组织权利，从审批到运作、维权等方面都给予支持，从而使社会组织有能力承接社会服务和政府转移的公共服务职能。③

二、独立性与自主性视角下的社会组织研究

除从国家与社会的关系角度展开对社会组织的分析之外，学术界对社会组织的研究还包括从组织发展的角度所进行的研究。上文的分析主要是在“分类控制”的结构性分析框架下展开的关于政府与社会组织的关系的讨论。但国家与社会组织的关系并非仅仅处于静态结构环境中，它还与双方的行动逻辑有关，故而有学者指出，微观层面也是观察政府与社会组织关系的一个重要视角，应该从中去发现双方的策略和机制④；部分学者认为，要想清

---

① 康晓光. 转变政府职能：构建“小政府、大社会”的社会管理模式［J］. 学术探索，2013（12）：4－5.

② 费梅苹. 社会转型中政府与社团组织关系研究［J］. 华东理工大学学报（社会科学版），2006（03）：12－17.

③ 张劲松. 邻避型环境群体性事件的政府治理［J］. 理论探讨，2014（05）：20－25.

④ 唐文玉. 行政吸纳服务：中国大陆国家与社会关系的一种新诠释［J］. 公共管理学报，2010（01）：13－19；陈为雷. 从关系研究到行动策略研究——近年来我国非营利组织研究述评［J］. 社会学研究，2013（01）：228－240.

楚地窥视国家与社会的关系，需要同时关注“过程—事件”①，而非仅仅关注“结构—制度”，对其研究应该从静态研究转向动态研究，并从结构研究转向事件分析。为此，有学者提出了“制度—生活”② 的分析框架，在注重政府与社会组织的总体关系的同时，关注社会组织的应对策略。学者们也因此更多地从社会组织的行动策略来研究政社关系。具体而言，相关研究主要有社会组织行动策略、组织自主性和独立性等视角。

（一）社会组织行动策略视角

这一视角主要强调社会组织在政府分类管理中能动性低，在一定范围内和一定程度上采取应对策略以获取自主性。如部分学者从“制度—生活”的角度进行分析，认为社会组织在与政府的合作中，由于总体上是“强国家弱社会”，故而社会组织虽然会在一定程度上坚持底线，但呈现的是一种策略性的妥协，以此来获得一定程度的自主性空间。③ 也有学者认为，由于我国总体上是国家占主导地位，因此社会组织虽然可以有一些生存策略，但总体上是一种对国家的依赖。当然这种有依赖、有国家主导的地位，也反映了我国开始实现公民社会建构的过程。④ 还有学者从“依赖、信任、决策者”的视角出发分析社会组织的行动策略，认为草根社会组织所处的环境更为特殊，而他们采取的策略往往是“不合作”，资源依赖程度、信任度、决策者的自身因素均会影响

---

① 张静. 基层政权：乡村制度诸问题［M］. 杭州：浙江人民出版社，2000.

② 肖瑛. 从“国家与社会”到“制度与生活”：中国社会变迁研究的视角转换［J］. 中国社会科学，2014（09）：88－104.

③ 姚华. NGO 与政府合作中的自主性何以可能？——以上海 YMCA 为个案［J］. 社会学研究，2013（01）：21－42.

④ 赵秀梅. 中国 NGO 对政府的策略：一个初步考察［J］. 开放时代，2004（06）：5－23.

草根社会组织的合作策略。[①]

部分学者注意到，社会组织所处的制度环境会影响其与企业等其他组织的合作状态，因此更需要完善自身的社会网络，从而得到外部支持，变通成为社会组织不得已而为之的处事方式。[②] 正如朱健刚、陈安娜的研究所揭示的，社会组织要保持专业性，必须在保持其专业性的基础上，与政府建立各种关系网络，策略性地让自身嵌入政府的关系网络中，从而获取一定程度的独立性。[③] 此外，社会组织所处的环境也会影响其采取的策略。如张紧跟和庄文嘉在对业主委员会进行分析的过程中发现，社会组织在正式制度资源获取受阻时，会采用非正式政治的策略，从而在这种环境中获得合法性，实际上社会组织是在“夹缝中求生”。[④] 还有学者通过对社会组织的分析得出，这种“夹缝中求生”在某些情况下是一种“寄居蟹的艺术”，部分具有行政色彩的社会组织就是在利用体制性的支持而获得资源并获得合法性，[⑤] 社会组织实际上呈现的是一种在国家与社会之间左右逢源的策略，是在现有制度中获得资源的一种生存法则。在很多情况下，社会组织实际上游走于“正式合同”和“隐性契约”之中，[⑥] 只有这样，才能在生存

① 何艳玲，周晓锋，张鹏举．边缘草根组织的行动策略及其解释［J］．公共管理学报，2009（01）：48－54．

② 蔡宁．政府会影响非营利组织与企业的合作吗？［J］．公共行政评论，2015（05）：114－128．

③ 朱健刚，陈安娜．嵌入中的专业社会工作与街区权力关系——对一个政府购买服务项目的个案分析［J］．社会学研究，2013（01）：43－64．

④ 张紧跟，庄文嘉．非正式政治：一个草根 NGO 的行动策略——以广州业主委员会联谊会筹备委员会为例［J］．社会学研究，2008（03）：133－150．

⑤ 邓宁华．“寄居蟹的艺术”：体制内社会组织的环境适应策略——对天津市两个省级组织的个案研究［J］．公共管理学报，2011（07）：91－101．

⑥ 陈天祥，郑佳斯．双重委托代理下的政社关系：政府购买社会服务的新解释框架［J］．公共管理学报，2016（03）：36－48．

的基础上获得部分独立性和保持专业性。①

（二）社会组织自主性与独立性视角

组织自主性也是社会组织研究的重要视角。社会组织的生存与发展，离不开组织的自主性。② 对其分析也可以探讨国家与社会的关系的变迁，进而发现社会组织发展的规律和不足。首先，社会组织的独立性与自主性并不是一个概念，诚如王诗宗和宋程成的研究。他们认为，独立性代表社会组织所处的结构，而自主性是能动性的体现，二者都非单一维度的自主或独立；③ 独立性与自主性相互影响和制约，如资源独立性、结构和行动的认同性反过来也会影响组织自主性。④ 也有学者指出，独立和自主存在多样性和复杂性，社会组织因为这两个方面的交叠才呈现出目前的状况，自主性一般还会受到政治关联度的深刻影响，故而社会组织最终是一种对政府的“依附式自主”。⑤ 更有部分研究将二者混为一谈，使之难以真正发现社会组织能动性的规律。因此，要真正理解组织的自主性，就要跳出结构、策略等视角，而在制度环境的视角下探讨组织的自主性问题，从活动地域、活动领域和运作过程等三个维度切入：第一维度为活动地域，代表活动的广度；第二维

---

① 陈天祥，徐于琳．游走于国家与社会之间：草根志愿组织的行动策略——以广州启智队为例［J］．中山大学学报，2011（01）：155－168.

② SCOTT W R，MARTIN R，MENDEL P J，et al．Institutional change and healthcare organizations：from professional dominance to managed care［M］．Chicago：University of Chicago Press，2000.

③ 王诗宗，宋程成．独立抑或自主——中国社会组织特征问题重思［J］．中国社会科学，2013（05）：50－66.

④ 王诗宗，宋程成，许鹿．中国社会组织多重特征的机制性分析［J］．中国社会科学，2014（12）：42－59.

⑤ 许鹿，李云．社会组织在政治关联中的自主性生产何以可能？——评《跨部门协同中非营利组织自主性的形成机制》［J］．公共管理学报，2013（04）：12－14.

度为活动领域，代表活动的深度；第三维度为运作过程，代表自主性的获取过程。总体而言，社会组织的自主性在不同制度结构中表现出不同特点，因而呈现出“非协同治理与策略性应对”的特点。①

三、社会组织合法性研究

社会组织只有获得各种形式的认可和被接受，才能真正实现自主。社会组织的自主性和合法性在一定程度上可以决定组织的功能和定位，从这一角度研究社会组织的发展具有实际意义。

马克斯·韦伯最先系统诠释合法性，他将合法性分为广义的合法性和狭义的合法性两类，前者指由法律、道德、宗教、习俗和惯例等构成的合法秩序，后者是指合法性基础的三种类型——对传统的遵从、对超凡魅力的信服和对理性的追随，尤其是法理型合法性。② 尤尔根·哈贝马斯在对合法性作进一步研究的基础上指出，合法性是某种在事实上被承认的政治秩序、被认可的价值。③ 帕森斯则从组织社会学的视角用合法性来诠释组织制度结构趋同的情况。④ 让－马克·夸克（Jean-Marc Coicaud）认为，“合法性即是对统治权力的承认”，是统治者与被统治者之间的一种关系评价，也是一个政治权力和其遵从者证明自身合法性获得被统

① 黄晓春，嵇欣. 非协同治理与策略性应对——社会组织自主性研究的一个理论框架［J］. 社会学研究，2014（06）：98－123.

② 马克斯·韦伯. 经济与社会：上卷［M］. 林荣远，译. 北京：商务印书馆，1997：238.

③ 尤尔根·哈贝马斯. 合法化危机［M］. 刘北成，曹卫东，译. 上海：上海世纪出版集团，2009.

④ T. 帕森斯. 现代社会的结构与过程［M］. 梁向阳，译. 北京：光明日报出版社，1988.

治者对统治权力认可的过程。[①] 故对于合法性的讨论更多集中于政治权力和统治过程是如何获得被统治者的认可和接受的探讨。合法性由此成为组织行为分析的重要解释变量，具有合法性的社会组织能够获取更多的资源和可持续的支持；反之，则有着固定的初始失败率，或者失败率随时间推移而上升。[②]

为将合法性概念运用于一般化的组织和制度场景之中，有研究发展出用于解释合法性的分析框架，指出制度环境涉及作为隐含和灵活规则的关于社区或社会相关的文化、含义、理想和可接受的社会规范，并与关键公众保持道德契合，使其必须遵守这些规范。[③] 有研究从解构主义的角度，对制度提出了三个层面的系统构建："制度主要包括能给社会行为带来稳定和意义的规制、规范和认知活动。"[④]制度是包含象征系统（认知结构和规范条例）和塑造社会行为且通过其执行的规制过程，即文化、结构和惯例，并且它们在各种权力水平下运作。[⑤]因此，规制、规范和认知系统被认为是制度的重要组成部分。规制层面（Regulative level）的制度包括"明显的规制过程：制度设定、指导和仲裁活动"（Scott，1995）；规范层面（Normative level）的规范组成部分包括"社会生

① 让-马克·夸克．合法性与政治［M］．佟心平，王远飞，译．北京：中央编译出版社，2002：12，27-30.

② SINGH J V，TUCKER D J，HOUSE R J. Organizational legitimacy and the liability of newness［J］. Administrative Science Quarterly，1986，31（2）：171-193.

③ SCOTT W R，MARTIN R，MENDE，et al. Institutional change and healthcare organizations：from professional dominance to managed care［M］. Chicago：University of Chicago Press，2000.

④ SUCHMAN MARK C. Managing legitimacy：strategic and institutional approaches［J］. Academy of Management Review，1995，20（3）：571-610.

⑤ RUEF M，SCOTT W R. A multidimensional model of organizational legitimacy：hospital survival in changing institutional environments［J］. Administrative Science Quarterly，1998，43（4）：877-904.

活方面的规定的、评价的和必须的维度”（Scott，1995）；认知层面（Cognitive level）的认知制度与文化联系最紧密（Jepperson，1991），特别强调的是“获得长期与其制度环境保持契合并且重复其习惯行为方式的认知”。[①] 质言之，国家权力、自身正当性和惯例[②]是合法性的重要来源。

组织合法性并非单一维度的，而是多维度且多层次的。对组织合法性的分类，最为经典是W. 理查德·斯科特（W. Richard Scott）的三维度分类法，斯科特从制度视角来分析，认为合法性不是所拥有的或交换的产品，而是反映组织与所感知的法律法规和规范性支持的一致程度，或与“文化—认知”框架匹配的一种状况，因而合法性被分为管制合法性、规范合法性和认知合法性三个维度[③]。萨奇曼（Suchman，1995）在梳理相关研究的基础上，将合法性分成三类，即实用合法性、道德合法性和认知合法性。依据合法性来自于组织的内部还是外部，辛格（Singh，1986）等将合法性分为内部合法性和外部合法性两类，且内外合法性对应着赋予组织合法性的不同主体。我国学者结合已有之研究，一般将组织合法性分为社会合法性、法律合法性、政治合法性和行政合法性四个层次：社会合法性包括地方传统、共同利益和规则；法律合法性，其实质就是在形式上合法，即社会组织是否符合法律上的规定，是社会组织具有法人身份的前提；政治合法性主要是社会组织在政治上的正确性，是否符合主流意识形态；行政合

① 斯科特. 制度与组织——思想观念与物质基础［M］. 姚伟，王黎芳，译. 北京：中国人民大学出版社，2010：61.

② SINGH J V，TUCKER D J，HOUSE R J. Organizational legitimacy and the liability of newness［J］. Administrative Science Quarterly，1986，31（02）：171－193.

③ W. 理查德·斯科特. 制度与组织——思想观念与物质利益［M］. 3版. 姚伟，王黎芳，译. 北京：中国人民大学出版社，2010.

法性是能否在行政上获得认可和接受。[①] 上述四种合法性如果同时具备，那当然是社会组织合法性的理想状态，但现实中总会有一些社会组织因不具备某个方面的合法性而处于“非法”状态。因此，部分学者如徐佳良、许源就利用合法性框架对政府购买服务的效果进行分析，将有效性和合法性组成二维分析框架，分别从公共性、制度化和社会化等方面衡量政府购买服务的效果，得出合法性与有效性必须实现平衡才能促进政府购买服务的良性运转。[②]

还有学者在分析业主委员会时发现，组织的合法性可以划分为内部合法性和外部合法性两类，两者都会影响社会组织的发展。并且，内部合法性对业主委员会内部的发展更有意义，相对于外部合法性而言，是业主能否维权的关键。社会组织的外部合法性在一定程度上受内部合法性的影响，如果内部合法性不先解决，社会组织首先会陷入内部危机，更无从实现其外部合法性。[③]

第二节　社会融入测量及归因分析

社会融入是社会学界的一个经典研究概念，发端于美国有关族裔移民、欧洲有关社会整合（Social integration）的研究。[④] 与之相关研究主要有：社会融入的概念界定、测量与归因分析、社会组织参与社会融入等。

---

① 高丙中. 社会团体的合法性问题［J］. 中国社会科学，2000（02）：100－109.

② 徐佳良，许源. 合法性理论下政府购买社会组织服务的绩效评估研究［J］. 经济与社会体制比较，2015（06）：187－195.

③ 管兵，岳经纶. 双重合法性和社会组织发展——以北京市 19 个小区 163 个的业主委员会为例［J］. 广西民族大学学报（哲学社会科学版），2014（05）：147－151.

④ 杨菊华. 中国流动人口的社会融入研究［J］. 中国社会科学，2015（02）：61－79.

一、社会融入的界定与影响因素研究

社会融入这一概念由来已久，与之相似或相对应的概念有社会融合、社会排斥等，伴随这些研究的是其测量与归因分析。

（一）社会融入及其相关概念辨析

1. 社会融入

关于“社会融入”，目前尚无统一的定义。一般共识是，群体之间互动并进行互相渗透，在共享的环境对某一类群体产生影响的基础上，使这一群体累积、发展出不同于本群体的记忆和感情，从而使得不同群体实现互相适应且融合形成一个新的体系，[①] 这是一个动态的、渐进式的、多维度的、互动的过程。[②] 社会融入有两个理论来源——经典社会学理论和现代社会政策理论。在经典社会学研究中，社会融入是解读社会和谐和社会冲突的核心概念。[③]

同化论和多元化论是西方学者对社会融入研究的两个主要理论流派。其中，同化论流派的主要观点是，在稳定的、长久的生活模式的作用下，流动人口一般会从移居走向适应并最终实现同化，从而适应新的语言环境、获得与当地适应的经济收入，并对当地文化产生认同。这个理论流派的主要侧重点在于强调流动人口对流入地的风俗习惯、社会文化等进行自动学习、主动交流，从而替换了自身原有的风俗习惯和文化特点，完全实现与当地人的融入。但多元化论认为，社会融入的过程实际上是多种具有差

---

① PARK R E, BURGESS E W. Introduction to the science of society [M]. Chicago, University of Chicago Press, 1921.

② 杨菊华. 从隔离、选择融入到融合：流动人口社会融入问题的理论思考 [J]. 人口研究，2009 (01)：17.

③ 李培林，田丰. 中国农民工社会融入的代际比较 [J]. 社会，2012 (05)：1 - 24.

异性文化之间的交流与碰撞的过程，它看重群体间拥有的差异性的权利，认为社会融入就是各类群体将各自的文化习惯、社会经历和价值观共同融合，从而形成一个新的文化体系，最终为搭建内涵丰富多彩、秩序细致有别的新社会做出贡献。安东尼·吉登斯（Anthony Giddens）视“融入”为一种公民资格，认为融入是所有社会成员都作为公民有机会或参与全部社会公共生活，且拥有政治权利、民事权利以及相应的义务。[①] 兰德尔·柯林斯（Randall Collins）认为，社会融入是一个关于社会整合和社会和谐（Social harmonious）的理论，其目的是让每个社会成员充分地参与社会，不被社会所疏离，且遵守法律和社会规范；其结果是形成个人平等、社会团结以及稳定的社会秩序。[②] 卡尔·帕森斯（Carl Parsons）则认为“融入”是确保政策设计与制度安排能够满足所有人的合法参与需求，并从中受益的愿望。[③] 1995 年，联合国哥本哈根社会发展首脑会议对社会融入做了更为重要的解释，并将其纳入社会发展的三大领域之一，认为其目的在于创造一个人人都能发挥积极作用，并承担相应权利与责任的“共享社会”。[④]

国外关于“社会融入”概念的研究基于三个路径展开：一是将社会融入看作社会稳定的一个重要解释变量，用以解释社会稳定过程和社会系统。例如涂尔干（Émile Durkheim）在“机械团

---

① 安东尼·吉登斯．第三条道路——社会民主主义的复兴［M］．郑戈，译．北京：北京大学出版社，2000.

② COLLINS H. Discrimination, equality and social inclusion ［J］. The Modern Law Review, 2003 (66): 16 - 43.

③ PARSONS C. Social inclusion and school improvement ［J］. Support for Learning, 1994, 14 (4), 179 - 183.

④ 王克勤，田文进，朱烈，等．世界知识大辞典［M］．北京：世界知识出版社，1988.

结”和“有机团结”的基础上，指出社会融入影响社会系统的稳定。[①] 二是将社会融入作为移民研究的内容，视之为移民发展的最终目标，例如芝加哥学派对欧洲和美国新移民的研究，大体形成了“多元文化论”和“同化论”两大流派，[②] 以罗伯特·埃兹拉·帕克（Robert Ezra Park）为代表。三是将社会融入看作社会排斥的对立面和达成的目标。[③] 此外，也有学者认为，社会融入“通过缩小差距，降低最弱势社区与社会之间的不平等，并确保支持能够传递到最需要的群体”。

国内学者徐丽敏认为，社会融入是人类发展所追求的结果和目标，是实现社会团结的过程。包含以下要点：它不只是社会排斥的对立面，更是一个独立的概念；其目标是全体社会成员的福利提高、人人平等、全面参与、社会包容、人类共同发展；其基本价值基础是平等；它是一种试图影响过程的被动适应和主动融入过程，强调“无责任即无权利”；它是一个包括经济、政治、社会、制度、文化以及心理等多层面融入的全球性维度的概念。[④] 陈成文、孙嘉悦认为，“社会融入是处于弱势地位的主体能动地与特定社区中的个体和群体进行反思性、持续性互动的社会行动过程”。[⑤]

改革开放40多年来，流动人口的社会融入问题越来越引起我国学者的关注。他们在国外社会融合研究的基础上进行了进一步

---

① 涂尔干. 社会分工论［M］. 渠东，译. 北京：生活·读书·新知三联书店，2000.

② 李明欢. 20世纪西方国际移民理论［J］. 厦门大学学报（哲学社会科学版），2000（04）：12-18.

③ 徐丽敏. “社会融入”概念辨析［J］. 学术界，2014（07）：85.

④ 徐丽敏. “社会融入”概念辨析［J］. 学术界，2014（07）：86.

⑤ 陈成文，孙嘉悦. 社会融入：一个概念的社会学意义［J］. 湖南师范大学社会科学学报，2012（06）：66.

深化，但对同化过程关注得更多。他们认为，经济是流动人口社会融入中起基础性、决定性作用的因素，经济因素会影响其他方面的融合与变革。但一般而言，仅仅是经济层面（如收入方面）的融入还远不能说明流动人口真正融入当地，只有实现了心理融入或文化层面的认同时，才能认为流动人口已经实现了社会融入。流动人口的社会融入本质上是一个“再社会化”的过程，主要包括较为明显的三个层次：侧重于经济融入程度的稳定职业；由稳定的职业带来的、侧重于文化与行为融入的一定经济收入和社会地位；基于心理融入的价值观认同或多元价值观的形成。① 从这个层面来讲，社会融入已超出了心理层面的社会适应，隐含了结构、文化和心理等多个层面的融入，因此社会融入应该建立在稳定的就业、足够的经济收入、与当地价值观相匹配等多个条件之上。②

从学术界对社会融入主体的研究来看，社会融入的主体包括弱势群体、特殊群体和移民群体。其中弱势群体包括生活、资源、压力上存在弱势的那部分社会群体，也包括任何在某些方面存在弱势的个体，比如在政治权利、经济地位、生活环境、文化习俗或思想领域等方面；③ 特殊群体主要有老年人、未成年人、农民工、残疾人、流浪乞讨人员、吸毒者、刑满释放人员、精神病患者等；移民群体包括异地工作、求学的人。

2. 社会融合

西方与“社会融入”相似的概念有社会融合、社会整合等。

①② 田凯．关于农民工的城市适应性的调查分析与思考［J］．社会科学研究，1995（05）：90－95.

③ 陈成文，孙嘉悦．社会融入：一个概念的社会学意义［J］．湖南师范大学社会科学学报，2012（06）：69.

不同福利传统的国家表现出对不同概念术语的偏爱，这也显示其在国家、社会与个人关系上的不同的基本价值观。例如美国多用“社会融合”，并将它与个体权利相联系，体现出其个人主义的自由建构倾向；英国工党也倾向于用此概念；法国则多采用“社会整合”这一概念，以充分表明其保留并深化国家集体社会目标的形象。其实，社会融合是人口流入地与迁出地两个地方文化的一种渗透与融汇，从而在文化酵素的基础上形成新的文化体系的过程。①

3. 社会排斥

社会排斥（Social exclusion），被认为是社会融入的对立面，是阻碍社会融入的重要因素。系指个人或群体被他人或某个社会团体所拒绝或排斥，从而阻碍了关系和归属的正常需求。关于社会排斥，目前多个学科都在进行深入的研究，如社会学界、心理学领域都将其作为重点研究对象之一。1995 年，欧盟基金会将其定义为：“它意味着这样一个过程：个人或群体被全部地或部分地排除在充分的社会参与之外。”② 早在 20 世纪 90 年代初，心理学科就开始对社会排斥进行系统分析，如 Leary 通过对不同校园枪击案主犯的研究发现，这些人群均受到过社会排斥，因此得出社会排斥和攻击行为之间存在因果关系③，他的研究主要强调排斥所传

① 杨菊华. 从隔离、选择融入到融合：流动人口社会融入问题的理论思考［J］. 人口研究，2009（01）：21.

② 黄匡时，嘎日达. 西方社会融合概念探析及其启发［J］. 理论视野，2008（01）：47－49.

③ LEARY M R，KOWALSKI R M，SMITH L，et al. Teasing，rejection，and violence：case studies of the school shootings［J］. Aggressive Behavior：Official Journal of the International Society for Research on Aggression，2003，29（3）：202－214.

达的主观感知，如被排斥后的孤独、寂寞的感觉等;① 这些主要通过实验的方法来进行，一是通过互动后从群体中脱离，二是对可能存在的社会排斥进行情景想象。② 实验结果表明，社会排斥可能会导致某种不可控制的突发性情况出现，因此社会排斥可能会对社会公共安全产生威胁。在这种情况下，这些被排斥者有强烈的归属需求，只要有群体或组织接纳，他们便会不计成本地加入，比如某些人可能就会加入邪教组织或者极端组织，这对社会来说后果十分危险。③

我国学者也对社会排斥进行了一定的研究。吴桐的研究得出，社会排斥是贫困、健康、住房、失业、犯罪等多个原因引发的结果，很多情况下，贫困是一个重要的导火索。④ 也有学者认为，社会群体难以以平等身份参与集体活动的过程就是社会排斥的过程，这个过程可能还伴随着排挤、疏远、侮辱等现象的出现，对个人的人际关系会产生重大影响。⑤ 还有学者从影响上来定义，认为社会排斥是使人的归属和关系需求难以得到满足并受到他人威胁的一种现象。这种现象可能来自单个人的排斥，也可能来自一个族群。⑥

---

① LEARY M R. Varieties of interpersonal rejection [M] //The social outcast: ostracism, social exclusion, rejection, and bullying. New York: Taylor & Francis Group, 2005: 35 -51.

② TWENGE J M, BAUMEISTER R F, TICE D M, et al. If you can't join them, beat them: effects of social exclusion on aggressive behavior [J] . Journal of Personality and Social Psychology, 2001, 81 (6): 1058 -1069.

③ WILLIAMS K D. Ostracism [J]. Annual Review of Psychology, 2007 (58): 425 -452.

④ 吴桐. 国外公共图书馆的社会包容理念与实践及其对我国的启示 [J]. 情报资料工作, 2010 (03): 24 -27.

⑤ 彭华民. 社会排斥与社会融合——一个欧盟社会政策的分析路径 [J]. 南开学报(哲学社会科学版), 2005 (01): 23 -30.

⑥ 杜建政, 夏冰丽. 心理学视野中的社会排斥 [J]. 心理科学进展, 2008, 16 (06): 981 -986.

目前，针对社会排斥的研究范式主要包括拒绝范式[①]、放逐范式[②]、孤独终老范式[③]、回忆范式、启动范式和想象范式[④]等，其理论模型有"需要—威胁的时间模型"（Temporal need - threat model）[⑤]、多元动机模型（Multi - motive model）[⑥] 以及情绪麻木和自我控制失败说[⑦]。这些研究范式多采用实验的方式进行，先进行实验操纵，使得被试者意识到自身被排斥，再研究对个体的影响。

（二）社会融入的影响因素分析

关于社会融入的影响因素分析，学界主要从人力资本、社会资本和制度等角度来分析。人力资本归因理论强调移民个体的人力资本特征，如工作经验、劳动技能、受教育程度、语言技能等，认为新的人力资本的获得是流动人口社会融入的表现。社会资本归因理论则认为，社会资本才是影响流动人口社会融入的主要因

---

① DEWALL C N, TWENGE J M, GITTER S A, et al. It's the thought that counts: the role of hostile cognition in shaping aggressive responses to social exclusion [J]. Journal of Personality and Social Psychology, 2009, 96 (1): 45 - 59.

② WILLIAMS K D, SOMMER K L. Social ostracismby coworkers: does rejection lead to loafing orcompensation? [J]. Personality and Social Psychology Bulletin, 1997, 23 (7): 693 - 706.

③ TWENGE J M, BAUMEISTER R F, TICE D M, et al. If you can't join them, beat them: effects of social exclusion on aggressive behavior [J]. Journal of Personality and Social Psychology, 2001, 81 (6): 1058 - 1069.

④ MANER J K, DEWALL C N, BAUMEISTER R F, et al. Does social exclusion motivate interpersonal reconnection? resolving the "porcupine problem" [J]. Journal of Personality and Social Psychology, 2007, 92 (1): 42 - 55.

⑤ WILLIAMS K D. Ostracism: a temporal need - threat model [J]. Advances in Experimental Social Psychology, 2009 (41): 275 - 314.

⑥ RICHMAN L S, LEARY M R. Reactions to discrimination, stigmatization, ostracism, and other forms of interpersonal rejection: a multimotive model [J]. Psychological Review, 2009, 116 (2): 365 - 383.

⑦ 程苏，刘璐，郑涌. 社会排斥的研究范式与理论模型 [J]. 心理科学进展，2011 (06): 905 - 915.

素，包括流动人口在流入地所建构的社会关系网络和累积的可动用的社会资源等。社会资本与互相默认的社会网络相关，这种社会网络又与制度化形式相关。① 周敏等认为，社会资本、人力资本的影响作用十分重要，对纽约唐人街的移民而言，人力资本对其能否融入美国社会具有十分重要的作用。② 制度环境也是影响流动人口社会融入的重要因素，包括流入地在就业、社会福利、社会救助、住房、子女教育、政治权利等方面的政策设计与制度安排，具体为户籍、社保、就业、教育以及农村土地流转等一系列来自制度方面的因素，加上流动人口自身的个体因素，包括其性别、年龄、婚姻状况、教育达到的程度、流动的年限和流出地域等，都在不同程度上对流动人口社会融入的进程造成影响。③

在实证研究方面，主要以社会学和经济学为主。陆淑珍、魏万青对珠三角流动人口的研究表明，经济适应、社会交往和文化适应三个要素对流动人口在珠三角的社会融入产生了很大的影响，认为经济因素起根本性、基础性作用，文化适应是重要影响因素，社会交往发挥间接作用。④ 还有学者认为，劳动力市场也是影响社会融入的重要因素，如新移民劳动的强度与其成效不成正比的劳动生产率和报酬、缺失或不平等的社会保障、稳定性差的职业，

---

① 皮埃尔·布迪厄，华康德. 实践与反思——反思社会学导引［M］. 李猛，李康，译. 北京：中央编译出版社，1998.

② 周敏，林闽钢. 族裔资本与美国华人移民社区的转型［J］. 社会学研究，2004(03)：36 – 46.

③ 杨菊华. 中国流动人口的社会融入研究［J］. 中国社会科学，2015（02）：61 – 79.

④ 陆淑珍，魏万青. 城市外来人口社会融合的结构方程模型——基于珠三角地区的调查［J］. 人口与经济，2011（05）：17 – 23.

也会导致流动人口难以顺利融入社会。[①] 也有学者采用实地调研的方法，以泉州市 580 名新生代农民工为个案，分别从经济适应、社会认同、价值理念三个层面来分析新生代农民工的城市融入现状，得出新生代农民工在就业机会、职业发展、劳动保障、居住环境、子女教育等方面无法真正享受到市民待遇、处于城市社会的底层、缺乏向上流动的社会机制和社会空间的基本论断，认为影响新生代农民工社会融入的主要因素为社会网络、制度体系和主体素质等。[②]

二、社会融入测量研究

西方移民融入理论一般从"结构性融入"和"文化性融入"两个方面来研究移民的社会融入过程。结构性融入情况是指移民对流入地制度安排与组织的参与情况；而文化性融入代表的是价值、社会认同等方面的转变等。[③] 此外，在西方的研究中，分别以戈登（Milton Gordon）的二维度模型[④]、杨格—塔斯（Junger - Tas）的三维度模型[⑤]和恩泽格尔（H. Entzinger）的四维度模型作为分析的集中类型，也最具代表性[⑥]。二维度模型将社会融入分为

① 李强. 当前我国城市化和流动人口的几个理论问题［J］. 江苏行政学院学报，2002（01）；何道峰，肖延中. 异地就业：扶贫与人力资源开发——中国西南劳务输出扶贫项目的个案分析［J］. 开放时代，1997（03）：61 - 67.

② 赵萌萌. 新生代农民工城市社会融入问题研究——基于泉州市新生代农民工的实证分析［D］. 福州：福建农林大学，2012.

③ 梁波，王海英. 国外移民社会融入研究综述［J］. 甘肃行政学院学报，2010（04）：18 - 27.

④ GORDON M M. Assimilation in American life［M］. New York：Oxford University Press，1964.

⑤ JUNGER - TAS J. Ethnic minorities，social integration and crime［J］. European Journal on Criminal Policy and Research，2001，9（1）：5 - 29.

⑥ ENTZINGER H，BIEZEVELD R. Benchmarking in immigrant integration，2003.

结构性融入和文化性融入，结构性融入体现的是一种确定的、客观的如教育水平、就业状况和工资水平等指标，文化性融入体现的是习俗、规范、交往方式和语言等象征性意义的指标。① 三维度模型在二维度模型的基础上加入了政治合法性融入维度，系指移民群体是否获得了诸如选举权和被选举权等政治权利。四维度模型在评估流入地对新移民的态度的基础之上，用经济融入、政治融入、文化融入以及主体社会对移民的接纳或拒斥等来衡量其社会融入程度。

我国学者借鉴欧美社会融合理论和实证测量指标，结合我国的实际情况，提出自己的观点。一般认为，对于流动人口的社会融入程度的测量，主要应从经济、社会、文化或心理、结构和身份等方面着手。② 经济融入主要是外来人口或流动人口能否获得平均水平上的经济收入和经济地位；文化融入包含的内容较为复杂，包括习俗、穿着、语言、生活习惯、规范和价值观等能否与流入地保持一致；心理融入主要是在身份认同和心理归属上的一种适应程度。朱力认为，流动人口的融入包括经济融入、社会融入、心理或文化融入三个层面，它们依次递进，逐步深化。③ 周皓认

① REMENNICK L. Language acquisition, ethnicity and social integration among former Soviet immigrants of the 1990s in Israel [J]. Ethnic and Racial Studies, 2004, 27 (3): 431 - 454.

② 朱力. 论农民工阶层的城市适应 [J]. 江海学刊, 2002 (06): 82 - 88; 杨菊华. 从隔离、选择融入到融合: 流动人口社会融入问题的理论思考 [J]. 人口研究, 2009 (01): 17 - 29; 周皓. 流动人口社会融合的测量及理论思考 [J]. 人口研究, 2012 (03): 27 - 37; 聂伟, 风笑天. 农民工的城市融入与精神健康——基于珠三角外来农民工的实证调查 [J]. 南京农业大学学报（社会科学版）, 2013 (05): 32 - 40; 张文宏, 刘琳. 城市移民与本地居民的居住隔离及其对社会融合度评价的影响 [J]. 江海学刊, 2015 (02): 114 - 122。

③ 朱力. 论农民工阶层的城市适应 [J]. 江海学刊, 2002 (06): 82 - 88.

为，应从经济、文化、社会、结构和身份五方面测量社会融入。[①] 聂伟、风笑天通过对三峡移民的社会融入状况的研究得出，社会融入应该包括经济、心理、环境和生活四个方面。[②] 杨菊华通过对2013年流动人口社会融合个人数据和社区数据的分析认为，社会融入应从经济整合、社会适应、文化习得和心理认同四个维度来测量，并将流动人口的社会融入分为"隔离型""多元型""融入型""选择型""融合型"五种模式[③]，其四维度测量显示，流动人口的社会融入呈现出四个特点：一是差异性，经济和社会方面的融入进程滞后于文化和心理方面；二是分层性，"乡—城"流动人口的融入水平不及"城—城"流动人口；三是依赖性，良好的社区服务和接纳环境可有效推进融入进程；四是互动性，流入地与流出地、流动人口与本地市民的连接影响融入进程。

也有学者对社会融入的维度进行了更细致的划分，如杨黎源认为，邻里关系、工友关系、困难互助、社区管理、风俗习惯、联姻结亲、安全感、定居选择等才是社会融入应该包括的维度和内涵。[④] 张文宏等人通过探索性因子分析发现，移民的社会融合结构包括经济融合、心理融合、文化融合、身份融合四个方面，[⑤] 并将其划分为14个指标，即"本地语言掌握的程度、熟悉本地风俗的程度、接受本地价值观念的程度、职业稳定的程度、亲属相伴

① 周皓．流动人口社会融合的测量及理论思考［J］．人口研究，2012（03）：27－37．

② 聂伟，风笑天．农民工的城市融入与精神健康——基于珠三角外来农民工的实证调查［J］．南京农业大学学报（社会科学版），2013（05）：32－40．

③ 杨菊华．从隔离、选择融入到融合：流动人口社会融入问题的理论思考［J］．人口研究，2009（01）：17－29．

④ 杨黎源．外来人群社会融合进程中的八大问题探讨——基于对宁波市1053位居民社会调查的分析［J］．宁波大学学报（人文科学版），2007（06）：65－70．

⑤ 张文宏，刘琳．城市移民与本地居民的居住隔离及其对社会融合度评价的影响［J］．江海学刊，2015（02）：114－122．

人数、本地户籍状况、本地人身份认同的程度、社会交往范围、社会心理距离、日常交往人数、社会满意度、职业满意度、住房满意度和添置房产意愿”。[①] 王桂新等分别从住房类型和住所生活设施、工作状态和职业类型、交往网络和交往对象及参与活动、对流入地的感情等方面来分析农民工住房条件、经济生活、社会关系和心理认同的市民化。[②]

第三节　社会组织、社会资本与社会融入研究

关于如何促进社会融入这一问题，学术界认为除了政府之外，社会组织是参与促进社会融入的另一关键，而社会资本是其重要中介，社会资本理论是其重要分析视角。

一、社会资本与社会融入研究

“社会资本”是社会学研究的一个核心概念，自提出以来，便被广泛使用，涉及社会资本及其分类、社会资本与社会融入的关系等。它是研究社会融入的一个重要理论范式。作为凝聚社会的重要“黏合剂”，社会资本与社会融入具有十分密切的互动关系。

（一）社会资本及其类型

“社会资本”最早源于皮埃尔·布迪厄（1980）。他认为，社会资本是实际或潜在资源的集合，与社会关系有关，是社会关系的总和，而这些资源以及资源所涉及的彼此承认或默认的社会关

① 张文宏，雷开春. 城市新移民社会融合的结构、现状与影响因素分析［J］. 社会学研究，2008（05）：117－141.

② 王桂新，沈建法，刘建波. 中国城市农民工市民化研究——以上海为例［J］. 人口与发展，2008（01）：3－23.

系，会构成一种特殊的社会关系网络，即社会资本来自于或紧密或疏离的社会网络，且这些关系、这种社会网络或多或少是制度化的——与制度化形式相关。[①] 自“社会资本”这个概念提出以来，詹姆斯·S. 科尔曼（James S. Coleman）、弗朗西斯·福山（Francis Fukuyama）、乔纳森·特纳（Jonathan H. Turner）、林南（Lin Nan）等学者从资源、社会结构等不同侧面对其进行了拓展，丰富了对它的研究。

对社会资本这一概念的运用最广为人知的是罗伯特·D. 普特南。在他的研究中，社会资本被拓展运用于更为广阔和宏观的社会治理主题研究之中。他将社会资本当作构建公民社会的根基——能够促进社会和谐、消减社会冲突、实现社会进步的积极力量和文化动因，并使之与集体行动和公共政策联系起来。[②] 他特别强调社会资本的合作功能，在《使民主运转起来》一书中提出，社会资本所包含的社会规范、社会网络、社会信任，能促成互惠和合作的实现。[③] 普特南不仅丰富了社会资本的内涵，同时也为我们研究经济发展和民主政治提供了新的视角。

关于社会资本的研究，主要有三个流派：第一个是以科尔曼为代表的社会规范学派，认为社会资本是一种责任与期望、信息渠道以及一套规范和有效的约束，它们能限制或者鼓励某些行为；[④] 第二个是以马克·格兰诺维特（Mark Granovetter）为代表的

① 罗伯特·D. 普特南. 使民主运转起来 [M]. 王列，赖海榕，译. 南昌：江西人民出版社，2001.

② 杨柳. 社会资本视域下社会治理的困境 [J]. 学理论，2014 (27)：58 – 59.

③ 罗伯特·D. 普特南. 使民主运转起来 [M]. 王列，赖海榕，译. 南昌：江西人民出版社，2001.

④ 詹姆斯·S. 科尔曼. 社会理论的基础 [M]. 邓方，译. 北京：社会科学文献出版社，1999：354.

网络嵌入学派，认为社会资本是指透过人际（朋友、同事、一般的接触）间嵌入关系的运用，达到个人社会资本的创造；[①] 第三个是以皮埃尔·布迪厄、林南为代表的社会资源学派，认为社会资本是与群体成员相联系的实际的或潜在的资源的总和，它可为每一个群体成员提供集体资本支持。[②]

保罗·怀特（Paul White）提出社会资本产生的三种解释模型，认为社会资本产生于个体对社会的满意度影响下的信任他人的人格特征、社会道德和内化价值观的影响、个体认同的成员身份三方面的作用。[③] 普特南与福山等人汲取并发展法国学者阿历克西·德·托克维尔（Alexis – Charles – Henri Clérel de Tocqueville）的结社思想，对社会组织培育社会资本的作用及其机制进行了系统地阐述，形成托克维尔理论模型，并成为解释社会资本来源的主导模型。该模型认为，市民社会组织内部个体之间的互动可以产生社会资本，是社区社会资本更为重要的来源。[④]

然而，社会资本并非铁板一块，在现实中我们发现社会资本具有层次性，不同类别的社会资本所起的作用不同，因而也会产生不同的对社会融入的推动作用。特纳将社会资本划分为三个层次：作为社会制度的宏观层次的社会资本、作为社团单元和组群单元的中观层次的社会资本、作为面对面相互作用的微观层次的

---

① 马克·格兰诺维特. 镶嵌：社会网与经济行为：增订版［M］. 罗家德，译. 北京：社会科学文献出版，2015.

② BOURDIEU P. The forms of capital ［M］ //J RICHARDSON. Handbook of theory and research for the sociology of education. New York：Greenwood，1985：1241 –1258.

③ 张琳 . 政府背景 NGO 对农民工社会资本的影响——以新杭州人志愿者服务站为例［D］. 杭州：浙江工业大学，2016.

④ 方亚琴 . 社会资本视角下社区社会组织培育模式探讨——以浙江省 H 市 SC 区 XY 街道为例［J］. 城市观察，2017（05）：110 –121.

社会资本[1]；Krishna将社会资本分为认知型社会资本和结构型社会资本两种类型，其中结构型社会资本既包括联系紧密的家庭网络，也包括联系较松散的社区组织、民间团体和兴趣俱乐部等。[2]普特南则以社会资本的性质将其区分为聚合型社会资本（Bonding social capital）和桥接型社会资本（Bridging social capital）[3]，这与马克·格兰诺维特的网络“强连结”（Strong ties）与“弱连结”（Weak ties）理论有相似之处[4]。Gittell与Vidal[5]循着普特南社会连结亲疏远近的概念，将社区层次社会资本划分为“结合型社会资本”与“桥接型社会资本”。[6]考虑到存在不同层级之个体、社群或公共机构之间的互动，Szreter和Woolcock将能够跨越层级界限关系的社会资本称为“连结型社会资本”（Linking social capital）。[7]

我国关于流动人口社会资本建构的研究已取得了较为丰硕的成果，主要是以时间和其社会基础为节点将社会资本划分为各种

① 帕萨·达斯古普特，伊斯梅尔·撒拉格尔丁．社会资本：一个多角度的观点［M］．张慧东，等 译．北京：中国人民大学出版社，1900.

② KRISHNAA，UPHOFF N. Mapping and measuring social capital：a conceptual and empirical study of collective action for conserving and development watersheds in Rajasthan［M］//Social capital initiative working paperseries（No. 13）. Washington DC：The World Bank，1999.

③ 罗伯特·D. 普特南．使民主运转起来［M］．王列，赖海榕，译．南昌：江西人民出版社，2001.

④ GANNOVETTER M. Economic action and social structure：the problem of embeddness［J］. American Journal of Sociology，1985，91（3），504-507.

⑤ GITTELL R，VIDAL A. Community organizing：building social capital as a development strategy［M］. Newbury Park：Sage，1998.

⑥ PUTNAM R D. Bowling alone：the collapse and revival of American community［M］. New York：Simon & Schuster Paperbacks，2001.

⑦ HALPERN D. Social capital［M］. Cambridge：Polity Press，2005. 参见：崔巍．社会资本一定会促进经济增长吗？——基于不同社会资本类型的经验证据［J］．经济问题探索，2018（02）：1-10.

不同的类型。白小瑜依此逻辑将社会资本区分为初级社会资本和次级社会资本：前者无须经营，是与生俱来的、先赋的；后者则需要通过努力经营才能获取，是一种自致的后致性关系网络。第一代农民工大都依赖初级社会资本，而被称之为“新生代”的农民工则更加关注如何能得到更多的次级社会资本。① 赵延东则将之称为“原始社会资本”和“新型社会资本”。②

（二）社会资本与社会融入的关系

社会资本对于各类群体的社会融入都具有重要的影响。它主要通过改善社区基础设施和社区福利，对社区成员的生活进行有目的的社会干预，创造包容、融合和团结的社会，来促进社区成员的“城市融入”。美国社会学家亚历杭德罗·波特斯（Alejandro Portes）首次将社会资本概念运用于移民研究，并赋予其重要意义。他研究发现，在移民过程中的各个环节和节点，包括是否移民、迁往何处、迁居后怎样才能适应当地的生活方式等，都与移民期间所形成的社会资本以及他们所处的社会网络密切相关。③

具体到我国的流动人口问题，研究发现，社会资本及其所形成的社会关系网络同样会对流动人口的迁移产生显著的影响。曹子玮将移民迁入城市中所重新组建的社会关系网络，分为以乡亲为主的初级网络和以职业形成为主的次级网络两类，这些新移民在城市中的社会关系网络越大，就意味着他们能够获取更多的物

---

① 白小瑜. 新生代农民工的社会资本［J］. 湖北民族学院学报（哲学社会科学版），2006（01）：148－150.

② 赵延东. 再就业中的社会资本：效用与局限［J］. 社会学研究，2002（04）：43－54.

③ 亚历杭德罗·波特斯. 争夺优势：国内及移居少数民族经济地位的提高［J］. 周民，刘东国，译. 世界民族，1993（05）：9－17.

质资源。[①] 林南指出，社会网络代表着正式性较弱的社会结构，“正式结构”是指由一整套合法的强制关系控制链——对某些有价值资源进行控制和利用——相联结的位置组成的等级制结构。[②]

尽管上述对社会资本的划分存在着些许区别，但是基本上都是以迁入城市时间先后为序进行划分，流入之前的归为一类，而将流入之后的归入另外一类。研究显示，这两类社会资本均能使新移民获得更多的资源，使其能够在流入地得以生存和发展。然而，须引起关注的是，流入之前的社会资本虽然在新移民刚流入城市时有助于其交易成本降低，缩短其融入的时间，[③] 并且在流入地的最初一段时期，能够较快地获得真实的职业信息，进而较为顺利地就业。[④] 但是，随着移民长时间居留，这种初级社会资本仅仅是建立在血缘和地缘关系之上，必然会对新移民的社会融入造成障碍，影响其与城市居民的交往，使其难以形成归属感和认同感。[⑤] 所以，新移民想实现与流入地的社会融入，就要减少来自初级社会资本的羁绊，进而建立起更有利于社会融入的高一级的社会资本。

二、社会组织与社会资本的获取研究

在社会融入和社区治理中，社会资本成为一个备受关注的话

---

① 曹子玮．农民工的再建构社会网与网内资源流向［J］．社会学研究，2003（03）：99－110．

② 林南．社会资本：关于社会结构与行动的理论［M］．张磊，译．上海：上海人民出版社，2005．

③ 李培林．流动民工的社会网络和社会地位［J］．社会学研究，1996（04）：42－52．

④ 张智勇．内生性制度与农民工就业——基于社会资本的视角［C］．全国中青年农业经济学者年会，2005．

⑤ 牛喜霞，谢建社．农村流动人口的阶层化与城市融入问题探讨［J］．浙江学刊，2007（06）：45－49．

题。那么，如何产生、积累这些社会资本呢？人们试图通过社会组织培育和累积社会资本来进行社区治理。[①] 社会组织参与社会融入和社会治理的优势之一，在于它可以成为社会资本的有效生产主体，通过促进社会资本的生产而促进流动人口的社会融入。增加社区社会资本的重要途径便是社区组织化，而社区组织化的关键之一便是社会组织的建立和发展。社会组织作为社区居民参与社区自治的重要载体，在培育社会资本等方面起到了重要作用。

社会组织是社会资本产生的基础。组织对组织成员社会资本的获取有极为明显的积极意义，扩大了他们的资本量，对其在城市生活的援助与支持作用明显。[②] 社会组织与社会资本之间呈正向关联，自发的组织能够产生社会资本，组织成员在互动过程中能够创造社会资本。西方国家社区发展理论和实践表明，提升社区社会资本的重要途径是社区组织化，而社区组织化的关键之一便是社会组织的建立和发展。社会组织作为社区居民参与社区自治的重要载体，在培育社会资本等方面起重要作用。戈德尔（Geder）等人认为，通过社会组织能够培育社会资本，促进社会融入。[③] 在普特南等学者看来，社会组织不仅是人们相互交流的场所，也是不同社会资源得以积累的平台，它不仅可以提升居民能力，帮助居民获得社会资源，更是产出社会资本的源头活水。[④] 德克（Dekker）和

---

① 李敏．社会资本视角下的社区社会组织治理与发展———以武汉市百步亭社区为例［J］．理论观察，2019（06）：75－77．

② 张琳．政府背景 NGO 对农民工社会资本的影响——以新杭州人民志愿者服务站为例［D］．杭州：浙江工业大学，2016．

③ GAARDE M M，MUNAR W，SOLLIS P．Mapping community capacity among the Garifuna［M］．Inter－American Development Bank，Regional Operations Department II，2003．

④ 罗伯特·D．帕特南．使民主运转起来［M］．王列，赖海榕，译．南昌：江西人民出版社，2001：195－200．

布鲁克（Broek）用1990年世界价值观调查（World Values Survey）的数据说明了参与志愿性组织对社会融入和政治民主有积极的作用。波尔森等学者在研究中分析了参与美国一个规模最大的青年组织——童子军与社会资本之间的关系，研究结果表明，参与行为对社会资本有积极的影响，但参与程度的不同会导致影响的差异，只有对组织有较高认可度的人才会产生更高的社会资本。①

上述观点明确地捕捉到了社会组织与社会资本之间的正向关联，但是也有研究指出，普特南等对社会组织与社会资本之关系的分析还不够充分，他们没有考虑到社会组织所具有的不同的合法性对社会资本产生的不同作用，社会组织的不同特质会产生不同的社会资本。因为并不是所有的组织都是相同的，只有某些类型的组织才会对社会资本产生重要的影响。因此，有必要根据组织的不同类型，重新思考社会组织与社会资本之间的关系。根据组织成员是否同质，可将社会组织分为由特征相似（如年龄、性别、社会阶层等）的人构成的黏结型社团（Bonding associations）和由不同特征的人组成的桥接型社团（Bridging associations）。施托勒（Stolle）和罗尚（Rochon）的研究认为，桥接型社团能够在成员间产生更深的普遍信任和社区互惠，同时对社会和民主意识有更加积极的影响。这两种类型的社会组织对社会资本的生成也有不同的作用，我们可以此探讨组织类型影响社会资本的不同维度。② 也有学者认为，组织成员的多样性或组织内部的不同特征是导致社会资本存在差异的关键。沃伦拜克和塞勒指出，参与范围比强度对社会资本的影响更显著，最有效的社会资本产生方式不

---

①② 毛佩瑾，徐正，邓国胜．不同类型社区社会组织对社会资本形成的影响［J］．城市问题，2017（04）：77－83．

是参与单一的组织，而是参与多个不同目标的组织。[①] 埃里克森（Erickson）和诺森查克（Nosanchuk）认为，影响社会资本和民主意识发展的要素是组织成员的差异化特征，而不是组织的性质。

国内关于社会组织与社会资本的研究，主要是从社区、社会组织发展等角度展开。王妮丽的《NPO与社会资本的建设》、陈雅丽的《转型期我国第三部门发展与社会资本构建》、李宜钊的《投资社会资本：中国非营利组织发展的另一种策略》等关注社会组织或社区对集体层面社会资本的积极意义。[②] 方亚琴认为，社会组织在社会资本形成中的作用表现为能够形成（准）正式社区关系网络。社会组织在社会资本培育中的独特作用决定了培育社会组织、促进居民在社区内的（准）正式社会互动，这是我国当前重建城市社区社会资本的主要路径。[③]张文宏认为，通过孵化社区社会组织，能够提升社区社会资本存量，提高居民社区满意度。[④] 赵罗英认为，培育社会组织是解决社区建设进程中社会资本缺失的关键。[⑤]李敏认为，通过社会组织及其活动，形成有效的社会网络；社会网络越密集，人与人之间的互动就越频繁，社会资本程度就越高，有助于提升社会融入；社会资本的增加是一个逐渐累积的过程，社会组织的存在和发展，可以使社会资本由存量变成增量，

---

① 毛佩瑾，徐正，邓国胜．不同类型社区社会组织对社会资本形成的影响［J］．城市问题，2017（04）：77－83.

② 张琳．政府背景NGO对农民工社会资本的影响——以新杭州人志愿者服务站为例［D］．杭州：浙江工业大学，2016.

③ 方亚琴，夏建中．社区治理中的社会资本培育［J］．中国社会科学，2019（07）：64－84.

④ 张文宏，张君安．社区社会资本对居民满意度的影响［J］．江苏行政学院学报，2019（03）：70－77.

⑤ 赵罗英，夏建中．社会资本与社区社会组织培育：以北京市D区为例［J］．学习与实践，2014（03）：101－107.

实现其良性循环。[①] 社会组织，特别是各类自下而上成立的志愿组织，往往被视为社会资本的酿造场，有利于累积社会资本，动员社会资源，不仅有助于将社会上碎片化的个体力量再组织起来，遏制个体的原子化趋势，进而促进社会整合。[②] 即使对于有政府背景的社会组织来说，农民工参加组织后的最明显变化就是其拥有的社会资本较之从前有了很大的不同，一些变化是显性的，比如交往对象增加等；一些变化是隐形的，比如在城市的归属感增强、组织制度得以完善等。毛佩瑾等将社区社会组织分为公益类、互益类和综合类组织三种类型，认为无论参加公益类、互益类还是综合类社区社会组织，都能显著地增加社会资本，这也印证了普特南关于社团对社会资本形成有积极作用的观点。[③] 此外，有学者考察了社会组织在我国社区社会资本培育中的作用，发现我国的社区社会资本主要来源于非正式的邻里互动，社会组织在社区社会资本培育中尚未充分发挥作用，其根本原因在于社会组织较低的发展水平。[④] 这也说明社会组织在我国城市社区社会资本培育中的积极作用已初步显现，但它尚未成为普特南所言的“主要贡献者”。[⑤] 从上述研究不难发现，社会组织对社会资本产生了显著影响，可以培育、产生和累积社会资本，通过提供社会资本来实现

---

① 李敏. 社会资本视角下的社区社会组织治理与发展：以武汉市百步亭社区为例［J］. 理论观察，2019（06）：75－77.

② 王帆宇. 社会组织参与社会治理：现实困境与优化策略［J］. 湖北社会科学，2018（05）：38－45.

③ 毛佩瑾，徐正，邓国胜. 不同类型社区社会组织对社会资本形成的影响［J］. 城市问题，2017（04）：77－83.

④ 方亚琴. 社会资本视角下社区社会组织培育模式探讨：以浙江省H市SC区XY街道为例［J］. 城市观察，2017（05）：110－121.

⑤ 方亚琴，夏建中. 社区治理中的社会资本培育［J］. 中国社会科学，2019（07）：64－84.

社会融入。

三、社会组织促进社会融入研究

组织化是目前学界探讨流动人口城市融入的一个切入点。① 社会组织对于促进流动人口的融入发挥了促进作用，它是通过加强社会参与、提供社会资本以及提升社会服务来促进社会融入的。在西方的研究中，亚历杭德罗·波特斯等认为，聚集区族裔经济和组织对新移民的社会融入发挥了巨大作用。当前，我国社会组织数量不断增加，服务功能日益增强，在促进流动人口融入城市过程中发挥了积极作用。② 刘芳认为，社会组织提供的各项服务，能够帮助新移民群体构建新的桥接型社会资本，形成“互为点面”“点面互补”的叠加效应，在推进城市新移民社会融入方面具有独特的价值和作用。③ 也有研究具体分析了不同类型的社会组织参与社会融入的具体路径。徐松如研究发现，上海的安徽同乡组织从教育、慈善救济和调解纠纷三方面帮助新移民融入都市社会。④ 薛冬雪则认为，社会组织应以经济融入为抓手、以社会组织参与为切入点、以文化为纽带、以生活融入为目的，促进流动人口的社会融入。⑤

---

① 黄佳鹏. 农民工城市社会融入的组织整合路径 [J]. 华南农业大学学报（社会科学版），2019（01）：63－73.

② 薛冬雪. 社会组织参与城市少数民族流动人口管理研究 [J]. 中国社会组织，2017（08）：48－49.

③ 刘芳. 桥接型社会资本与新移民社会融入——兼论社会组织与基层社区对新移民融入的推动作用 [J]. 学习论坛，2015（11）：67－72.

④ 徐松如. 同乡组织在移民融入都市社会中的作用研究 [J]. 都市文化研究，2014（05）：95－117.

⑤ 薛冬雪. 社会组织参与城市少数民族流动人口管理研究 [J]. 中国社会组织，2017（07）：48－49.

对于资源禀赋较弱的农民工群体而言，组织化的方式能够积聚资源、提升集体行动能力。① 同时，农民工群体组织化还具有“低成本、多渠道”的协调机制、信任机制和互惠规范等优势，既能够为老乡提供直接的帮助，又能“在地化”应对各类矛盾纠纷，从而润滑本地人与外地农民工的关系，有利于农民工群体在当地社会的工作与生活，逐渐建立起对当地基层社区的认同感和归属感，促进其“在地化”社区融入进程，同时也有利于实现流入地基层社区的有效治理。但是，当前已有的农民工组织实践表明，其组织化程度仍处于较低水平，与农民工群体的需求还存在较大差距，这不利于其维护自身合法权益，进一步还会影响到农民工群体的政治地位、社会认同度和市民化程度。②

已有研究还从自发成立的非正式社会组织和参与正式社会组织两个层次探讨了农民工融入城市的可行路径：

（1）非正式社会组织促进流动人口社会融入方面的研究：与西方国家研究流动人口融入的路径不同，中国向来就是一个制度监管比较严密的国家，在孙立平看来，改革开放前中国是一个总体性社会，国家垄断着资源、控制着社会流动空间。③ 改革开放虽然释放了社会空间的流动，但流动人口仍面临一系列的制度排斥、区隔和自身资源禀赋的缺乏，其生活需求和融入目标始终难以实现。④ 由此，学界提出从流动人口内部挖掘集体组织力量以实现共

① 杨舸．社会管理创新语境下农民工组织化问题研究［J］．江西社会科学，2013(06)：208－212.

② 彭未名，彭灵灵，等．“在地为本”：古镇镇社会政策与社区治理的实证研究［R］，2017.

③ 孙立平．“自由流动资源”与“自由活动空间”——论改革过程中中国社会结构的变迁［J］．1993（01）：64－68.

④ 卢海阳，梁海兵，钱文荣．农民工的城市融入：现状与政策启示［J］．农业经济问题，2015（07）：26－36.

同目标，例如建立同乡会、工友群等自组织，这既能够在农民工初始流动中发挥重要作用，也能满足流入城市后群体内部的信息传递、资源共享和社会交往需求，它是农民工群体重要的非正式社会支持组织。①

（2）正式社会组织促进流动人口社会融入方面的研究：由于农民工自组织一方面能够起到对内“庇护”的作用，另一方面可能对外“抗拒”，不利于与流入地政府和居民和谐交往，甚至可能成为一种危害力量。因此，有学者指出应研究农民工加入当地各类正式组织的路径，尤其是参与正规企业和相关政府部门的组织。但已有研究表明这种构想的实际功效是有限的。② 以工会为例，已有研究发现农民工参加工会组织的比例非常低，这既与目前存在的制度性缺陷有关，也与农民工自身条件的限制和工会组织尚不能完全适应农民工权益维护相关，导致企业工会组织本身覆盖率低且“有名无实”。③ 因此，农民工被迫只能选择加入同乡会、宗亲会等组织。

在国内的研究中，社会组织参与社会融入的研究大都是建立在一个个小案例（社会组织）分析的基础之上。如夏俊林以社会生态系统和社会身份认同理论为研究视角，以苏州“爱心小屋”为例，通过对服务于流动儿童及其家庭的这一社会组织的调查和研究，从儿童、家庭和社区三个方面阐述了社会组织在流动儿童城市融入的积极作用，分析了社会组织参与流动儿童城市融入过

---

① 张春华. 组织化. 农民工“虚城市化”到市民化的理性路径 [J]. 学术论坛, 2012 (01): 129 - 132.

② 戴长征, 余艳红. 流动人口工会政治参与的困境及对策 [J]. 科学社会主义, 2015 (04): 82 - 87.

③ 陈为雷. 政府和非营利组织项目运作机制、策略和逻辑: 对政府购买社会工作服务项目的社会学分析 [J]. 公共管理学报, 2014 (03): 93 - 105.

程中存在的专业性不足、活动单一、经费有限等问题，并在此基础上，提出了若干改进建议，以期为社会组织参与改善流动儿童的社会处境和再发展状况、促进社会融入提供借鉴。[①] 张孝文、毛国民以广州市越秀区登峰街外国人综合服务中心为例，分析了该中心促进非洲裔移民社会融入方面所取得的效果，并提出了进一步改善中心促进非洲裔移民社会融入工作的建议。[②]

四、社会组织参与社会治理研究

学术界对社会组织促进社会融入的研究，还涉及社会组织参与社会治理的研究，主要围绕社会组织参与社会治理的途径和模式、面临的困境及解困以及路径创新与对策建议等展开。此类研究大多关注社会组织参与社会治理中的实际问题，其目的在于提出解决问题的对策建议。

（一）社会组织参与社会治理的途径和模式研究

党的十八届三中全会提出“全面提升国家治理体系与治理能力的现代化”[③]，其中一个重要的方面就是要充分发挥社会组织参与公共治理的作用。党的十九大报告提出：“加强社区治理体系建设，推动社会治理重心向基层下移，发挥社会组织作用，实现政府治理和社会调节、居民自治良性互动。”[④] 范和生、唐惠敏认为，

---

① 夏俊林．社会组织参与流动儿童社会融入的问题研究：以苏州红庄爱心小屋为例［J］．学理论，2015（04）：129－130.

② 张孝文，毛国民．社会组织在非洲裔移民社会融入中的作用：基于广州市越秀区登峰街的实证分析［J］．机构与行政，2017（07）：48－51.

③ 新华网．中国共产党第十八届中央委员会第三次全体会议公报［EB/OL］．（2013－11－12）．http：//www. xinhuanet. com/politics/18szqh/sqfb. htm.

④ 习近平．决胜全面建成小康社会夺取新时代中国特色社会主义伟大胜利［N］．人民日报，2017－10－28：20.

社会组织参与社会治理的途径包括：承接政府购买的社会服务项目、参与公共政策的制定与实施、保障弱势群体的合法权益以及充当社会矛盾化解的“第一道防线”。[①] 杨丽等提出，社会组织主要通过在动员社会资源、参与社会事务管理和提供社会服务等方面发挥作用来参与社会治理。它通过为不断发展的社会提供人性化、多元化服务和公益产品，来不断提升社会整体的自主性、参与性和创新力。[②] 根据社会组织在参与社会治理过程中与政府的互动关系和在公共物品供给过程中的活动特征，杨晓红将社会组织参与社会治理的模式分为“自治—抗衡”“自治—合作”“依附—融入”“依附—分担”四种。[③]

（二）社会组织参与社会治理的困境研究

我国社会组织参与社会治理面临着参与机制不健全、参与空间有限、参与动力不足等困境。[④] 杨丽等从政府层面、社会组织层面和合作机制层面剖析了社会组织在参与社会治理方面存在的问题：政府层面存在职能转变不到位、支持系统不成熟、监督体系不健全等问题，社会组织层面存在专业化和职业化程度低、自治性弱、对政府的依赖性强、筹资渠道单一、社会资源动员能力和公信力不足等问题，合作机制方面存在政府与社会组织之间缺乏有效沟通与协同机制、社会组织与企业之间缺乏有效的供需对接

---

① 范和生，唐惠敏．社会组织参与社会治理路径拓展与治理创新［J］．北京行政学院学报，2016（02）：90－97.

② 杨丽，赵小平，游斐．社会组织参与社会治理：理论、问题与政策选择［J］．北京师范大学学报（社会科学版），2015（06）：5－12.

③ 杨晓红．社会组织参与社会治理模式及其动因分析［J］．行政科学论坛，2017（04）：41－46.

④ 侯非．社会组织参与社会治理路径研究［D］．重庆：西南大学，2013.

机制、社会组织之间缺乏有效的交流与合作机制等问题。[①]

（三）社会组织参与社会治理的路径创新研究

针对社会组织参与社会治理面临的困境，学者们提出了种种走出困境的建议。崔月琴、张冠认为，政府一方面需要通过完善社会组织立法、健全社会组织评估机制，给予社会组织成长发展以实质性的支持；另一方面则应建立一种良性的政社互动关系，以使社会组织的发展有理可依、有据可循。[②] 范和生、唐惠敏提出，创新社会组织参与社会治理的路径，必须从四个方面着手：首先，完善制度建设，破除社会组织发展的体制壁垒；其次，实行分类治理，创新不同类型社会组织的治理模式；再次，为社会组织增能赋权，提升社会组织发展的内生力；最后，实行协同共治，推动政府与社会组织的良性合作。[③] 侯非则提出社会组织参与社会治理路径的本土化、枢纽化、创新化和机制化问题。[④]

第四节　社会组织参与社会融入研究之未为

综上所述，社会组织参与社会融入所发挥的作用达成了学术界的肯定共识，学者们从社会融入、政社关系、社会资本、社会组织及其参与社会融入和社会治理等方面进行了论述，且成果丰硕，这为研究的进一步深入奠定了基础。但不可否认，已有研究

① 杨丽，赵小平，游斐．社会组织参与社会治理：理论、问题与政策选择［J］．北京师范大学学报（社会科学版），2015（06）：5－12.

② 崔月琴，张冠．社会组织管理模式变迁及创新路径［J］．江海学刊，2014（01）：99－106.

③ 范和生，唐惠敏．社会组织参与社会治理路径拓展与治理创新［J］．北京行政学院学报，2016（02）：90－97.

④ 侯非．社会组织参与社会治理路径研究［D］．重庆：西南大学，2013.

也存在许多不足和有待推进的地方。

一、社会融入的研究视角相对单一，且缺乏动静结合的分析

已有文献对于社会融入的研究视角过于单一，多采用社会学、经济学的学科视角，较少将社会学与公共管理的视角相结合，而在流动人口社会融入的过程中，组织和地方政府的行为逻辑是公共管理的研究视角。以往针对社会融入的研究多以静态研究为主，本研究则期望能从静态和动态两个方面来进行分析，既关注融入的结构因素，也分析融入过程中的组织行为，以期对社会融入的现有理论进行补充与拓展。

二、社会融入概念的运用不够科学

虽然有学者进行了明确的概念区分和使用，但是众多学者在研究中则不加区分或混同使用，如有学者所言的社会融合，实际上讲的是社会融入，本研究一般采用社会融入这一概念。

三、社会融入主体的界定欠清晰

已有研究一方面没有对融入群体进行明确界定，也未对融入的范畴进行划分，而是笼统地分析某一群体的社会融入现状；另一方面，已有对于社会融入主体的分析主要集中在农民工及其他流动人口等方面，并未对融入主体进行区分。在对研究对象的表述上，学者们有的使用“农民工”“新生代农民工”“新移民”“城市新移民”“外来人口”“流动人口”等概念，有的使用“非户籍人口”“非户籍常居人口”等概念，但是流动人口是否拥有流入地户籍对其融入的程度会产生重要影响，是否常住对其社会融入也非常重要。因此，本研究将重点分析“流动人口”的社会融

入问题。

四、社会融入影响因素的类型划分和结果的层次划分较缺乏

已有研究重视某几个原因对社会融入的影响，但未对影响因素进行类型学划分，如对社会资本如何影响社会融入仅仅停留在笼统的描述上，较少进行差异化分析；从结果来看，未对社会融入的层次进行质性划分，除少数学者外，较少对社会融入的结果进行对比分析。再者，在更大程度上决定新移民能否实现社会融入的是次级社会资本，而不是初级社会资本。当前，虽然众多研究对社会资本进行了分类，也对初级社会资本进行了相似的概念界定，但对于次级社会资本的构成要素、新移民增强次级社会资本的途径都没有做出进一步说明。似乎次级社会资本是次要的和不重要的，但这与事实情况是相悖的。① 简而言之，虽有研究指出社会资本的重组和转型对于城市新移民的社会融入具有不可替代的重要作用，构建新的人际关系网络是新移民熟悉城市文化、学习生存技能和内化新规则的重要途径，却没有对新的社会资本的类型及其特质做进一步的探讨。因此，本研究在已有研究的基础上，结合我国的实际情况，将流动人口的社会资本分为结合型社会资本、桥接型社会资本和连结型社会资本三类，认为社会组织在参与流动人口社会融入的过程中，通过帮助流动人口构建多种类型的社会资本，以促进其顺利实现社会融入。

五、较少关注社会组织促进流动人口社会融入的具体机制

社会组织参与社会融入已成定局，但以往的研究内容多聚焦

① 任远. 城市流动人口的居留模式与社会融合［M］. 上海：上海三联书店，2014：63.

于影响社会融入的多维因素，以及衡量社会融入水平的指标体系构建，而较少讨论社会组织对于促进新移民的社会融入所能发挥的功能作用及其限度。即使少数文献开始重视社会组织对社会融入的作用，但分析多较浮于表面化，并没有深入分析社会组织参与社会融入的机制和行为逻辑。已有研究关注到了社会组织在新移民社会融入方面发挥的重要作用，但社会组织是如何参与新移民社会融入的，二者之间相互作用的具体机制是怎样的，尚未得到有效的回答。本研究拟在此方面进一步拓展其研究空间。

六、过于依赖“量”的研究，而忽视了“质”的作用

已有研究偏重于定量分析和指标体系的构建，数据收集往往采用问卷调查、量表调查等方式，较少采用多案例结合来分析，并且对相关个案进行深度访谈等质性方法。本研究通过典型个案分析，将社会资本作为重要的中介，深入探究社会组织是如何帮助流动人口聚集社会资本，进而在推进其社会融入方面发挥独特且重要的作用。

第五节　理论之用与何用

本研究的理论基础是组织合法性理论、社会资本理论和社会融入理论，并以此指导社会组织参与流动人口社会融入的社会资本分析、组织合法性分析、社会组织参与机制分析、社会融入类型学分析和模式分析。

一、理论基础

由前文文献综述可知，社会组织是除政府之外促进社会融入

的另一关键，关于社会组织通过发挥其积极作用促进移民社会融入这一论断已成为国内外学术界共识。但是，就目前的情况来看，对于社会组织促进社会融入的具体作用路径尚未展开较成熟的研究，只是进行了笼统概括。部分研究认为，社会组织是通过促进社会参与、增加社会资本来完成社会融入，但是对于具有不同特质（如合法性）的社会组织如何促进社会资本建构，从而促进社会融入的研究尚未开展。

二、分析框架

基于上文所述，本书尝试探讨社会组织合法性、社会资本和社会融入三者之间的关系。也就是说，本书的分析框架为（详见图1－1）：社会组织合法性的异质性产生不同层次的社会资本，不同层次的社会资本促进了不同程度的社会融入，由此最终完成了社会组织促进社会融入的具体作用路径，而社会资本在其中起到了中介的作用。

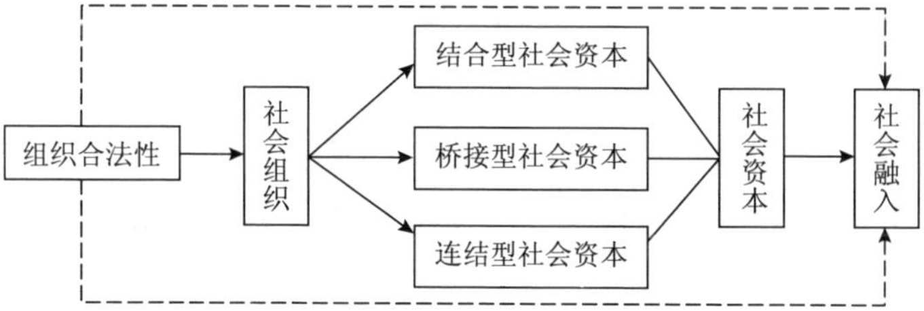

图1－1　本研究的分析框架

第一，社会组织对流动人口的社会融入具有促进作用。社会组织成为政府之外促进社会融入的另一关键。而合法性框架下的社会组织的异质性则产生了独特的影响。具有不同组织合法性的社会组织产生、提供了不同层次和形式的社会资本。

第二，社会组织通过提供不同层次的社会资本参与流动人口的社会融入。通过提供结合型社会资本，帮助流动人口获得个体层面的社会资本；通过提供桥接型社会资本，帮助流动人口获得组织层面的社会资本；通过提供连结型社会资本，帮助流动人口获得系统层面的社会资本。

第三，在不同层次社会资本作用下，流动人口实现了三种不同程度的社会融入。社会组织帮助流动人口获得了较多结合型社会资本，促进低度社会融入的产生；社会组织提供的桥接型社会资本协助流动人口获得较为稳定的社会网络，并赋予流动人口进一步融入城市社会的机会，从而实现了中度社会融入；社会组织帮助流动人口获取的连结型社会资本，使其不仅在经济层面上整合到流入地的主流经济体系中，而且在其他方面与流入地人群相互接纳、相互渗透、彼此适应、共同生存，达到高度社会融入的境界。

本章小结

本研究从政社关系与社会组织参与社会治理的机制，社会融入及其测量及归因分析，社会组织、社会资本与社会融入等几个方面对已有的研究进行文献综述，并对已有研究之不足给予回应，做进一步的深入探讨：在已有研究的基础之上将研究对象限定为“流动人口”，从静态和动态两个方面重点分析流动人口社会融入现状，采用多案例质性分析方法研究社会组织对流动人口社会融入的影响，探讨社会组织参与社会融入的机制，并对由此而产生的社会融入结果进行类型学划分，既关注融入的结构因素，也探讨融入过程中的组织行为；在此基础上搭建社会组织促进流动人口社会融入的分析框架，以期对社会融入的现有理论和研究方法进行补充与拓展。下一章本书将聚焦流动人口的管理制度，重点关注我国流动人口的历史发展与管理制度的变迁。

第二章　我国流动人口的历史发展与管理制度变迁

伴随我国改革的深化、开放的扩大和城市化进程的加快，中国城市的工业化和现代化发展迅猛提速。其中，给城市带来的一个明显特征是大量流动人口的涌入，人口流动成为转型期中国社会的常态。流动人口及其管理问题也逐渐显现出来，对此问题的关注和探索也不断展开。

第一节　我国流动人口发展状况

改革开放带来的“自由流动资源”和“自由流动空间”①，使人口流动成为可能。随着城市化进程的加快，人口流动的规模和范围不断扩大。自20世纪70年代末改革开放迄今40多年来，中国的流动人口（主要的是农民工）的数量急剧增加：1982年全国流动人口规模为657万人，1990年为2135万人，

① 孙立平.“自由流动资源”与“自由流动空间”——论改革过程中国社会结构的变迁［J］. 探索，1993（01）：64－68.

到2000年增至1亿人，2005年多达1.47亿人①，2009年已达到2.11亿人。② 到2014年为2.53亿人，达到历史人数最高峰。虽然从2015年开始，我国流动人口规模在逐年下降，但到2017年流动人口总量仍有2.44亿人，即全国每6个人中就有一个人是流动人口。③ 另根据国家统计局发布的《2018年农民工监测调查报告》指出："2018年农民工总量为28836万人，比上年增加184万人，增长0.6%。"④ 大量流动人口成为流入地的常住人口。其中珠三角地区一直是人口流入的主要地区之一。2010年第六次全国人口普查数据显示，广东省已是全国流动人口最多的省份。⑤ 2016年，中国流动人口规模为2.45亿人，其中广东占4048万人，居全国第一；⑥ 在2019年，大城市人口流动量较大，其中广州市（967.33万）、深圳市（818.11万）、东莞市（415.86万）、佛山市（360.09万）常住流动人口数依旧位居前列，而广东省也仍居全国第一。⑦

---

① 段成荣，杨舸，张斐，等．改革开放以来我国流动人口变动的九大趋势［J］．人口研究，2008（6）：30－43.

② 国家人口和计划生育委员会流动人口服务管理司．中国流动人口发展报告2010［R］．北京：中国人口出版社，2010.

③ 新华网（http：//www. xinhuanet. com/politics/2018－12/25/c_1123902905. htm）.

④ 该调查报告于2019年4月29日发布在中华人民共和国国家统计局网站，全文地址来源于：http：//www. stats. gov. cn/tjsj/zxfb/201904/t20190429_1662268. html.

⑤ 中华人民共和国国家统计局．2010年第六次全国人口普查主要数据公报［R］，2011－04－28.

⑥ 国家卫生和计划生育委员会．中国流动人口发展报告2017［R］．北京：中国人口出版社，2017.

⑦ 2019年中国各大城市人口排名、城市人口吸引力、城市流动人口数量排名及全国主要城市人口流动情况分析［EB/OL］．（2019－11－07）．http：//www. chyxx. com/industry/201911/802667. html.

一、流动人口的发展历程[①]

从全国的情况来看，流动人口的发展大体经历了三个时期：20世纪80年代初到90年代末逐步放开农民进城，流动人口规模增大；21世纪前15年，流动人口迅猛增长，流动人口从早期外出谋生的生存型开始转变为寻求更好生活的发展型；2015年末至今，流动人口缓慢缩减，新生代流动人口成为流动人口主体。

（一）起步阶段

20世纪80年代初到90年代末，逐步放开农民进城，流动人口规模增大。这一时期，城市的经济聚集作用显现，农村剩余劳动力进城，流动人口持续且大规模向城市流动。早在20纪90年代初，根据北京市人民政府研究室社会处《关于八大城市流动人口问题的综合报告》，在1981—1988年的8年间，北京、天津、上海、广州、武汉、沈阳、西安、重庆八大城市的流动人口数量快速增长；到1988年，八大城市的流动人口日平均规模合计近600万人。其中，从1984—1988年，北京、天津、上海、广州和沈阳五市的流动人口总量由250万人上升到536万人，流动人口数量增幅超过一倍。[②] 值得关注的是，随着《国务院关于农民进入集镇落户问题的通知》（1984年）的发布，国家进一步放宽了对农村人口进入中小城镇就业、生活的限制，政策允许农民进入县城以下的城镇、集镇务工经商，这促进了农村人口的乡城转移，我国流动人口规模从1982年的657万人增加至1990年的2135万人，年

① 参见附录1：1982—2018年常住人口、流动人口、农民工统计数据表.

② 张坚. 关于八大城市流动人口问题的综合报告［J］. 社会学研究，1991（03）：20－24.

均增长率约 7% 。[①] 从 20 世纪 90 年代开始，我国人口流动的规模和范围进一步扩大。与此同时，城市管理和服务没有及时跟上人口生态的变化，在资源配置和公共服务供给方面面临压力，给城市的流动人口管理和服务带来了不少难题。

（二）增长阶段

21 世纪前 15 年，流动人口数量迅猛增长，2009 年达 2.11 亿人，2014 年达到 2.53 亿人。这个时期的流动人口状态出现了一个较大的转变，从早期外出谋生的生存型开始转变为寻求更好生活的发展型。正是受到生活状态需求变化的影响，这个时期的流动人口开始出现举家迁移并长期定居流入地的倾向。这样的变化令流动人口的民生问题愈发凸显，给中国城市管理和服务于流动人口的部门带来很大的压力。在这样的背景下，公平对待流动人口的理念也被提了出来。2006 年，国务院出台《关于解决农民工问题的若干意见》，提出"公平对待，一视同仁"的基本原则；要求各级政府公平对待流动人口，政策领域也随之发生了不少变化以回应流动人口的诉求。2012 年 5 月，国务院颁发《国家基本公共服务体系"十二五"规划》，流动人口享受均等化的基本公共服务有了制度保障。

（三）缩减阶段

2015 年末至今，流动人口缓慢缩减，新生代流动人口成为流动人口主体。2015 年我国流动人口规模第一次出现减小，随后几年均呈现规模缓慢缩减的趋势。流动人口流向中心城市的比例下

① 2019 年中国各大城市人口排名、城市人口吸引力、城市流动人口数量排名及全国主要城市人口流动情况分析［EB/OL］.（2019 - 11 - 07）. http：//www.chyxx.com/industry/201911/802667.html.

降，流向非中心城市地区的比例有所上升。“80后”新生代流动人口所占比重越来越大，并表现出对城市社会较好的适应性与较高的融入意愿。党的十八大报告提出“加快改革户籍制度，有序推进农业转移人口市民化，努力实现城镇基本公共服务常住人口全覆盖”。[①] 城市管理和服务领域开始进入全面推进流动人口市民化阶段。

二、流动人口的特征变化[②]

20世纪80年代，流动人口在全国总人口中所占的比例不高，大部分人都感觉不到流动人口的存在。1987年1%的抽样调查数据显示，这个时期的人口流动主要以婚姻、投亲靠友、随迁家属为主，在全部流动人口中占56.3%，而务工经商等经济型流动人口则居于从属地位。[③] 而早期由农村流入城市务工的主要从事建筑施工、建筑材料运输等工作，大多数入城务工人员从事的都是体力活或是城市居民不愿意做的工作。[④]

进入20世纪90年代，流动人口的规模不断扩大，大量中西部农村剩余劳动力向东南沿海转移，主要在那些收入不稳定、雇佣条件因时而易、不享受带有补贴的福利待遇、没有养老保险的部门和非正规部门就业。[⑤]这个时期主要是以劳动力的个体流动为主，

---

① 胡锦涛. 坚定不移沿着中国特色社会主义道路前进为全面建成小康社会而奋斗[N]. 人民日报，2012-11-09.

② 参见附录2：我国流动人口发展状况.

③ 段成荣，杨舸，张斐，等. 改革开放以来我国流动人口变动的九大趋势[J]. 人口研究，2008（06）：30-43.

④ 马侠. 关于暂时性农业人口流动问题的探索[J]. 人口与经济，1984（03）：10-13.

⑤ 蔡昉. 人口迁移和流动的成因、趋势与政策[J]. 中国人口科学，1995（06）：8-16.

具有性别比高、年龄构成轻、未婚比重大、文化素质水平低等一般性特征。[①] 20 世纪 90 年代的流动人口普遍不愿意留在城市，他们更愿意回到家乡去。根据 1998 年末至 1999 年初在东莞和深圳进行的“省外迁移流动人口驻留意愿”调查，2300 份样本中想定居在广东省的只有 23%，而不想定居广东的达到 52.8%，其中 75.7% 的人是因为“家乡好、金窝银窝不如自家的草窝”。[②]

21 世纪以后，流动人口内部开始出现了代际变化和更替，在城市出生或者成长的新一代农民工开始出现，融入当地社会意愿增强。原国家人口和计划生育委员会下设专门的流动人口管理部门——流动人口服务管理司的调研也证实了这一点。2009 年至 2018 年，流动人口服务管理司每年组织开展全国范围的流动人口动态监测调查和人口流动重大问题调研，已连续 10 年公开发布、出版《中国流动人口发展报告》，讨论流动人口的生存发展、社会融入、基本公共服务等情况[③]，详细介绍了每一年中国流动人口的各项重要指标的变化和国家采取的各项措施，并提出了城市流动人口的社会认同和城市融入问题。

从上述几年的流动人口发展报告可以看出，流动人口呈现出如下的变化趋势：

其一，大多数流动人口关心流入地的发展和变化，融入当地社会意愿强烈，但与流入地其他社群的交流和参与渠道少。[④]

---

① 黄晨熹. 大城市外来流动人口特征与社区化管理：以上海为例［J］. 人口研究，1999（07）：53－58.

② 郑梓祯. 依然漂泊的群体：从广东省看外来打工阶层驻留前景［J］. 中国人口科学，1999（04）：35－44.

③ 参见附录 2：我国流动人口发展状况.

④ 国家卫生和计划生育委员会. 中国流动人口发展报告 2012［R］. 北京：中国人口出版社，2012.

其二，当前人口流动已由生存型向发展型转变，由最初的个体外出谋生的流动逐渐转变为以家庭为单位的稳定性流动，举家迁移比例上升。①近九成已婚新生代流动人口夫妻双方一起流动，与配偶、子女共同流动的约占60%，流动儿童和流动老年人规模也不断增长，劳动年龄人口所占比重开始下降，居留地稳定性增强，融入城市意愿强烈，其子女在现居住地出生的比例不断上升。②

其三，由原初的“钟摆式”流动向期望留在流入地、融入流入地社会生活、在城市稳定生活和工作的方向转变，在流入地长期定居的倾向明显，中国的户籍制度改革使得部分流动人口在流入地落户转化为新市民。③

其四，出现了代际更替的现象，新生代流动人口的比例不断上升。16~59岁的劳动年龄流动人口中，“80后”流动人口比例由2011年的不足50%升至2016年的56.5%，“90后”流动人口的比重由2013年的14.5%升至2016年的18.7%。④新生代流动人口与老一代流动人口相比，不论是生活方式还是价值观念都存在巨大的差异，表现出对城市社会较好的适应性和较强的融入意愿。⑤ 中国社科院王春光教授通过在温州、杭州和深圳三个城市进

① 国家卫生和计划生育委员会. 中国流动人口发展报告2013［R］. 北京：中国人口出版社，2013.

② 国家卫生和计划生育委员会. 中国流动人口发展报告2015［R］. 北京：中国人口出版社，2015.

③ 国家卫生和计划生育委员会. 中国流动人口发展报告2017［R］. 北京：中国人口出版社，2017.

④ 中国智库网（http：//www.china.com.cn/opinion/think/2017-11/14/content_41888694.htm）.

⑤ 国家卫生和计划生育委员会. 中国流动人口发展报告2018［R］. 北京：中国人口出版社，2018.

行的农民工调查发现，20 世纪 90 年代流入城市的这一代农民工与 80 年代流入城市的农民工相比，他们更努力去参与和适应流入地社会，他们会逐渐适应和习惯当地的社会生活和社会环境，对流入地逐渐生发出家的感觉。①

由此可见，新生代农村流动人口的社会认同和城市融入问题值得关注，如何促进流动人口更好地融入流入地的社会生活已成为目前国家政策关注的焦点。

三、人口流动带来的管理问题

大量涌入的流动人口，在促进城市经济发展的同时，也带来了一连串的社会及其管理和服务方面的问题。

早期对流动人口问题的认识主要是从管理的角度，研究流动人口在城市有限的物资资源和空间条件下带来的社会问题。1991 年，北京市人民政府研究室社会处《关于八大城市流动人口问题的综合报告》显示，庞大的流动人口群体给所在城市带来了内外交通紧张加剧、生活必需品供应负担加重、城市短线资源缺口加大、违法违规现象增多以及育龄妇女超生严重等一系列社会问题。②

随着改革的不断深化，我国政府职能也由“管理”向“服务”转变，流动人口的问题也由管理问题转化为民生问题、服务问题。在生计方面，流动人口劳动技能整体偏低，大部分未接受过职业培训，也没有相关的职业技术职称，因而大部分流动人口收入偏低，家庭抗风险能力弱，生活拮据；在社会保障方面，流动人口

① 王春光. 新生代农村流动人口的社会认同与城乡融合的关系［J］. 社会学研究，2001（03）：63－76.

② 张坚. 关于八大城市流动人口问题的综合报告［J］. 社会学研究，1991（03）：20－24.

社会保险参保率低，大部分未参加任何社会保险，养老保险异地转移接续难，绝大部分流动孕妇在流入地住院无法享受任何优惠；①在生活质量方面，流动人口绝大部分以租房为主，住房条件较差，随着城市房租的持续上涨，不断挤压着流动人口家庭的日常生活开支；在身心健康方面，流动人口从一个熟悉的环境迁移到一个陌生的环境，遭遇的文化、语言、就业和经济条件等方面的负向问题，必定会带来心理或身体健康方面的问题。②

与此同时，流动人口与本地人口和谐共处的重要性凸显，流动人口的现实困境使他们往往无法顺利融入城市。特别是在新生代流动人口的比例不断上升、成为流动人口中的主力军的当下，居留方式日趋常住化和家庭化，对他们而言，如果没有办法顺利融入城镇，会造成被歧视、被排挤、就业保障缺失、居住条件恶劣、教育资源短缺、子女得不到平等的教育等一系列问题，长久累积下来，就像是一颗随时可引爆的炸弹。如何提升其城市融入程度、推进流动人口基本公共服务均等化，解决好上述问题，给政府社会管理带来极大的挑战。因此，如何在流动人口规模不断扩大的当下，更进一步地关注其生活质量及促进其更快更好地融入当地社区，成为了城市化进程中各级政府亟须解决的问题。

第二节　我国流动人口管理探索

当代中国巨大而复杂、广泛而频繁的人口流动，以及日益凸

---

① 国家人口和计划生育委员会流动人口服务管理司．中国流动人口发展报告2011［R］．北京：中国人口出版社，2011.

② 邱培媛，杨洋，吴芳，等．国内外流动人口心理健康研究进展及启示［J］．中国心理卫生杂志，2010，24（1）：64－68.

显的流动人口及其管理问题，引起了我国各级政府及其人口管理部门的重视，政府进行了一系列的政策设计与制度安排，诸如户口登记管理、加大社区治理体系和社会治理制度建设力度、发挥社会组织促进流动人口社会融入的作用、增强基本公共服务供给尤其是流动人口社会服务等流动人口管理的探索，开展了促进流动人口社会融入的社会建设实践，取得了一定的成效。

一、流动人口管理政策变迁①

当代中国的流动人口管理可追溯至20世纪50年代。从全国的情况来看，流动人口管理发展大致可分为严格管控、综合管理、管理服务三个阶段。

（一）严格管控阶段（1953—1983）

20世纪50年代初期，中华人民共和国成立伊始，百废待兴，因北京市城市建设和工矿业发展的需要，开始通过招收农民工来解决劳动力不足问题。后来，农村人口大规模涌入城镇，且势头越来越大，加上农村劳动力出现盲目外流的现象，在造成城镇和工矿企业负担持续加重的同时，也使粮食供应困难重重；尤其是盲目流入北京的农民工越来越多，严重影响了城市社会治安和秩序，迫使政府开始重视城市人口管理和控制。因此，从1953年到1957年，从当时的政务院到现在的国务院，先后出台了《中央人民政府政务院关于劝止农民盲目流入城市的指示》《中华人民共和国国务院关于防止农村人口盲目外流的指示》《国务院关于防止农村人口盲目外流的补充指示》《国务院关于防止农民盲目流入城市

① 参见附录3：新中国成立以来流动人口政策变迁.

的通知》等一系列文件，以控制农村人口的盲目外流。[①] 1958 年《中华人民共和国户口登记条例》颁布实施，限制农业户口人员向城镇迁移，对人口迁移实施严格管控，这对城镇流动人口起到了遣返、疏散和控制等作用。1964 年，颁布《公安部关于处理户口迁移的规定（草案）》，堵住了农村人口迁往城镇的大门。1975 年 1 月，第四届全国人民代表大会一次会议通过的《中华人民共和国宪法》（修正案），更是取消了"中华人民共和国公民有居住和迁徙的自由"[②] 的条款。1977 年，《公安部关于处理户口迁移的规定》进一步强调要严格控制农村人口进入城镇，严格控制"农转非"。20 世纪 80 年代初期，出台的政策也多次强调对于农村剩余劳动力要就地安置，严格控制从农村招工，严格控制农村人口流入城市。这个时期的一系列政策和法律，在一定程度上以牺牲农村、农业和农民利益为代价优先城市建设，严格控制农民向城市流动，也推动了中国城乡人口分割的户籍制度和收容遣送制度的建立，表明了"不能允许农村人口盲目流入城市"的态度，限制了人口的自由流动，阻塞了农村劳动力转换职业和农村人口转换身份的通道，人为地造成了待遇、公民身份不公平的城乡分割的二元社会结构。[③]

（二）综合管理阶段（1984—2000）

对于流动人口的管理来说，1984 年是非常关键的一年。当年 1 月，中共中央发出《关于 1984 年农村工作的通知》："允许务工、经商、办服务业的农民自理口粮到集镇落户。"[④]这标志着农民向城

① 庞晨．档案见证建国初期的城市人口疏解［J］．北京档案，2018（03）：56－58．

② 中华人民共和国宪法［M］．北京：人民出版社，1975．

③ 全国人民代表大会常务委员会．中华人民共和国户口登记条例［Z］，1958－01－09．

④ 人民网（http：//cpc. people. com. cn/GB/64162/135439/8134254. html）．

市迁徙的严格限制政策开始松动，也让农民工问题进入了学术研究的视野。[①]同年的政府工作报告“允许农村民工建筑队伍到城市参加投标，承包施工”。[②]之后，《国务院关于农民进入集镇落户问题的通知》允许农民进入城镇落户。[③] 1992 年，邓小平的南方谈话进一步推动了改革开放，激发了市场活力，加之户籍制度的松驰，这在很大程度上刺激了人口流动，形成了 20 世纪 90 年代中期全国范围的民工潮。1995 年，为了解决民工潮带来的社会问题，第一次全国流动人口管理工作会议在厦门召开，在肯定流动人口特别是农村剩余劳动力对流入地经济社会发展发挥积极作用的同时，提出了要对流动人口进行综合管理。会后，出台了《中央社会治安综合治理委员会关于加强流动人口管理工作的意见》，提出了“因势利导、宏观控制、加强管理、兴利除弊”的 16 字方针。这个时期的政策虽然逐步放松了对人口流动的限制，但仍然是从保护市民利益、降低人口规模压力出发的，因而对流动人口在行业准入、子女就学、行政收费等方面做出了很多限制。

（三）管理服务阶段（2001 年至今）

2001 年 10 月，《国家计委、财政部关于全面清理整顿外出或外来务工人员收费的通知》，要求各地地方政府全面清理主要面向外出或外来务工人员的各种收费[④]，走出了消除流动人口制度性歧视的第一步。2003 年 1 月，《国务院办公厅关于做好农民进城务工就业管理和服务工作的通知》，提出了“公平对待、合理引导、完

---

① 孙中伟，刘林平．中国农民工问题与研究四十年：从“剩余劳动力”到“城市新移民”［J］．学术月刊，2018（11）：54 – 67.

② 中国人大网（http：//www. npc. gov. cn/wxzl/gongbao/2000 – 12/06/content_5001504. htm）.

③ 中国政府网（http：//www. gov. cn/zhengce/content/2016 – 10/20/content_5122291. htm）.

④ 中国政府网（http：//www. gov. cn/ztzl/nmg/content_412337. htm）.

善管理、搞好服务”的新原则，要求全面做好农民进城务工就业管理和服务的各项工作。[①]此后，每年国家都会出台保护农民工的相关政策。2005 年 3 月，《国务院关于解决农民工问题的若干意见》对进城农民工在经济、社会、政治权益等方面做出了全面系统的规定。[②] 2006 年 12 月，《中共中央 国务院关于全面加强人口和计划生育工作统筹解决人口问题的决定》提出，要为流动人口提供市民化服务，保障流动人口合法权益。[③] 2009 年 12 月，《中共中央 国务院关于加大统筹城乡发展力度进一步夯实农业农村发展基础的若干意见》提出，要加大农民外出务工就业指导和服务力度，从社会保障、工伤保险、职业病防治、健康服务、子女教育、住房保障等多方面保障农民工权益。[④] 2014 年 9 月，《国务院关于进一步做好为农民工服务工作的意见》进一步提出，要切实解决农民工面临的突出问题，有序推进农民工市民化，农民工的社会融入问题也被正式提出来。[⑤] 2019 年 3 月，国家发展改革委员会颁布《2019 年新型城镇化建设重点任务》，提出加快实施以促进人的城镇化为核心、提高质量为导向的新型城镇化战略，加快农业转移人口市民化，突出抓好在城镇就业的农业转移人口落户工作，推动 1 亿非户籍人口在城市落户目标取得决定性进展，推动未落户城镇的常住人口平等享有基本公共服务。[⑥] 2020 年 5 月 1 日，《保障农民工工资支付条例》正式实施。由此可见，流动人口管理政

① 中国政府网（http：//www. gov. cn/zwck/2005 –08/12/content_21839. htm）.

② 中国政府网（http：//www. gov. cn/jrzg/2006 –03/27/content_237644. htm）.

③ 中国政府网（http：//www. gov. cn/ztzl/rkr/content_677920. htm）.

④ 中国人大网（http：//www. gov. cn/gongbao/content/2010/content_1528900. htm）.

⑤ 中国政府网（http：//www. gov. cn/zhengce/content/2014 – 09/30/content_9105. htm）.

⑥ 中国政府网（http：//www. gov. cn/xinwen/2019 –04/08/content_5380457. htm）.

策已由管理为主走向服务为主，且促进流动人口在流入地的社会融入成为未来新型城镇化建设的一项重点任务。

二、社会建设：从管理到治理

流动人口管理政策由管控逐渐向服务转变的过程，体现了我国政府职能的转变和对社会建设、尤其是社会体制建设的重视，并为此出台了一系列的政策文件。①

2004 年，党的十六届四中全会通过《关于加强党的执政能力建设的决定》，首次提出要加强社会建设和管理，推进社会管理制度创新。② 2006 年，党的十六届六中全会通过《中共中央关于构建社会主义和谐社会若干重大问题的决定》，提出“建设服务型政府，强化社会管理和公共服务职能”“推动社会建设与经济建设、政治建设、文化建设协调发展”“健全社会组织，增强服务社会功能，坚持培育发展和管理监督并重”“健全党委领导、政府负责、社会协同、公众参与的社会管理格局”。③自此，与社会公平和社会和谐紧密相关的社会建设开始进入官方话语体系。

2007 年，党的十七大进一步强调“加快推进以改善民生为重点的社会建设”“最大限度激发社会创造活力，最大限度增加和谐因素，最大限度减少不和谐因素”。④ 2013 年，党的十八届三中全

---

① 参见附录 4：加强社会建设和管理的政策文件.

② 中国共产党第十六届中央委员会第四次全体会议. 中共中央关于加强党的执政能力建设的决定［EB/OL］.（2004 - 09 - 19）. http：//dangjian. people. com. cn/GB/n1/2019/0925/c117092 - 31372473. html.

③ 中国共产党第十六届中央委员会第六次全体会议. 中共中央关于构建社会主义和谐社会若干重大问题的决定［EB/OL］.（2006 - 10 - 11）. http：//www. gov. cn/govweb/gongbao/content/2006/content_453176. htm.

④ 中国人大网（http：//www. npc. gov. cn/zgrdw/npc/zggcddsbcqgdbdh/2012 - 11/06/content_ 1742192. htm）.

会通过《中共中央关于全面深化改革若干重大问题的决定》，更是提出“创新社会治理体制”“推进国家治理体系和治理能力现代化”。[①] 从“管理”到“治理”，虽然只是一字之差，但体现了政府管理方式的转变，“治理”所蕴含的主体多元性，让社会组织等多元主体开始得到官方话语的重视。

随后，在党的十八届五中全会上又提出要“加强和创新社会治理，完善党委领导、政府主导、社会协同、公众参与、法治保障的社会治理体制，推进社会治理精细化，构建全民共建共享的社会治理格局”。[②] 2017 年，党的十九大进一步提出“加强社会治理制度建设，完善党委领导、政府负责、社会协同、公众参与、法治保障的社会治理体制，提高社会治理社会化、法治化、智能化、专业化水平”“加强社区治理体系建设，推动社会治理重心向基层下移，发挥社会组织作用，实现政府治理和社会调节、居民自治良性互动”“提高保障和改善民生水平，加强和创新社会治理”“打造共建共治共享的社会治理格局”。[③]

由此可见，加强社会建设、着力改善民生实践是 21 世纪以来党和政府特别强调和高度重视的一个重大课题，将国家建设由经济建设、政治建设、文化建设“三位一体”发展推进为经济建设、政治建设、文化建设、社会建设、生态文明建设“五位一体”的中国特色社会主义事业总体布局。[④] 对于流动人口治理方式的转变实际上嵌入在党和国家重大政策变迁之中。对流动人口服务工作

---

① 人民网（http：//cpc. people. com. cn/n/2013/1115/c64094 –23559163 –13. html）.

② 人民网（http：//cpc. people. com. cn/n/2015/1030/c64094 –27756155. htm）.

③ 习近平. 决胜全面建成小康社会夺取新时代中国特色社会主义伟大胜利［EB/OL］.（2017 –10 –28）. http：//www. xinhuanet. com/2017 –10/27/c_1121867529. htm.

④ 胡锦涛. 坚定不移沿着中国特色社会主义道路前进为全面建成小康社会而奋斗［EB/OL］.（2012 –11 –08）. http：//fanfu. people. com. cn/GB/353382/index. html.

的重视，也体现了党和政府对社会建设、和谐稳定社会局面的重视。通过为流动人口提供平等的公共服务，增强流动人口的归属感、认同感和获得感，促进流动人口顺利融入社区，正是营造共建共治共享社会治理格局的体现。同时，“社会治理”正式成为我国社会建设的关键词和方法论，社会组织作为重要的治理力量对经济和社会发展有着不可替代的作用。

三、促进流动人口社会融入

促进社会融入、实现流动人口与本地人口的社会融合，是社会建设的重要内容，也是流动人口管理服务的重要方向，在此过程中社会组织成为促进社会融合的重要力量。为此，党和政府出台了一系列旨在促进流动人口社会融入的政策文件。①

2010 年，《中共中央　国务院关于加大统筹城乡发展力度进一步夯实农业农村发展基础的若干意见》明确指出，要推进城镇化发展的制度创新，“采取有针对性的措施，着力解决新生代农民工问题”。②

2012 年，《民政部关于促进农民工融入城市社区的意见》要求，各级民政部门将“农民工融入城市社区”纳入社区建设发展规划和年度工作计划，纳入和谐社区建设评估指标体系，推动出台促进农民工融入社区的政策措施，推动整合面向农民工服务的政府资源、市场资源和社会资源，推动形成合力推进农民工融入社区的领导体制和工作机制，为促进农民工融入社区创造良好的环境和条件。首次明确了政府对农民工融入社区负有职责，城市

① 参见附录4：加强社会建设和管理的政策文件.

② 中共中央，国务院. 关于加大统筹城乡发展力度进一步夯实农业农村发展基础的若干意见［Z］，2009－12－31.

基层人民政府及其派出机关是其责任主体，规划了农民工参与社区生活的“路线图”。[①] 文件中还明确提出：要“积极引进专业社工和社区社会组织开展有针对性的服务，切实帮助农民工解决工作生活中的困难和问题。针对农民工的需求和特点，发挥工会、共青团、妇联、计生协会等群众组织的作用，鼓励农民工参加社区公益性、服务性、互助性社会组织，提高农民工参与社区管理和服务的组织化程度”。[②] 这是对社会组织促进农民工融入城市社区发挥作用的引导和期望，也是将《国务院关于解决农民工问题的若干意见》和《关于加强和改进城市社区居民委员会建设工作的意见》等文件精神的具体贯彻和落实，是中央部委就农民工融入城市社区问题下发的专门性政策文件。

四、社会组织促进流动人口社会融入的地方实践

基于上述现实和政策安排，各级政府在激发社会组织活力、发挥社会组织作用、推动社会组织介入流动人口管理和服务方面进行了许多新的尝试和创新实践。与此同时，社会组织迅猛发展，成为新时代政府职能转移、社会治理体制转型的重要合作伙伴。社会组织的介入，实现了分散人群的组织化，推动了社会诉求的理性化，同时也提高了社会管理的自治化。

（一）社会组织促进流动人口社会融入的发端

早在2002年，浙江省瑞安市就开始了社会组织促进流动人口社会融合的尝试，成立了全国首个流动人口的自我管理民间组织——瑞安市外来人口管理协会，协会构建了一个“市—乡镇—

①② 民政部．关于促进农民工融入城市社区的意见［EB/OL］．（2012－01－04）．http：//www.chinanews.com/gn/2012/01－04/3580121.shtml.

村居”的三级流动人口管理网络。在第一个试点村，该村的1500余名流动人口有1450多名成为该协会的会员，入会率达96.7%。[①]其作为服务于流动人口的非营利性和非政治性的社会组织，主要向流动人口进行相关法律法规的宣传，发掘、表彰、宣传优秀的外来务工人员，帮助沟通建立外来人员与当地政府部门的联系，为外来务工者提供相关政策、法律法规、信息、技术等咨询和教育培训服务，反馈外来务工者意愿，维护他们的合法权益，为会员解决劳资纠纷，帮扶弱势人群，上门为会员办理暂住证等。[②]

大连市各社区外来人口管理服务站、广州市各社区流动人口协会、长春市各社区流动人口自治协会等组织相继成立，其性质、功能与瑞安市外来人口管理协会较为相似。迄今几乎所有城市从当地经济社会发展的实际出发，发起建立了不少社会组织，开始进行社会组织促进外来务工人员融入城市社区的有效探索。

（二）加大向社会组织购买公共服务的力度

近20年来，政府向社会组织购买公共服务逐渐发展成为社会组织助力流动人口社会融入的主要方式和政府提供公共服务的重要途径，项目制的公共服务供给方式逐渐成为城市公共服务供给主导模式。以北京、上海、广州、深圳等地为先导，特大型城市政府用于购买社会服务项目的经费在不断增加。北京市政府2011年投入1.124亿元财政资金购买社会组织的公共服务[③]，广州市从2011年起，随着《关于加快街道家庭综合服务中心建设的实施办法》的颁布，加快了政府向社会组织购买社会公共服务的步伐。

① 外来工自治组织初现浙江瑞安［N］.南方周末，2002-07-04.

② 蔡旭昶，严国萍，任泽涛.社会组织在流动人口管理服务中的作用——基于浙江省慈溪市和谐促进会的研究［J］.经济社会体制比较，2011（05）：199-205.

③ 阮萌.有序推进政府向社会组织购买公共服务［N］.开放导报，2012-08-04.

2012年，广东省社会工作专业人才队伍建设工作会议在广州召开，会议决定在广州市133个街道各建立一个家庭综合服务中心（以下简称“家综”），共投入2.6亿元。[①] 至2013年底，广州市已在全市成立了155个家综，此后数量稳步增长。至2018年，已建成189个家综，每年每个家综由投入200万元资金增至240万元，持续周期从3年变为5年。从2012年至2014年，广州市政府持续投入9.65亿元用于购买社会服务。[②]截至2018年底，广州市累计投入政府购买社会工作服务的资金达25亿元[③]，以用于支持社会工作事业的发展，投入规模和总量均居全国前列。其中，外来工服务是广州市各大家综开展专业社会工作服务的重要内容，在促进外来务工人员的社会融入方面发挥了重要作用。

（三）充分发挥社会组织参与社区治理和社会融入的作用

大量的社会服务投入成为政府加强社会建设的重要手段，同时也产生了以社会服务为主要工作内容的社会组织，从实际效果上促进了流动人口的社会融入。而承接社会服务的社会组织无疑在流动人口社会融入中也起到了积极的作用，因此也成为社区治理的重要责任主体之一。已有研究和实践表明，相较于政府单方面的社会管理，政府协同社会组织一起形成了一种新的合作治理模式，即由社会组织参与的社区共同治理和流动人口自我组织、自我管理、参与治理的方式是更有效率、更有效果的管理模式，[④]由政府和社会组织共同介入流动人口的管理和服务，是推动流动

① 广州投2.6亿元购买社工服务［J］. 中国社会工作，2012（05）：4.

② 刘云. 家综购买服务三年政府投入9.65亿元［N］. 羊城晚报，2014-11-20.

③ 李雄鹰. 广州累计投入政府购买社会工作服务资金25亿元［EB/OL］. http://big5.xinhuanet.com/gate/big5/www.gd.xinhuanet.com/newscenter/2018-12/18/c_1123872396.htm.

④ 贾西津. 中国公民参与：案例与模式［N］. 北京：社会科学文献出版社，2008.

人口融入社区的有效措施。

五、政策及实践反映出的问题

总体而言，一方面，不少地区建立了单独以外来流动人口为服务对象的管理和服务平台，这种以区分户籍人口与流动人口为基础的“分群”式管理模式将流动人口的社会团体与当地居民的社会团体区分开来，难以建立流动人口与当地居民、流动人口组织与当地社会组织之间的沟通网络和交往关系，从而无法在心理和文化层面上形成相互认同，进而实现流动人口与当地居民的多元融合与一体发展①，从而导致流动人口融入当地的社群变得更加困难。因此，从城市管理和服务的角度来看，“不分群”的实现应该是解决流动人口社会融入的出发点和落脚点。

另一方面，社会组织在我国发展的历史比较短，其合法性基础尚不牢固，特别是为外来务工人员服务的社会组织在开展维权活动的过程中，可能会与其他群体发生利益冲突，甚至可能导致社会秩序混乱、对抗政府管理部门的现象发生。还有一些外来务工人员建立的社团组织，也只能算作民间结社行为，他们并不充分了解民政部门对社会组织在登记管理方面的要求，这些社团组织虽然也实现社会组织的相关职能，但大概率会出现没有按照相关社会组织管理条例进行注册、申报、登记的情况，从而无法获得规定程序上的合法性。因此，鉴于我国社会组织与政府之关系及发展状况，我们极有必要明确在协同政府开展流动人口管理服务过程中社会组织的角色和功能定位，并最终实现社会组织促进流动人口社会融入的目标。

---

① 蔡旭昶，严国萍，任泽涛．社会组织在流动人口管理服务中的作用——基于浙江省慈溪市和谐促进会的研究［J］．经济社会体制比较，2011（05）：199－205.

第三节 Z市流动人口发展及管理

珠三角Z市是一座流动人口汇聚的重要城市，其流动人口的管理主要包括业务委托集成管理、出租屋管理和积分制管理等。

一、Z市的流动人口及其管理措施

本研究所选取的场域——Z市是珠三角地区人口流入的重要城市。据统计，2017年末，Z市常住人口为323万人，其中户籍人口约为170.47万人，流动人口约为152.53万人，流动人口约占全市常住人口的一半。由此可见，Z市是一座流动人口汇聚的重要城市。从2005年开始，Z市根据省委省政府关于建立“政府领导、部门参与、保障有力、综合治理”的流动人口管理工作格局的指示精神，积极探索出一条符合Z市实际情况的流动人口管理服务新路径，为全省乃至全国流动人口管理体制改革创新提供了有效经验。

Z市的流动人口管理措施主要包括业务委托集成管理、出租屋管理和积分制管理等方面。

（一）业务委托集成管理

采用业务委托集成管理模式，统筹监管，构建横向协同工作机制。成立Z市流动人口管理办公室（以下简称“流管办”），形成“市—镇（区）—村（居）”纵向一体的三级流动人口及出租屋服务管理架构，配备专、兼职协管队伍。建立“Z市流动人口服务管理工作联席会议”制度，在明确各部门关于流动人口和出租屋管理职责的基础上，各级流管办与市公安局、住建局、地税局采用业务委托形式，确立居住证办理、出租屋登记备案和税收征管委托给镇（区）流动人口和出租屋管理服务中心办理的原则，形成了“一站式”服务管理模式。截至2018年6月底，累计办理发放居住证351.93万张，儿童随行卡有效持卡数22.24万张，有效租赁证和备案回执办证率达到99.3%，累计代征住宅出租屋税和商铺租赁税37.24亿元。[①]

（二）以屋管人的出租屋管理

加强出租屋管理，确定以屋管人的工作模式。实施出租屋网格化精细管理，深入开展出租屋巡查登记，推进“安全文明出租屋”和“出租屋安全文明小区”的创建，推出出租屋综合保险，营造安居环境。运用信息技术开发打造Z市流动人口资源共享、工作协同的信息化管理平台。

（三）积分制管理

创建了积分制管理模式，促进流动人口市民化。以量化计分方式实行入户管理和享受基本公共服务，促进流动人口的市民化和“新Z市人”的融入。

在政府层面，Z市积极制定各项政策，促进流动人口的社会融入，加强对流动人口的管理，创新社会治理体制。但仍存在较多问题，如在管理机构的设置上，流管办的统筹协调能力不足，专项管理机构功能较弱；各部门之间职能分工不完善，职责边界不清晰；法律法规不完善，管理主体单一，共建共治共享不足等。

尤其是在管理主体单一的问题上，目前Z市管理制度的设计仍以政府管理为主，群团组织、物业服务企业和社会组织等机构的协同服务功能尚未得到有效发挥，出租屋和流动人口的自治能力和自治效果还有待进一步凸显，流动人口参与基层社区活动的

---

① 参见：《Z市流动人员积分入学管理实施细则》。

空间还比较狭窄，流动人口留给自身提升文化程度的时间和精力还不足，社区参与度不高，与社区、户籍人口之间缺乏有效的沟通和交往。因此，探讨社会组织参与流动人口的管理，共创共建共治共享的社会治理新格局，促进流动人口的社会融入具有重要的意义。

二、三社区及社会组织参与流动人口管理现状

Z 市 GN 社区、ZS 社区、CJ 社区聚集了大量的流动人口。近些年来，为了促进流动人口的社会融入，解决当地的社会经济发展问题，分别采取了一系列的政策来进行社会管理改革与社会治理创新，尤其是在推动社会组织参与流动人口管理、促进流动人口社会融入方面采取了重要举措。下面就三个社区的情况做简要的介绍。

（一）GN 社区及社会组织参与流动人口管理的基本情况

GN 社区隶属于 Z 市 G 镇。该镇建于 1986 年，位于 Z 市的西北面，地处“珠三角”三个重要城市的交会处，毗邻港澳，是全国乃至世界闻名的“灯饰之都”、首批全国特色小镇之一、国家首批产业集群区域品牌建设示范区和全国百强镇之一。它由三个片区组成，下辖 12 个行政村和 1 个社区，总面积 47.8 平方千米。Z 市统计年鉴显示①，截至 2017 年底，全镇常住人口为 15.38 余万人，其中户籍人口约 7.88 万人。但据案例所在地工作人员所述，实际常住人口有近 50 万人。作为闻名国内外的“中国灯饰之都”，灯饰是 G 镇的龙头产业，也是 G 镇的经济支柱。G 镇灯饰产业区已发展成为举世瞩目和公认的世界性灯饰专业市场，也是国内迄

① Z 市统计局.2018 年 Z 市统计年鉴［R］，2018－10－31.

今为止最大的灯饰专业生产基地和批发市场，其灯饰生产和销售总值占70%的国内市场份额。除灯饰之外，G镇还是“G省十大农业现代化示范区”之一，花卉苗木不仅是G镇的传统农业项目，更是G镇现代化农业产业的主导项目。

G镇现有以法人登记的社会组织86个，其中社会团体组织23个（包括商会6个、行业协会17个）、民办非企业组织63个（包括教育培训类45个，公益慈善类8个，体育休闲类10个）；未登记但已备案的社会组织有59个，主要包括社区服务类和体育文化类两大类。社会组织覆盖了G镇每个行政村（居），这为流动人口的社会融入奠定了良好基础。

GN社区是G镇典型的行政村之一，位于Z市与J市的交界处。与G镇类似，GN社区也是典型的流动人口倒挂社区，截至2018年底，共有户籍人口5300多人，流动人口9707人，流动人口与户籍人口之比约为1.8∶1。[①] 该社区拥有丰富的物产资源、悠久的历史和文化传统，且在新农村新社区建设中取得了丰硕的成果。根据《Z市G镇生态文明建设研究报告》，G镇的公共基础设施较完善，有一定数量的公园、广场，已创建5个生态示范村，GN社区为其中之一。日趋完善的公共基础设施为GN社区居民的业余生活和休闲健身提供了良好的公共空间。GN社区同时也是G镇农业现代化示范区的主要区域，其花卉苗木行业的发展富有特色。

在经济建设方面，2017年，GN社区经济总量达9985万元，其产业受G镇强势产业影响，主要为灯饰配套产业和物业出租（包括工业厂房、工业园配套出租屋、GN批发市场等）。[②] 社区由商品房开发小区、出租屋聚集区和传统村庄自建住宅区等组成，

---

① Z市统计局.2018年Z市统计年鉴［R］，2018-10-31.

② 数据来源：访谈资料（编号：2018072701）.

人员构成较为复杂，其流动人口主要从事的行业为灯饰产业或服务业（个体户），他们购置商品房的比例较低。

在社会建设方面，GN 社区成立了一批初具雏形的综合素质提升类协会，如篮球协会、戏曲协会、书法协会、老人协会、武术协会、舞蹈协会和青年志愿者服务队等。但现有的社区社会组织由于规模较小、经费仅靠村民委员会财政拨款，且没有专业人员从事财务、审计工作，所以尚未登记注册。社区将区内的两个地产售楼部改造成综合服务中心，并于 2018 年 9 月投入使用，主要服务对象为青少年。服务中心内设书吧，结合文化强镇理念，实现了与市图书馆、镇图书馆图书的通借通还。社区内驻地社会组织主要在当地学校开展活动，对流动人口的吸引力很大，故流动人口的参与度较高。此外，G 镇成立的多个异地商会和行业协会，对流动人口的影响较大。社区流动人口的社会融入、户籍居民与非户籍居民的融合是 GN 社区社会治理的重点。

（二）ZS 社区及社会组织参与流动人口管理的基本情况

ZS 社区是 Z 市 K 区下辖的社区之一，该社区在中心城区，其发展与 Z 市 K 区的政策密切相关。故而在对 ZS 社区进行分析之前，笔者先就 K 区的基本情况做一个简单介绍。

ZS 社区所在的 K 区，位于 Z 市东部，距市中心 12 千米，是由原国家科技部、G 省省政府和 Z 市市政府于 1990 年共同创办的国家级高新技术区，也是著名的侨乡。Z 市作为人口流入大市，近一半居民属流动人口。其中 K 区作为经济开发区，区内有大量的工厂和流动人口，具有典型性。为此，K 区上下在流动人口社会融入方面做了大量的工作，也积累了不少成功的经验和案例。

K 区面积 70 多平方千米，下辖 7 个社区，其中 2 个居民社区，5 个农村社区；全年实现生产总值 413 亿元，共有 20 家世界 500 强企业在 K 区设址，区内有九大产业基地，曾获评国家产学研合作创新示范基地、G 省技术创新专业镇的称号；常住人口 24.5 万人，其中户籍人口 8.56 万人，大约有 16 万流动人口（办了居住证的）。K 区流动人口主要集中在八大园区内，大多是创业、海归的高技术人才，人口素质较高、文化程度高。K 区登记注册的社会组织有 31 个，备案的 137 个，涉及公益慈善、社会事务、社区服务和文化体育等方面。

在促进流动人口社会融入的政策方面，根据 Z 市政府《关于加强社会建设创新社会管理的实施意见》和市民政局《Z 市社会组织扶持发展专项资金管理暂行办法》等文件精神，以及财政资金管理规定，2016 年 K 区管理委员会印发了《K 区社区社会组织扶持发展专项资金管理条例暂行办法（试行）》，主要以项目补贴的方式，支持社会组织开展公共服务、公益活动和参与社会建设，给予每个社区一个指标参选先进社会组织或优秀项目，每个社区可先将符合标准的社会组织上报参与评选；并且鼓励本区备案的社会组织参与每年一次的 K 区突出贡献社会组织评选和年度最佳实践公益品牌项目评选，获奖社会组织给予 1000 ~ 3000 元奖励。此外，K 区还自主开展了“公益 K 区”项目评选，在 K 区政府相关部门的领导下，社区社会组织积极参与进来，优秀的项目对接一个企业，项目均由社会组织来策划和开展，但鼓励企业积极参与。每个社区都可以将优秀的社会组织及其项目推荐出来，参与评选。

ZS 社区设立于 2008 年 8 月，位于 Z 市 K 区的中心城区，是一个不带有经营性质的纯居民社区，总面积 11.24 平方千米。K 区管委会和政府职能部门等都在其中，辖区内还设有图书馆、中学、小学、幼儿园、社区医疗服务站、居民健身广场、公园、银行、商业中心等公共场所及设施，是K区的政治、经济、文化中心。社区公共服务和生活设施配套完善，除配套客运、货运码头之外，公交线路遍布社区各主干道，水陆交通便利。社区环境优美，居民精神风貌好。社区自设立以来，先后被评为国家级、省级和市级示范社区，获各级各类奖项70多项。社区党委下设4个支部，有党员151人，其中正式党员150人、预备党员1人，在职党员97人，离、退休党员25人；社区“两委”干部6人，聘用干部5人，居民代表21人，特别委员2人，建设协调委员9人。社区现有已登记的社会组织24个，主要为居民自发性组建的文娱组织，以舞蹈队、合唱队、太极队等为主，它们在社区居委会的领导下实行居民自治管理。另有4个专业社工服务机构在社区内设有两个服务站，为社区居民提供禁毒、养老、社区服务、婚姻咨询等方面的社工服务。社区现有住宅小区27个（不含在建），常住人口4万余人，其中户籍人口约1.57万人、流动人口3万多人，二者之比约为1∶2。[①] 可以说，ZS社区是一个典型的流动人口倒挂社区，流动人口的社会融入是社区社会治理的重中之重。在ZS社区，不同类型的社区社会组织并存，既有老年大学、社区居委会等正式的社区社会组织，也有自发成立的社区社会组织，同时还有通过政府购买社会服务来为流动人口提供精细化服务的社工机构。不同类型的社会组织对流动人口的社会融入起到了不同的作用。

ZS社区及其社会组织主要通过开展活动、宣传政策、提供服务等形式促进流动人口的社会融入。社区结合区机关领导驻点开展居民工作，通过区领导走访、社区干部联系、小区活动宣传相结合的形式，集中和个别到居民家中探访，做好社区户籍居民和

① Z市统计局.2018年Z市统计年鉴［R］，2018-10-31.

非户籍居民的走访工作，并及时做好资料归档和上报工作。经常组织志愿者到老党员和有需要的困难居民家中了解他们的实际需求，并通过节假日开展慰问活动和党员义工服务居民活动，为社区内的老党员、困难家庭和残疾人等弱势人群送温暖，同时转达最新的政策信息。在落实政策的过程中，ZS 社区社会组织也逐步被培育出来，进而对流动人口的社会融入起到了积极的作用。

（三）CJ 社区及社会组织参与流动人口管理的基本情况

CJ 社区位于 Z 市 D 区的西北面。D 区位于珠江三角洲西南部、Z 市城区东部，是中共 Z 市市委市政府所在地，东与 Z 市 K 高新技术产业开发区、N 镇为邻，南靠 W 山千秋岭，西与 S 区相连。D 区占地总面积 71.4 平方千米，下辖 10 个社区；常住人口 15.79 万人，其中户籍人口 9.58 万人；D 区是 Z 市著名的侨乡之一，有旅居 50 多个国家和地区的海外华侨、港澳台同胞 3 万多人；是 Z 市的政治、经济、文化中心。据 D 区街道政府工作人员描述，D 区街道流动人口基数大，超过该区总人口的三分之一，庞大的流动人口压力给 D 区的发展带来了挑战，为此 D 区街道大力探索社会治理创新模式，CJ 社区是其典型代表。

CJ 社区是 D 区街道的一个居民社区。总面积约 3.715 平方千米，常住户有 2818 户，常住人口 4004 人，其中流动人口约有 3000 人。由于历史原因，该社区没有自身经济收入，其开支主要来源于政府支持，是一个典型的服务型社区。CJ 社区党支部现有党员 238 人，预备党员 6 人，发展对象 2 人，已递交入党申请书的有 4 人。多年来，CJ 社区党支部在加强党的基层组织建设中做了大量工作，使基层党组织在社区治理与建设中充分发挥其带头作用。CJ 社区始终秉持“开展优质服务活动，实行居民自治，建设高质、高效、新型的服务型社区”的目标，致力于社会服务事业，注重居民福利提升。2002 年至今，妇女维权协会、青年志愿者服务队、社区“星光”老年人之家、QS 服务站等先后建立，并不断完善其社会服务设施，已建成乒乓球场、羽毛球场、篮球场和健身场地等；与此同时，还成立了象棋协会、乒乓球协会、书法协会、舞蹈协会等群众性自治组织；此外，通过积极培育商会和慈善基金会等正式社会组织，充分发挥它们在社区治理中的功能和作用，积极推进流动人口融入本地社区，构建形成了流动人口的高度社会融入。社区处处体现出居民“和谐、团结、积极、向上”的精神风貌，2004 年至今被连续评为“Z 市文明社区”。

本章小结

随着社会经济的发展，流动人口从以往的外出谋生型开始转变为发展型。近年来，流动人口缓慢缩减，新生代成为流动人口的主体，更加期望能融入流入地的社会经济生活，促进流动人口的社会融入是各流入地加强流动人口管理和进行社会治理创新的重要机制。与此同时，国家也越来越重视对流动人口基本公共服务的供给，推行政府购买社会公共服务政策，注重发挥社会组织功能，强调政府与社会组织在促进流动人口社会融入方面的协同作用。

Z 市是珠三角地区人口流入的重要城市，流动人口约占全市常住人口的一半。在流动人口的管理方面，Z 市积极开展创新实践，探索各种有益经验，包括实行三级业务委托集成管理、以屋管人、信息化平台建设等多种举措。其中，GN 社区、ZS 社区、CJ 社区聚集了大量的流动人口，近年来也采取了一系列的措施来推动流动人口的社会管理，尤其是在协同社会组织加强流动人口的社会资本建设，从而在促进流动人口的社会融入方面取得了成功的经验。所以本研究选取 GN 社区、ZS 社区、CJ 社区作为典型案例，尝试对本书提出的研究问题进行回答。

GN 社区、ZS 社区、CJ 社区的社会组织既有相同之处，也有各自不同。其中，GN 社区成立了篮球协会、戏曲协会、书法协会等各种文娱协会，均属于社区自组织，规模小且经费主要来源于村民委员会财政拨款，没有专业人员进行财务、审计工作，大部分组织均没有登记注册，还处于组织自发状态。ZS 社区除了有居民自发成立的舞蹈队、合唱队、太极队等文娱组织之外，还有 4 个专业社工服务社，以及老年大学、社区居委会等正式的社区社会组织，正式社区社会组织与自组织并存共同促进流动人口的社会融入是该社区的重点工作之一。CJ 社区是典型的服务型社区，连续三年被评为“Z 市文明小区”，积极培育商会、慈善基金会等社会组织以促进流动人口的社会融入。以上三个社区的社会组织发育程度不同，其中 CJ 社区的社会组织发育程度最高，组织自主性、合法性高，参与流动人口社会融入的程度高。ZS 社区属于中等，以正式组织与自组织相互配合为主。而 GN 社区相对来说社会组织的发育程度较低，目前仍以尚未注册登记的自组织为主。那么，社会组织发育程度不同的三个社区在社会组织的合法性获取、面临困境和社会组织促进流动人口的社会资本建设等方面是否存在差异？存在怎样的差异呢？下一章将重点探讨社会组织合法性的来源和作用、合法性困境，以及社会组织促进流动人口获得社会资本的机制。

第三章　社会组织培育流动人口社会资本的影响机制

社会组织基于政府职能转移和公共服务供给的需求而成立，它是除政府以外促进流动人口社会融入的又一个关键，但这一关键的作用机制是复杂多样的。组织的合法性造成了社会组织的异质性，并使得社会组织能够通过提供社会服务、实现资源连接、促进群体互动等方式来帮助流动人口构建不同类型和层次的社会资本，进而推动其实现流动人口社会融入。通过这一促进过程，社会组织也实现其合法性的提升，由此进一步形成了社会组织促进流动人口社会融入的良性循环。

第一节　社会组织合法性的来源和作用

合法性这一社会组织特质，在社会组织培育、产生社会资本的过程中发挥了重要作用。从语义上解释，合法性被认为具有“合乎规则、规范，合乎法定义务”之意。归根溯源，“合法性”是组织制度理论中的核心概念，该理论在经济学的基础之上，延伸、拓宽了有关组织存在合理性的界定范畴——一个组织能否获得生存和发展所需之资源，是否具备合法性是组织的一项重要考量指标。也就是说，一个组织存续的原因在于：其内部组织体系是否具有较高的生产效率和能否与周围的环境融为一体并被环境接受、认可和信任。让－马克·夸克认为，合法性是统治者与被统治者之间的一种关系评价，也是一个政治权力和其遵从者证明自身合法性获得被统治者对统治权力认可的过程。① 故而，对于合法性的讨论更多地集中于政治权力和统治过程是如何获得被统治者的认可和接受的探讨。

按照上述组织合法性三要素——“规制性要素”“规范性要素”“文化—认知性要素”，本研究认为，社会组织合法性包括形式合法性、实质合法性和社会合法性三个层面的构成要素。同时具有三种合法性的社会组织能够获得政府认可支持，可以获得更多资源，通过承接政府转移的公共服务职能，开展项目服务，加强与政府和其他社会组织的联系，进而参与社会化动员、优化社区资源、实现市场化资源配置，从而产生、获得不同层次的社会资本。

社会组织成立之后所面临的一个问题是组织如何维系组织存续、如何发展壮大，即自我发展的问题。与政府的主导作用形成鲜明对照的是社会组织自我发展能力之不足，主要表现为组织对资源的动员能力不足、组织的自治能力不足和组织的专业服务能力不足，而这些既影响着社会组织的生存和发展，又影响了各种社会资本的培育和累积。由于我国缺少结社传统，社会的自组织能力比较弱，社会组织的形成与发展在很大程度上依赖于外部激

---

① 让－马克·夸克．合法性与政治［M］．佟心平，王远飞，译．北京：中央编译出版社，2002：12.

励性环境。政府作为制度的制定者、社会资源的主要拥有者和分配者，在很大程度上决定着社会组织生存和发展的外部环境。从我国城市社区社会组织的培育实践来看，社会组织的发展水平在很大程度上也取决于政府的介入程度。政府的积极介入能够为社会组织的发展提供激励性外部环境，直接推动社会组织在数量上的增长，促进社区内的横向联结。因此，社会资本的培育和累积离不开社会组织合法性的获得。而我国社会组织存在一些合法性困境，阻碍了社会组织对多种类型的社会资本的培育、产生和累积。

在有关社会组织的管理制度方面，我国实行的是“归口登记、双重管理”制度。具体而言，即民政部门登记注册、业务主管单位进行业务管理——民政部门和业务主管单位双重监管，这对社会组织的登记注册影响很大，限制了其发展。如有的社会组织难以找到业务主管单位来挂靠（实际情况是很多单位因责任太大而不愿意主管），它们只能自谋出路。如有的组织以企业名义注册，但这种方式无法保证其合法性地位，最终直接影响组织活动的开展，新杭州人志愿服务站就是一个典型的例子。当初新杭州人志愿者服务站刚成立时，主要的问题就是身份“不合法”，而产生这一问题的原因就是“难注册”。[①] 身份“不合法”导致这些社会组织面临场地难申请、资金来源不足等问题。[②] 这些都阻碍了社会组织有效地承接项目、开展活动，以及与政府部门和其他社会组织的交流，流动人口的社会资本也受到影响，致使其社会资本匮乏，

---

① 我市首家工会新杭州人志愿者服务站成立让“新杭州人”帮助更多“新杭州人”[EB/OL].（2010-06-18）. https：//hznews. hangzhou. com. cn/xinzheng/yaolan/content/2010-06/18/content_3321953. htm.

② 张琳. 政府背景NGO对农民社会资本的影响：以新杭州人志愿者服务站为例[D]. 杭州：浙江工业大学，2016.

不能有效地融入当地社会。既然合法性如此重要，那么接下来笔者将对不同类型的社会组织存在的合法性困境以及突破这些困境的路径进行论述，以期全面提高不同类型社会组织的合法性，进而组织能够提供不同层次的社会资本，以促进流动人口社会融入。

第二节　社会组织的合法性困境

近些年来，国家不断加强社会建设，积极鼓励社会组织发展。在各地方政府如火如荼地推进社会组织孵化平台建设的大背景下，政府通过招投标、公益平台创投等路径，加大购买公共服务的机制建设力度，以向社会组织购买服务项目的方式，给予社会组织以资金支持，并以这种购买为契机，加强了对社会组织的监管，使社会组织的运作逐渐走向健康、有序和成熟化。但是，即便政府每年投入大量经费用于购买公共服务，相较于巨大的公共服务需求，其经费投入仍然存在短缺问题。更为重要的是，在资金投入方式和分配机制上，相关制度安排并不明晰，导致社会组织易陷入“断粮”危机。具体支持力度也未有明确规定，而与政府领导个人倾向意志关联极大，这导致社会组织在具体工作的开展过程中缺乏持久性和稳定性。除了政府资助外，社会组织的其余收入就是少量的服务性收入、会费和社会捐赠。但是，从调研结果来看，这部分收入目前为止还很少，很难维持社会组织的生存，更谈不上发展。此外，在中国资金募捐制度极其严格的情境下，社会组织想要通过募捐方式获取资金是非常困难的。

总体来说，政府仍然是社会组织得以生存和发展的资金和资源的重要来源，而社会组织的合法性基础在一定程度上就决定了该社会组织是否可以获得政府的资金支持以及所获得资金的多少。

正是得益于政府的各类资源支持，我国的社会组织才得以发展起来。就目前的情况来看，为了帮助弱小的社会组织顺利地生存下去，政府对社会组织给予一定的经费支持是必不可少的，且是十分必要的，尤其是在社会组织成立之初。社会组织虽然是一个独立的法人机构，但是其生存和发展所需要的各项资源均来自政府而非社会，因此其独立性必然受损，而被冠以“二政府”等称呼。更为重要的是，一旦政府的资助停止，社会组织发展的延续性就会受到极大损害，甚至出现“停摆”状态，进而陷入合法性困境。我国各个类型的社会组织虽然可以通过各种不同的途径努力获取组织合法性，但依然存在不少困境。

一、形式合法性困境

社会组织的形式合法性困境，主要是目前的双重管理体制导致的。现行法规为社会组织的创建设立了过高的“门槛”。1989 年至今，与社会组织（主要是社会团体、民办非企业单位、基金会）相关的登记管理的法规相继出台，也日趋严格，逐步形成了“分级负责、严格管理和统一登记”的监管体制，即“双重管理”体制。“双重管理”体制是以限制发展和归口管理为特征的社会组织管理体制。这一双重把关的审批制度为社会组织设置了较高的登记门槛，也为其获得合法身份造成了障碍。而在民政部门之外的其他政府部门、国家机关进行的登记，也不被视为有效的社会组织登记。未经民政部门登记的社会组织，除《社会团体登记管理条例》第 3 条第 2 款规定的可以免予登记的部分社会团体外，其余都属于“非法民间组织”。并非所有社会组织都能够与政府进行接触并获得政府认可，进而实现注册登记，大多数社会组织因此缺乏合法性地位，难以以公开、合法的身份开展公益性活动。

1990 年 6 月，国务院办公厅批转民政部《关于清理整顿社会团体请示的通知》，对社会团体进行清理整顿和规范管理。1991 年清理整顿工作结束，到 1992 年 9 月，共注销全国性社团 400 个、地方性社团 20000 多个，并对认定的严重违法的 120 个社团进行了查处。[①] 这次清理整顿主要是为了规范社会组织管理。第二次清理从 1997 年 4 月国务院转发民政部《关于清理整顿社会团体意见的通知》持续到 1999 年 10 月，社会组织数量有所回落。这期间正值“法轮功事件”，相关部门出台了治理整顿社会组织的多部法规、意见，如 1999 年全国人大常委会《全国人民代表大会常务委员会关于取缔邪教组织、防范和惩治邪教活动的决定》，民政部《关于取缔法轮大法研究会的决定》，民政部、国家体育总局、公安部《关于加强健身气功活动管理有关问题的意见》。2000 年，民政部又继续出台《取缔非法民间组织暂行办法》，同时中共中央组织部也出台了《关于加强社会团体党的建设工作的意见》等。依据上述条例规章对全国各地社会组织进行清理整顿，并开始实施“双重管理”制度，即社会组织既要接受登记机关的管理，也要接受业务主管单位的监督，业务主管单位又都是政府部门，在这种情况下，群众把许多社会组织称为“二政府”。尽管目前有很多地方已经积极推进社会组织备案制度，但我国社会组织整体的合法性困境依然存在。

据相关研究者的调查，有 65% 的调查对象在设立社会组织之初想让组织成为合法的社会组织，但是经过多年努力无果后，最

---

① 范宝俊. 认清形势，解放思想，开拓我国社团管理工作新局面：在全国社团管理工作会议上的总结报告［M］//中国民间组织年志（1949—2004）. 北京：中国社会出版社，2005：47.

终不得不选择放弃。[①] 越来越多的社会组织以企业的形式在工商部门注册，或者与政府部门搭上“关系”，在其帮助下获得合法性地位，进而规避注册登记带来的问题。2000 年，清华大学非政府组织研究所的调查也证明了上述结论。[②] 学者谢海定于 2002 年和 2003 年上半年在深圳部分地区的调查结果显示，经过正式登记的社会组织数量只占社会组织实际数量的 8% ~13% 。[③] 根据学者的调研估计，在双重管理体制下，没有登记注册的社会组织与合法登记的社会组织的数量相比，前者大约是后者的 10 倍。[④] 这种状况至今仍然没有得到改善。

改革开放后，我国社会组织发展迅速。截至 2018 年底，全国共有登记在册的社会组织 81.7 万个。[⑤] 根据我国社会组织登记现状，除了上述登记在册的以外，还存在大量未经登记的社会组织。这导致很多社会组织只能以“草根”方式活动。更为重要的是，由于成功注册登记的社会组织数量太少，导致它们并不具有代表性，我们无法从中窥见社会组织发展的全貌。这一情况导致这样的结果：一些社会组织不得不以企业法人的身份存在，而许多未经注册的组织却在不同程度上合乎社会组织的定义，导致社会组织存在法律地位与实际属性不完全对等的情况。“在中国范围之内开展各种公益或者互益活动的非政府组织大概有 300 万家，但是这里边真正按照现行法规登记注册的只有十分之一，90% 的非政府

---

① 邓国胜. 非营利组织评估［M］. 北京：社会科学文献出版社，2001：45.

② 邓国胜. 非营利组织评估［M］. 北京：社会科学文献出版社，2001：41 -43.

③ 谢海定. 中国民间组织的合法性困境［J］. 法学研究，2004（02）：17 -34.

④ 王名，刘求实. 中国非政府组织发展的制度分析［J］. 中国非营利评论，2007（01）：129.

⑤ 民政部. 2018 年民政事业发展统计公报［EB/OL］.（2019 -08 -01）. http：//www.mca.gov.cn/article/sj/tjgb/201908/20190800018807.shtml.

组织实际上是在法律框架之外开展活动的。”① Z 市 G 镇的调研资料同样证明了这一点，许多社会组织存在只能备案而不能注册登记的困境。

值得注意的是，即便是免予登记的特殊社会组织，也存在合法性困境。2000 年发布施行的《民政部关于对部分团体免予社团登记有关问题的通知》规定，免予登记的特殊社会团体共有八个。② 免予登记的八大团体具有特殊地位，被称为人民团体。③ 法律上确认它们为社会团体，作为社会组织中特殊的一类，发挥着社会组织的功能。但实际上，从人员编制到资金来源都与政府部门差别不大：实行公务员管理，其工作人员属于事业编制甚至行政编制；国家的财政拨款为其提供所需资金。此外，经国务院批准免予登记的社会团体还有十四个。④ 国家对这些官办团体的干预较多，所以国务院批准它们免予登记。⑤ 上述组织可以称为“准社

---

① 黄泽锐．哈贝马斯“公共领域”的结构转型研究［J］．网络财富，2009（22）：137－138.

② 包括中华全国总工会、中国共产主义青年团、中华全国妇女联合会、中国科学技术协会、中华全国归国华侨联合会、中华全国台湾同胞联谊会、中华全国青年联合会、中华全国工商业联合会。

③ 人民团体是 1949 年前后在共产党领导下建立起来的统一战线组织，各人民团体的成员基本涵盖了各种主要统战对象和界别（如工人、青年、妇女、科学家与工程师、商人、华侨、文艺界人士等）。这些人民团体从上至下都呈现伞状组织结构，以中央为核心在全国各地建立了成千上万个分支机构和附属团体，拥有数以百万计的会员。参见：卢宪英，韩恒．非营利组织前沿问题研究［M］．郑州：郑州大学出版社，2010：163.

④ 经国务院批准免予登记的社会团体包括：中国文学艺术界联合会（包括下属 11 个文艺家协会）、中国作家协会、中华全国新闻工作者协会、中国人民对外友好协会、中国人民外交协会、中国国际贸易促进会、中国残疾人联合会、宋庆龄基金会、中国法学会、中国红十字总会、中国职工思想政治工作研究会、欧美同学会、黄埔军校同学会、中华职业教育社。

⑤ 王名，刘国翰，何建宇．中国社团改革从政府选择到社会选择［M］．北京：社会科学文献出版社，2001：167.

会组织”，或者“准政府组织”。因为，一方面它们在其性质上属于社会团体，有社团的名称，有章程，按社会团体的模式进行组织，在社会上发展会员，收取会费，开展社会活动；但是另一方面它们又不同于其他普通的社会团体，其工作人员按国家公务员标准进行管理，由国家财政提供经费支持，属于特殊的社团组织。国外在多个场合质疑上述组织的合法性，不承认这些组织是非政府组织。①

二、实质合法性困境

社会组织的实质合法性困境主要在于能否获得自身发展的正当性，即得到公众及政府的认可和支持。在很多人看来，涉及公共服务、公共利益的事务，只有政府组织才是“师出有名”“名正言顺”，政府的权威和公信力级别远高于社会组织。这种认知不仅存在于很多政府工作人员的观念当中，也存在于很多民众的观念之中。民众在遇到困难时，首先想到的是寻求政府部门的帮助，而不是求助于社会组织。因为在很多民众眼里，社会组织“徒有其表”，不能有效回应其诉求。而政府的很多事务，本可以外包给社会组织，将部分权力让渡于社会，但很多地方的政府部门仍坚信“事必躬亲”是最高效、最稳妥的做法。② 这样一来，社会组织就难以在明确组织目标、证明组织能力的基础上，优化资源配置。

改革开放以来，我国社会组织发展迅猛，几乎是跨越式的发展，同时也存在许多问题。如大部分社会组织是行政机构的附属物，缺乏应有的独立性。其表现如下：一是行政化倾向严重。部

① 郭广辉，王晓烁，武建敏，等．法治进程中的社会组织发展研究［M］．北京：中国检察出版社，2013：123．

② 孙柏瑛．社会管理新机制［M］．北京：国家行政学院出版社，2015：183．

分社会组织，尤其是行业协会，主要是依托政府职能转变和机构改革蜕变而来的。二是主要依靠政府以获得发展资源。不少社会组织接受政府财政支持，且成为公务员和事业单位工作人员退休之后的去所，还有部分社会组织甚至与政府主管单位共用办公场地。有调查也发现，政府主管部门为社会组织提供经费和场地优惠。[①] 三是主动作为行政机构附属物。某些社会组织因为离不开政府的支持，甚至直接是官办的，当出现社会组织管理失序、混乱等问题时，人们也习惯于将原因归结为政府职能的缺位，这也大大降低了社会组织的公众认可度。近几年来，随着社会组织去行政化步伐的推进，一些社会组织的生存和发展更是面临问题，亟待得到政府的认可和支持。

此外，已有文献运用大样本的量化分析，研究普通社会公众对于社会组织的认可度，其结果也不容乐观。在安徽省获取的问卷数据显示，公众对我国社会组织的整体认可水平处于中等偏下，选择“比较认可”和“非常认可”（社会组织）的占被调查对象的30.7%，社会组织的认可分数为3.16分。[②] 在2011年进行的调查中，对中国慈善组织（社会组织）持认可态度的占所有调查对象的34.7%；而姚锐敏在2012年进行的调查中，对社会组织总体上持“非常认可”和“比较认可”态度的占37.4%。本研究中信任社会组织的比例比上述两次调查分别低4.0和6.7个百分点。具体来看，对于社会团体，虽然选择“比较认可”和“非常认可”只占被调查对象的28.7%，但认可分数为3.19分，略高于公众对

① 曾永和. 当下中国社会组织的发展困境与制度重建［J］. 求是学刊，2013（03）：99－106.

② 安徽省社会科学界联合会. 美好安徽　圆梦中国：自信·自觉·自强——安徽省社会科学界第八届学术年会文集［G］. 合肥：合肥工业大学出版社，2013：434.

社会组织的整体认可。基金会的情况更不乐观，选择“比较认可”和“非常认可”的只占被调查对象的24.6%，信任分数仅为3.02分，是所有社会组织中分数最低的。民办非企业单位的情况也不太理想，教育类、医疗类和社会服务类的认可分数分别为3.08分、3.04分和3.06分，均不是太高。

因此，政府和公众对于社会组织的认可度都较低，政府和公众对社会组织的不认可还大大地影响了社会组织的资金筹措能力，这使得即便获得了参与社会治理的机会，但由于资金不足，社会组织并不能够大量投入人力和物力去承接项目和开展相关活动，这些都影响到社会资本的形成，不能很好地帮助流动人口解决困难和矛盾，以实现其社会融入。

三、社会合法性困境

本书主要从民众的认知角度来分析社会组织的社会合法性困境。社会组织普遍存在能力不足、所提供的服务并不能让服务对象满意等问题。具体表现为：提供的服务专业性不足、行政化有余，难以满足民众需求。如前所述，我国社会组织发展的难题之一是独立性不强，对政府过于依附。究其原因，主要是因为在筹资渠道的拓展方面存在问题。在日常运作经费方面，其对于政府的过度依赖体现在日常业务的开展上。社会组织对于政府的各种要求也是以服从居多，主要包括：一方面，积极迎合政府需要，承接政府职能，协助其提供公共服务；另一方面，帮助政府协调公共关系，搭建政府与社会的桥梁，最后难免成为政府代言人，其独立自主性难以得到有效保障，其应有的服务功能也难以得到有效发挥，因此也难以满足民众需求。

长期以来，地方政府在推进日常政务工作时，社会组织往往被作为一个协作机构，政府在将其行政任务托付给社会组织的同时，还会针对社会组织的日常事务进行所谓的指导。因此，社会组织的身份属性也就发生了变化，成了政府行政功能的拓展。这种状况直到社会组织去行政化后仍未得到有效改善。调研中，Z 市 D 区民政科人员 Y 谈到：

在我们街道有 9 个社区，有 30 个社会组织。这些社会组织比较重要的任务就是安全巡逻、环保志愿组织工作，负责居民日常生活安全和卫生宣传等工作。每个社区有十几个人组成这样的组织，他们作为社区的志愿者，每月能够获得 300 元补助，其他费用就没有了。有时候居委会也会想办法在搞活动的时候给大家弄点纪念品，比如毛巾、香皂等。我们一年要搞几次大活动，社会组织当然都是要参与进来的，这样人气会更旺一些。我们布置工作，社会组织也听的，他们比较能够配合工作，我们也是想把社会组织作为一个桥梁——民众和政府之间的桥梁，他们帮助我们更好地管理社会，（我们是）互依共存的关系。

由此可见，社会组织主要的工作并非发挥其在社会服务上的专业化功能，而是协助民政部门开展行政性工作，这使其远离专业化服务场景，社会组织及其成员逐渐陷入异化困境。这样，社会组织及其成员也逐渐丧失其专业化追求，转而认为服务于政府需求才是其发展的应有之义，甚至是重中之重。社会组织成员 X 就说到：

这些事情我很愿意做，因为政府也会支持我们的工作；反过来，街道对我们有很多指示，我们也应该“投之以桃，报之以李”。

基于上述分析，我们可以发现，社会组织提供了一些原本应由政府供给的服务，因此其在民众眼中成了政府的“一条腿”和社会治理的抓手，而非具有独立性、自治性的社会组织。社会组织及其成员发生了异化，视满足政府的需要为社会组织的重要目标，然而社会组织内在应有的志愿精神和专业性则被忽视、漠视、消解，甚至无视了。这样一来，社会组织只会成为政府职能的延伸，成为政府的“附属”。公共服务行政化的直接后果是社会组织与公众实际需求的脱离，这也是政府进行技术治理时产生的一个不容忽视的问题。

社会组织面临的上述三种合法性困境严重影响了其生存和发展。合法性的缺失，直接使其获得资金、资源和项目的渠道不顺畅，这严重影响其专业性社会服务的提供、与其他社会组织以及政府部门的交往，阻碍了社会资本的形成和培育，因而也不利于社会组织促进社会融入的作用的发挥。这说明，社会组织的合法性这一特质，对于社会资本的培育有很大的影响。社会组织形式合法性困境之所以存在，总结来说是因为社会组织注册登记难，而这又是客观条件的限制和相关法律法规的不完备导致的。而就实质合法性和社会合法性困境而言，主要有以下原因：一是生存和发展的资金来源比较单一，主要靠政府拨款和支持；二是社会组织规模小，能力建设不足；三是结构不平衡；四是缺乏独立性和可持续性等，而这又是政府严控下比较严重的行政化依赖导致的。

第三节　社会组织合法性的获取

社会组织唯有获得合法性才能更好地发展，承接项目，开展服务，培育、累积社会资本，从而更好地促进流动人口社会融入。社会组织合法性对组织发展壮大、培育社会资本具有重要作用，那么，各社会组织面临上述困境时是如何获取不同形式的合法性，并以此来培育社会资本和促进社会融入的呢？

社会组织纷纷通过各种方式来获取不同形式的合法性，以使自身能够发展壮大。例如许多组织实质上并不属于体制内，体制外的尴尬身份使得它们不能更好地产生社会资本和促进社会融入，于是它们通过加强对外宣传、积极招募志愿者、主动与社区基层对接和与其他企事业单位合作，努力打造身份合法性的象征性资本，比如它们会将承接的一些体制内项目或资源演绎成政府权威的“象征”，并将此最大化地运用到其非体制运作中去。在G镇YF社会工作服务中心的办公场所，可以看到在醒目的位置摆放了各种荣誉证书和牌匾，以及中心主要负责人与政府领导的合影。每当中心举行大型活动时，他们都会主动邀请政府部门的人参加。也就是说，这些组织通过各种方式获得各种形式的合法性，进而来开展活动，培育、产生、累积社会资本，进而以此促进流动人口社会融入。

社会组织开展活动依靠政府提供资源支持，只有具有了合法性才能更好地开展活动和获得支持，从而增加社会资本。政府的支持和保障以及正式制度规范对于社区社会资本培育和社区发展能够起到举足轻重的作用，这也从另一个侧面反映出合法性的重要。其实，国家和政府的合理介入也是社会组织获得合法性的方式之一。有研究发现，国家和政府的合理介入能够为公民互动和公民参与创造良好的环境，能够为信任和互惠关系的形成提供一定的制度空间和组织资源，在提供制度空间、搭建协商平台的基础上充分发挥动员、引导和指导作用，从而成为解决社会资本匮乏问题的重要途径。这也说明了社会组织具有合法性对于产生社会资本的重要性。

从现实处境来看，致力促进流动人口社会融入的社会组织很少能够一步到位地同时获得本书所述的三种合法性。由于受现行社会组织管理法规中准入门槛的限制，社会组织往往较难获得形式合法性，绝大部分致力促进流动人口社会融入的社会组织都还处在介于合法与非法之间的尴尬状态。尽管如此，一些社会组织仍然可以通过扎实的工作和巧妙的行动策略，来逐渐赢得社会各界的广泛认同，积极谋求并获得相关合法性，发展成为流动人口自我管理的一支不可忽视的力量。下面就以 Z 市 G 镇的社会组织为例，来剖析社会组织寻求形式合法性、实质合法性和社会合法性的行动策略。

一、社会组织形式合法性的获取

社会组织主要是通过成功注册，赢得法律认可，进而获取形式合法性。换言之，法律工具在社会组织形式合法性的获取上具有十分重要的作用，法律工具即通过制定和实施法律规范（如人民代表大会立法或行政立法）的形式来保障和促进社会组织的培育发展。由于法律的稳定性，法律工具的主要功能在于保障社会组织的合法性，以及为社会组织的健康发展和有序运作创造一个良好、稳定的规则环境。[1] 在实践中呈现的法律工具运用主要有以下两方面：

一方面，以规范化的法律文件为基础，明确社会组织的主体性地位。关于社会组织地位的明确，主要应该从政策制定者的角

---

① 王名．社会组织与社会治理［M］．北京：社会科学文献出版社，2014：169.

度出发予以分析，随着社会转型期的到来，政府已经充分认识到社会组织能够发挥调解社会矛盾、提供公共服务、减少社会风险等重要作用，与社区居委会、各种类型的事业单位一样，都能成为社会建设的一分子。以此为着眼点，政策制定者也通过政策法规的制定明确了社会组织的合法性、主体性地位，这一地位的明确，将社会组织作为社会建设的参与者，有着与其他组织相同的平等身份，这有利于使普通民众也意识到社会组织的合法性和重要地位，进而激发民众参与到社会组织的建设中来，推动社会组织积极供给社会服务，深入到流动人口社会融入工作中去。

另一方面，建立备案登记制度，降低社会组织的合法性门槛。如前所述，想要在法律上明确社会组织的主体地位，还需要针对社会组织展开登记备案管理。2000 年，民政部也出台过相关制度规定，明确提出：如果社会组织并未获得登记管理机关的批准，擅自在外开展活动，即属于违法行为。因此，从这个意义上说，备案登记制度的完善，有助于社会组织确立合法身份并提高其社会地位，从而保证社会组织能够依法提供服务、开展活动。具体而言，在针对社会组织的成立、变更情况予以核实后，相应管理部门会将其记录在案，并通过登记备案的方式就社会组织的日常行为予以监督和检查，如社会组织存在违法乱纪行为，即依法律规定予以惩处。通过完善登记备案制度，社会组织可以更加容易地获取其合法性地位。当前，许多地方政府已经开始开展这方面的备案登记行动，如广东、上海等地。可以说，降低社会组织的备案登记门槛已成为当前地方社会组织培育政策及实践的应有动作。

此外，政府通过纵向的计划、命令、指标、检查、审批、许可、奖励等方式来达成提升社会组织合法性的目的。即针对社会组织进行评估考核，运用行政奖励提升社会组织合法性。行政奖励是指政府部门依照法定条件和程序，对为社会做出突出贡献或者模范地遵纪守法的社会组织给予物质或精神奖励的具体行政行为。对社会组织进行行政奖励，表彰了先进、激励了后进，同时也是对社会组织合法性的一种认可的态度体现，从而有利于充分调动和激发社会组织的积极性和创造性。具体到流动人口社会融入上，社会组织在获得法律认可的基础上，通过成功注册，获取形式合法性，培育流动人口的社会资本并促进其社会融入。

以 Z 市 G 镇 QH 亲子协会为例。该协会成立于 2011 年 4 月，主要活动区域是 G 镇 HZ 村。它是以学校为主要阵地的组织，共有 13 支志愿服务队，涉及文化、健身、交通等领域，主要服务对象为 HZ 村学校的师生、居民和流动人口，其组织目标是改善 HZ 村学校的人文状况和交通环境。2018 年第一次参加“博爱 100”公益创投项目，项目名称为“同心‘童’行——HZ 交通文明倡导计划”，其主要内容是交通疏导，被评为市级优胜项目，因此也得到了政府的重视和支持。目前领导小组有 40 多人，多为外来务工人员，组成策划组、文案组、后勤组、宣传组、美工组等。组织内经费实行专项管理，依管理办法半年或一年不定期地公开财务。目前，制约该组织扩大规模和进一步发展的最大问题是志愿服务队没有具体的办公场所，每次开会或者策划活动都需要向学校申请场地或在志愿者家里。由于社会组织及其评估需要在民政局备案，QH 亲子协会目前没有注册，也没有参加评估。

可以说，G 镇 QH 亲子协会严重缺乏形式合法性。为解决这一问题，该协会积极奔走，主动联系 Z 市相关政府部门，希望能够注册为“QH 青年志愿服务协会”。市相关政府部门官员建议，该协会应该将“市共青团”作为业务主管单位。但考虑到依附于政府会损伤其自主性，该协会决定寻求区一级民政的注册。但是，2011 年年底正处于社会组织登记改革的过渡期，区一级民政部门的信息未得到及时更新，导致该协会未能成功注册。2012 年年初，该协会得知 P 区已经执行了新的注册政策，于是到 P 区，P 区民政局已经接到了最新的政策执行通知，但是社会组织注册无须业务指导单位的相关实施细则并未出台，只能用旧方案申请。在递交了申请书之后，协会于 2012 年年底获准注册。为保证其自身的独立性，协会申请的是“民非”注册，去掉了“青年”字样，但在所有的材料都已准备好的情况下，2013 年年初协会收到民政局的通知，说需要用新的资料申请注册，旧资料已经弃用。历经重重困难，该协会终于在 2014 年获得合法身份，成功注册。

值得注意的是，社会组织即便符合社会组织准入条件而注册成功，也需进一步获得形式合法性。为了获得形式合法性，一些社会组织纷纷参加政府开展的各项评估活动。如 Z 市 G 镇 S 商会作为 G 镇促进流动人口社会融入的一大主要力量，通过五年一次的社会组织等级评估，在该组织获评为 4A 级社会组织后，其负责人说：

> 虽然参加等级评估会需要大量的文书，耗费很多精力，但这个评估等级一部分代表了政府对组织的认可，对组织来说，评估的用途更应该是他们承接政府项目的门槛和分水岭。没有进行登记注册的社会组织甚至没有参加评估的资格，不得不说连环效应的影响十分之大。

可以看出，社会组织通过各种方式，如积极准备达到政府的各类准入要求、参与评估，来获取形式合法性。只有这样，社会组织才能通过承接项目等合法活动来协助政府进行流动人口管理，促进其实现社会融入。

二、社会组织实质合法性的获取

实质合法性通过资格承认、合格证明等获得规范性合法性。[①]实质合法性的基础是政府行政体制的程序和惯例，如果一个社会组织按照行政机构的程序或惯例行事，使其活动安排遵循政府部门的要求，那么它就具有在这个部门有效影响范围内开展活动的实质合法性。获得实质合法性的形式很多，可以是领导人的同意、授权，也可以是组织文书、名称和标志的给定。此外，如果行政机构能够直接参与社会组织活动，或者对其活动提供支持和帮助，那更是对其实质合法性的认可。当然，社会组织实质合法性的获取，仅仅依靠单个政府部门还不够，还需要其与多个行政机构开展积极的沟通。在非对称的资源依赖格局下，能够获得行政机构的承认，是社会组织生存和可持续发展的重要保障。

Z 市 G 镇 YF 社会工作服务中心在实质合法性的获取上比较成功，其行动策略如下：

第一，积极配合政府的要求。在与政府合作时，根据政府的要求对自身进行专业化、机构化建设，并严格按照政府的政策法规对中心的行为予以规范和约束。借此，中心的专业化水平得到了相应的提高，机构的架构也逐步完善。

第二，重视与政府的沟通交流，主动向政府部门“靠拢”。中心的负责人 H 谈到：

> 我们整个团队都很积极，毕竟政府的地位也在那里摆着嘛。应该说（我们）比较善于把握机会，能够与政府达成积

---

① 陈菊红．“国家—社会”视野下的流动人口自我管理研究［D］．北京：中共中央党校，2014：79.

极且有效的沟通，不管是私底下的聚餐、聊天这样一些非正式场合，还是明面上的会议、参观等正式场合，我们和政府部门的互动还是很友好、很愉快的。虽然我们是有意为之，但是不能否认，这样既可以展示自身形象，也可以使政府加深对我们的了解。这样一来，往往有合作的机会，例如承接一些服务项目、参与一些管理型事务啊，政府就会想起我们。

第三，通过社会服务巩固实质合法性。YF 社会工作服务中心意识到服务质量是进一步巩固实质合法性的重要保证，因此他们根据所在社区的需求，为流动人口提供优质服务。例如，中心所在的 ZX 社区的流动人口比较多，且老龄化现象比较严重，于是该中心在 ZX 社区开展了颇具特色的“长者学堂”项目。该项目涵盖了辖区内的户籍老年人和非户籍老年人，针对不同长者的需求，聘请专业老师，开办了包括太极拳班、柔力球班、交谊舞班、广场舞班、书法班、合唱班等在内的 15 个长者课堂，累计服务达数千人次。此外，还与社区和企业合作，开办了居家清洁、养生、高血压防治、防跌倒、手机使用等知识的学习班，以及当地文化介绍等主题讲座。通过该项目，流动人口与本地社区居民有了交流平台，这对于流动人口的顺利融入产生了较好的效果。

第四，开展旨在强化实质合法性的宣传。中心在聚集了一定的实质合法性后，还非常重视合法性的展示，在其办公场所，可以看到在醒目的位置摆放了各种荣誉证书和牌匾，以及中心主要负责人与政府领导的合影。每当中心举行大型活动时，他们都会主动邀请政府部门参加。质言之，政府部门或工作人员的参与和支持，有利于消除外界的怀疑和观望情绪，强化了中心的实质合法性，中心也因此进一步发展壮大。

三、社会组织社会合法性的获取

社会组织获取社会合法性主要在于能够赢得非户籍常住居民的广泛参与，能够赢得社会各界的支持和帮助。其实，正是由于有了一定的社会合法性，社会组织才得以建立起来，并与其他主体进行互动，开展自我管理和自我服务、社会治理和社会服务的活动。同时，社会合法性是组织可持续发展的先决条件，如果缺乏公众对组织的认可和支持，会影响到政府对社会组织的信任度，社会组织也就失去了开展活动的资源，就会成为无源之水、无本之木。

Z市G镇LH艺术团争取社会合法性的行动是从满足流动人口的需求开始的。其负责人Q认为：

> 对于一个社会组织来说，合法性应该更多考虑社会需求，可以满足本社区的居民对社会服务的需要，回应流动人口的愿望，帮助流动人口更好地融入本地，成为“新G镇人”，这种合法性才是我们服务队的立身之本。

基于上述对于合法性的认识，该艺术团的所有工作基本上都是围绕流动人口的需求展开的。

该艺术团于2016年开始参加公益创投项目，项目名称为“TY一家人”，曾荣获社区公益优胜项目金奖。截至2018年，该艺术团做公益创投项目已三年有余，项目评估为85分（满分100分）。“TY一家人”项目在暑假期间举办，当时有很多流动人口的子女来到G镇，由于父母平时忙于工作，无暇看管小孩，艺术团便把这些小朋友聚集在一起，开展一系列促进家庭关系和融入社区的活动，如带领小朋友参观工业园、促进父母与子女的沟通等。这些活动的公众参与度很高，每每报名满额。此外，每逢中秋节、春节、劳动节、儿童节、国庆节、元旦等重大节日，艺术团都会举办大型广场舞表演活动，规模都在1000人以上，这大大提高了艺术团在G镇的知名度和在流动人口社会融入中的促进作用。毫无疑问，将组织的日常工作、活动安排与流动人口的需求紧密结合，已成为G镇LH艺术团和QZ志愿服务队等社会组织获取社会合法性的重要手段。

更为重要的是，在争取社会合法性方面，G镇LH艺术团的组织使命和理念，以及主流媒体的宣传报道都起到了重要的作用。艺术团将自己的组织使命确定为：推动社会和谐建设，促进亲子交流，共享美好生活。拥有这样的使命，艺术团便占据了道德和价值的制高点，其形象变得丰满和高大，这有利于其获得社会上多方力量的认同和支持，还吸引了许多人参与其志愿服务的行动。在组织内部，艺术团确立“崇尚平等、一起做事、为社区服务、为共同目标奋斗”的理念，该理念在组织内汇集的凝聚力激发组织成员持续参与组织活动。此外，艺术团还十分注重利用媒体开展宣传倡导，与市内多家媒体建立了长期的合作关系。如Z市电视台、《Z市日报》等媒体都曾对该艺术团进行过专门报道，有的还就艺术团和志愿服务队开展的活动进行过全程直播。艺术团的工作人员F说：

> 利用媒体的影响力可以进一步打开我们的活动空间，让更多人知道并认可我们，只有这样，我们才能更好地立足于G镇，更好地生存发展下去。

地方主流媒体的不断报道，扩大了艺术团和志愿服务队的社会影响力，提升了其知名度，为其社会合法性的获得奠定了良好的基础。

此外，合法性具有多种形式，具有不同类型合法性的社会组织所产生的社会资本不尽相同，其对社会融入的影响也是不同的。而对于这一点，学术界目前并没有进行细致的研究。因此，有必要构建多层次的社会网络，将不同层次的社会资本嵌入对应的社会网络中。这些网络具体体现为政府与社会组织、社会组织与社会组织之间的网络，以及社区户籍居民与非户籍常住居民的邻里互动网络。政府（社会服务中心）与社会组织之间的合作网络，主要通过政府购买社会组织服务建立。社会组织与社会组织之间的网络体现为社会组织之间以及与社区居委会之间三者的合作。邻里互动网络主要产生于居民参与社区活动和公共事务的过程中，社区居民通过参与各项社区活动认识他人、相互了解、沟通合作。①

总的来说，与直接参与社会治理的作用路径不同，社会组织参与社会治理的方式更具间接性，即通过生产、供给社会资本来降低治理成本②，从而实现流动人口的社会融入。为此，在当前的政策形势下，政府应该在加强监管的同时，给予社会组织以更大的生存和发展空间，鼓励多种类型社会组织的共同发展，这将有助于产生多个层面的社会资本。

第四节　社会组织对社会资本获得之影响

社会组织可以培育、产生、累积社会资本，从而实现社会融入，已是学界共识。西方国家社区发展理论和实践也表明了这一

---

① 张琳．政府背景 NGO 对农民社会资本的影响：以新杭州人志愿者服务站为例［D］．杭州：浙江工业大学，2016．

② 黄峥，戚家静．共有资源、利他行为与社会资本：社会组织参与社会治理的象山实践［J］．宁波经济（三江论坛），2019（04）：28－31．

点，认为提升社区社会资本的重要途径是社区组织化，而社会组织的建立和发展又是社区组织化的一个关键。作为社区居民参与社区自治重要载体的社会组织，其部分重要作用便是培育社会资本。戈德尔等人认为，通过社会组织能够培育社会资本，促进社会融入。[①] 在普特南等学者看来，社会组织不仅是人们相互交流的场所，也是不同社会资源得以积累的平台，它不仅可以提升居民能力，帮助居民获得社会资源，更是产出社会资本的源头活水。[②] 德克和布鲁克用1990年世界价值观调查的数据说明了参与志愿性组织对社会融合和政治民主有积极的作用。波尔森等学者在研究中分析了参与美国一个规模最大的青年组织——童子军与社会资本之间的关系，研究结果表明，参与行为对社会资本有积极的影响，但参与程度的不同会导致影响有所差异，只有对组织有较高认可度的人才会产生更高的社会资本。[③]

在国内关于社会组织与社会资本的研究中，李敏认为，通过社会组织及其活动，形成有效的社会网络；社会网络越密集，人与人之间的互动就越频繁，社会资本累积程度就越高，有助于提升社会融入；社会资本的增加是一个逐渐累积的过程，社会组织的存在和发展，可以使社会资本由存量变成增量，实现其良性循环。[④] 社会组织，特别是各类自下而上成立的志愿组织，往往被视为是社会资本的酿造场，有利于累积社会资本，动员社会资源，

① GAARDER M M, MUNAR W, SOLLIS P. Mapping community capacity among the Garifuna [M]. Inter – American Development Bank, Regional Operations Department II, 2003.

② 罗伯特·D. 帕特南. 使民主运转起来 [M]. 王列，赖海榕，译. 南昌：江西人民出版社，2001：195 – 200.

③ 毛佩瑾，徐正，邓国胜. 不同类型社区社会组织对社会资本形成的影响 [J]. 城市问题，2017 (04)：77 – 83.

④ 李敏. 社会资本视角下的社区社会组织治理与发展：以武汉市百步亭社区为例 [J]. 理论观察，2019 (06)：75 – 77.

有助于将社会上碎片化的个体力量再组织起来，遏制个体的原子化趋势，进而促进社会整合。① 即使对于有政府背景的社会组织来说，流动人口参加组织及其活动前后的情形也有很大的不同，最明显变化就是其拥有的社会资本较从前更多，一些是显性的（比如交往对象的增加等)，一些变化则是隐形的（比如组织制度得以更加完善、在城市的归属感增强等)。

总体来看，社会组织对组织成员的社会资本的获取有极为明显的积极意义，扩大了它们的资本量，对其在城市生活的援助与支持作用更为明显。② 社会组织与社会资本之间是正向关联，那么，参与不同类型的社会组织会对社会资本的形成与累积有相同的影响吗？已有的一些研究对此给出了否定的答案，社会组织的不同特质会产生不同的社会资本。因为并不是所有的组织都是相同的，只有某些类型的组织才会对社会资本产生重要的影响。也有学者认为，组织成员的多样性或组织内部的不同特征是导致社会资本存在差异性的关键。由不同特征的人组成的是桥接型社团，由特征相似（如年龄、性别、社会阶层等）的人构成的是黏结型社团。沃伦拜克和塞勒指出，参与范围比强度对社会资本的影响更显著，最有效的社会资本产生方式不是参与单一的组织，而是参与多个不同目标的组织。③ 但不同类型的社会组织会产生哪种具体的不同层面的社会资本，目前并没有深入的研究。有学者提出有关社区社会资本建设的途径，认为社会组织能够作为培育社区

---

① 王帆宇．社会组织参与社会治理：现实困境与优化策略［J］．湖北社会科学，2018（05）：38－45.

② 张琳．政府背景 NGO 对农民社会资本的影响：以新杭州人志愿者服务站为例［D］．杭州：浙江工业大学，2016.

③ 毛佩瑾，徐正，邓国胜．不同类型社区社会组织对社会资本形成的影响［J］．城市问题，2017（04）：77－83.

社会资本的主体，但大多还是停留在笼统的理论分析层面，而未提出具体的建构途径。

此外，有学者考察我国社区社会资本培育的路径时发现，社区社会资本来源于非正式的邻里互动，社会组织在社区社会资本培育中的作用尚未得到充分发挥，其根本原因在于社会组织较低的发展水平。①这也说明社会组织在我国城市社区社会资本培育中的积极作用已初步显现，但尚未成为普特南所言的“主要贡献者”。②

第五节　社会组织影响流动人口社会资本获得之机制

在社会资本与新移民社会融入方面，有研究已经指出应重视社会资本对于移民研究的重要性。③移民过程涉及的所有要素，包括移民意向、移民目的，以及移民如何融入迁居地等问题，都是与社会资本密不可分的。在中国，社会资本对于流动人口的迁徙也影响深远，以社会关系网络为例，当流动人口抵达流入地时会构建关系网络以便更好地生存，该网络可分为初级关系网络和次级关系网络两类，前者以老乡为主，后者强调业缘关系。只有扩大新移民所集结的社会网络，其能够汲取的物质资源才会更加丰富，才能源源不断。④具体到社会资本，有研究也将其区分为初级

① 方亚琴. 社会资本视角下社区社会组织培育模式探讨：以浙江省H市SC区XY街道为例［J］. 城市观察，2017（05）：110－121.

② 方亚琴，夏建中. 社区治理中的社会资本培育［J］. 中国社会科学，2019（07）：64－84.

③ 亚历杭德罗·波特斯. 争夺优势：国内及移居少数民族经济地位的提高［J］. 周民，刘东国，译. 世界民族，1993（05）：9－17.

④ 曹子玮. 农民工的再建构社会网与网内资源流向［J］. 社会学研究，2003（03）：99－110.

社会资本和次级社会资本两大类，前者具有先赋性，后者具有后致性，是新移民凭借自身努力构建起来的。①

一般认为，第一代移民更加注重及依靠初级社会资本的累积，而第二代移民会更加强调构建自致性的次级社会资本。赵延东等②将新移民构建的社会资本予以梳理，并将其划分为“原始”社会资本和“新型”社会资本两类，同时强调“原始”社会资本对于流动人口的经济地位会产生一定影响。上述研究在针对社会资本的分类上区别不大，其共通点在于将新移民迁徙的时间点作为重要指标来划分社会资本，认为两类社会资本都给予新移民更多物质资源，有助于其在迁徙地的顺利生活和发展。

需要进一步论述的是，相较于次级社会资本，初级社会资本具有明显的两面性，在新移民进入迁徙地之初，初级社会资本能够帮助新移民减少交易费用，扩展其生存空间。③ 此外，新移民在寻找新的职业机会时，初级社会资本能够确保职业信息的有效性和真实性，并能显著提高其信息搜寻的效能。④ 而伴随新移民在迁徙地生活时间的延长，以地缘和血缘关系为纽带的初级社会资本会成为新移民与当地居民交往的“绊脚石”，还会阻隔新移民对迁徙地的认同感和归属感的形成，使其难以融入当地社会。⑤ 从这个

---

① 白小瑜. 新生代农民工的社会资本［J］. 湖北民族学院学报（哲学社会科学版），2006，24（01）：148－150.

② 赵延东. 再就业中的社会资本：效用与局限［J］. 社会学研究，2002（04）：43－54.

③ 李培林. 流动民工的社会网络和社会地位［J］. 社会学研究，1996（04）：42－52.

④ 张智勇. 内生性制度与农民工就业：基于社会资本的视角［C］. 上海：全国中青年农业经济学者年会，2005.

⑤ 牛喜霞，谢建社. 农村流动人口的阶层化与城市融入问题探讨［J］. 浙江学刊，2007（06）：45－49.

角度而言，新移民要真正融入迁徙地，应着力突破在既有“乡土社会”中所构建形成的“初级社会资本”的约束，构建和增加次级社会资本。

据此，新移民要真正实现在迁徙地的社会融入，应该构建形成更多的次级社会资本，而非仅仅依靠初级社会资本。诚然，已有研究对社会资本进行了分类，并界定了初级社会资本的基本内涵；但是，次级社会资本却未得到概念上的明确，包括次级社会资本是如何构建形成的。作为新移民，应该如何累积次级社会资本，顺利融入当地社会，已有研究均未给予清晰的考量。进言之，次级社会资本之所以未被重视，是因为其在逻辑上似乎包含着不重要的意蕴，但实际情况并非如此。[①] 已有学者明确提出，在城市新移民的社会融入过程中，社会资本的重组与转型是促进流动人口社会融入的一个重要影响因素。社会资本能够帮助新移民构建新的人际关系网络，并能帮助新移民增进对城市文化的熟悉程度，是他们内化行动规则、学习生存技能的重要方式。遗憾的是，如何对新的社会资本进行分类，许多研究并未做进一步的探讨。

本书认为，社会资本在促进流动人口的社会融入中起到了重大作用，在一定程度上影响了流动人口的融入效果。由上述分析可知，社会组织可以影响流动人口构建三个层次的社会资本，分别是：结合型社会资本，主要是指个人微观层面的社会资本，包括同质者间的联结，如家庭成员、朋友和邻居间的社会网络；桥接型社会资本，主要是中观层面的社会资本，它是在整个社会融入中起重要作用的社会资本，如关系较远的同事，或社区团体、抑或社会组织间的社会网络，这类社会资本对流动人口社会融入

① 任远. 城市流动人口的居留模式与社会融合［M］. 上海：上海三联书店，2012：63.

的影响积极而广泛；连结型社会资本，主要是指宏观层面的社会资本，它是一种垂直的不同社会层级间个人或社会团体间的社会网络。正如普特南所认为的那样，如何搭建新移民社会融入的中观层面和宏观层面的社会资本对一个社会的考验才更重要，这样的社会才能更好地应对新移民的社会融入问题。[①] 需要指出的是，结合型社会资本以前文论及的初级社会资本为主，桥接型、连结型社会资本以在地化的次级社会资本为主。[②] 在参与流动人口社会融入的过程中，社会组织通过帮助流动人口构建、聚集不同类型的社会资本，加快了流动人口社会融入的进程。长期看来，能够推动跨民族、跨文化交往的社会，才能够成功应对新移民社会融入问题，因此社会组织在参与社会融入的过程中通过提供不同类型的社会资本，导致不同类型的社会融入模式的产生[③]，如图 3－1 所示。

需要说明的是，在合法性框架下，具有不同合法性的不同社会组织对社会资本的动员能力是不同的。下面将分章讨论具备不同合法性的异地商会、行业协会、老乡会等“三缘”社会组织、社区社会组织和枢纽型社会组织等对社会资本动员能力的差异。就社会合法性来说，对上述类型的社会组织所提供的社会资本都产生了一定的影响，这是因为社会合法性指的是社会组织提供专

---

① 张向东. 传统与现代的冲突——帕特南的社会资本理论简析 [J]. 兰州学刊，2007 (02)：61－63.

② 前者是以流动人口血缘、乡缘关系所形成的初级社会资本；后者则是流动人口在流入地，与本地居民以及本地的社会群体、社会组织和地方政府所形成的更加在地化的社会资本。对于流动人口来说，初级社会资本是其已具有的先赋社会资本，决定了其对信息的获取、流入过程和在城市的发展；而在地化社会资本，则表现为其与本地社会的关系，是其进入当地社会后所形成的后致社会资本。

③ 罗伯特·D. 帕特南. 使民主运转起来：现代意大利的公民传统 [M]. 王列，赖海榕，译. 北京：中国人民大学出版社，2017.

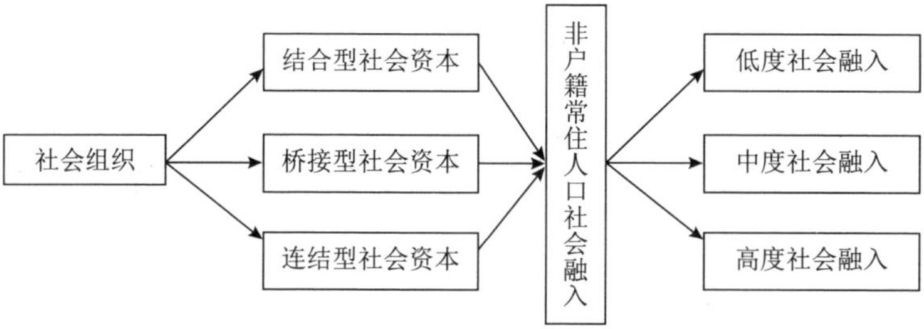

图 3-1　社会组织、社会资本和流动人口社会融入

业化服务的水平和能力，上述类型的社会组织在具有不同社会合法性的情况下开展相应的活动，进而提供了不同层次的社会资本。

本章小结

组织合法性是社会组织生存的重要社会基础，也是社会组织生存与发展、促进流动人口获得社会资本的重要依据。Z 市三个社区的社会组织通过各种策略来获得其不同类型的合法性。在形式合法性方面，主要依据政策文件进行社会组织登记注册或者备案登记来获得组织合法生存的基本依据，从而获得依法开展活动的形式合法性。在实质合法性方面，主要通过积极配合政府的需求、重视与政府之间的沟通，以及加强社会服务和强化宣传等来加强实质合法性的获取。在社会合法性方面，主要通过举办多种活动来扩大其影响力，增强其在群众中的影响。但由于双重管理制度的存在，注册登记门槛仍然较高，社会组织的发展仍处于初级阶段，自主能力和独立性较弱，生存和发展在很大程度上仍要依赖政府资源，故社会组织在开展活动的过程中更多地考虑政府的需求，承接政府转移的职能，对于民众的部分需求难以有效地满足，社会组织提供专业服务的功能也还没有得到有效的发挥，使得部分社会组织远离了专业化服务的场景，社会组织依然存在较为严重的形式合法性困境、实质合法性困境和社会合法性困境。

即便如此，社会组织仍然在构建流动人口的社会资本方面能发挥着重要的作用，其主要通过构建结合型社会资本、桥接型社会资本和连结型社会资本来促进流动人口社会资本的构建，从而促进流动人口的社会融入。结合型社会资本的构建主要是通过异地商会、行业协会、老乡会等以血缘、地缘和业缘为基础的初级关系来构建形成，对于流动人口在流入地立足的初级阶段具有重要的意义，它使流动人口可以更容易被流入地接纳。桥接型社会资本主要是由关系较远的同事、社区团体及社会组织间的社会网络等构建形成，通过社会组织构建桥接型社会资本，可以实现流动人口与户籍人口等多文化群体之间的互动交往，促进流动人口对当地文化的理解与接纳，促进其在当地社区和文化的融入。连结型社会资本更具有组织化和制度化的特征，可以促进流动人口在社会层面的融入和适应，其构建有利于流动人口对闲暇时间进行更好的安排、与本地社区居民的交往，促进其参与流入地的社会组织并产生认同，更好地感受流入地政府的管理方式与关系，尤其是枢纽型社会组织对于流动人口的连结型社会资本的构建具有更重要的意义。

故本研究认为，社会组织基于制度和资源的限制在现有的宏观环境下，需要通过各种策略获取组织的形式合法性、实质合法性和社会合法性，从而获得其生存与发展的基础。但也存在一定的困难，如因登记管理制度设计而带来的形式合法性困境，因自主性不足而带来的实质合法性困境，因专业性不足、组织定位不明确而带来的社会合法性困境等。即使如此，社会组织在促进流动人口融入流入地社会的社会资本的构建方面仍然能发挥重要的作用，不同类型的社会组织为流动人口不同类型社会资本的构建发挥了不同的作用。依赖初级关系建立的商会、行业协会、老乡会等促进了流动人口结合型社会资本的构建，社区服务型社会组织则在桥接型社会资本方面起到了重要的作用，而枢纽型社会组织主要在连结型社会资本的构建方面发挥了突出作用，促进了流动人口与本地社区居民的融合。

下文中，本研究将对具有不同社会融入程度的三个典型社区进行分析，深入探讨其流动人口社会融入的情况、社会组织促进流动人口的社会资本构建的方式和社会融入的具体形式。

第四章 社会组织促进流动人口低度社会融入的机制与表现

在社会组织积极参与流动人口社会融入的情况下，社会组织所培育、产生的社会资本的类型是不同的，其对流动人口在城市社区的社会融入的类型也是不同的。流动人口在其中一般依次经历低度社会融入、中度社会融入和高度社会融入。[①] 本章在探讨流动人口低度社会融入及其特征的基础上，主要从Z市GN社区流动人口参与以血缘、地缘和业缘"三缘"为基础的社会组织、社区志愿服务队和群团组织及其活动入手，运用典型案例，基于不同类型社会组织的不同组织化程度以及社会融入的不同维度，深入探讨不同类型的社区社会组织所培育的社会资本对低度社会融入的影响和具体作用路径。

---

① 需要指出的是，虽然社会融入表现为低度、中度、高度三种类型，但在实际的社会融入过程中，经济水平和文化教育程度都较高的非户籍常住人口社区可能并不必须经过前两个阶段而可以直接达到一种高度的社会融入，例如本书的CJ社区就是如此。

第一节　流动人口低度社会融入之特征

在户籍制分层化社会，低度社会融入从某种意义上讲是一种区隔化、隔离型融入，是流动人口社会融入不可避免会经历的过程和产生的一种结果，因为不可能仅通过社会发展让所有人都向着一个方向集聚和发展。所以，低度社会融入的积极面是结合型社会资本有利于流动人口社会融入，其消极面便是可能产生社会底层聚集地，如GN社区。低度社会融入的流动人口的特征是在社会融入的经济融入、社交融入、文化融入和心理融入等各维度都呈现出较低的水平，且融入程度均较低，体现出一种与当地居民相对隔离的状态，又称“边缘人”。①

在低度社会融入模式下，流动人口往往在经济收入上呈现较低水平，就业机会相对缺乏，就业信息的获取方式有限，从事的工作以劳动密集型或基本服务业为主，得不到相应的社会保障和职业培训机会，居住环境往往以流动人口聚集的出租屋为主；主要的交往对象为亲人和老乡，集中在以血缘和地缘为主的社会关系网络中；在生活习俗上，对本地的习俗和文化有了解的意愿，但由于缺乏与当地居民的实质性交流，加上结构性、制度性的限制，非户籍居民难以融入当地社会。

流动人口的低度社会融入可分为三种类型：第一种类型是怀有融入流入地的美好愿望，但是这部分群体处于社会底层，工作较差，收入不高，生活压力大，居住环境较为杂乱，缺少幸福感、自尊感和成就感，因而就没有与本地人进行接触交往，对他人信

---

① 杨菊华. 从隔离、选择融入到融合：流动人口社会融入问题的理论思考［J］. 人口研究，2009（01）：17－29.

任感低，自我认同感也随之下降，与外界呈现隔离状态；第二种类型是因生计迫于无奈离开家乡外出务工人群，他们并不想融入流入地，在心理上对流入地有较强的排斥感，且没有长期居住此地的打算，只是将流入地视作暂时的谋生之地，这部分人群主动将自己排斥于当地居民范围之外；第三种类型是有融入本地的美好希望，但是因为各种原因没有及时落实流入地的社会保障及居住事宜，也就难以在流入地享有与当地居民同等的福利待遇，这部分群体往往认为政府不作为，因而降低了其对当地政府的信任度。

自身条件和观念的束缚、社会保障制度的不完善、当地居民的偏见或歧视，都不同程度地限制了流动人口社会融入的深度，其中一些人虽在流入地生活了许多年，但依然自认为是外地人，也被当作外地人，他们对自己的家乡有着强烈的眷恋。大部分 GN 社区流动人口，尤其是他们的第一代人，可能自始至终都属于这一类型。

在这种类型的流动人口的社会融入中，虽然社会交往呈现出积极的面向，但户籍制度带来的二元区隔、相关的社会保障和教育资源尚未均等分配的情况下，流动人口在城市的各类竞争压力会更大，当地居民也对他们呈现出相对排斥的态度。诚如有的受访者所言：

本地人觉得我们干的是最低级的工作，每天那么累，也就只能赚那么点钱，有的人就觉得他们高我们一等。

还有受访者提到：

我三年前来这里，做的第一份工作是在工厂里封包装，每个周末都加班，一个月就三千多元，每个月租房子就去掉

> 了三分之一，哪有钱出去玩。出租屋那么小，所以也没有接老婆孩子过来。本地的人眼睛都是长在天上的，看不起我们，政府部门的人也是，一听我们口音是外地的就不爱搭理。
>
> 去年刚来的时候，这里的工厂效益大不如从前了，也没给我们买社保，我们自己工资低，养家糊口都难，就没有买社保。说是义务教育，结果现在小孩连民办小学都进不去，这不是在赶我们走吗？我们准备下半年就去别的镇了，工作可以换，总不能把小孩送回老家吧。

因此，大部分非户籍常住居民与当地居民之间存在一定程度上的相互对立和排斥。

对于低度融入的流动人口来说，社会组织主要为其提供结合型社会资本，使其初步建立流入地社会网络，以缓和上述矛盾和对立。在这类社会融入中，对流动人口而言，以血缘、地缘和业缘为主的社会组织提供的结合型社会资本给予他们以经济地位或社会地位提高的机会，即融入城市社区的机会，从而让流动人口在心理上获得一定的补偿，这有助于其融入当地社区，但也仅仅是停留在初级阶段的社会融入类型。

为了更好地解释低度社会融入这一流动人口社会融入类型，尤其是社会组织对低度社会融入的影响，本研究选取 Z 市 G 镇 GN 社区作为典型案例，着力论证在以结合型社会资本为中介的条件下，社会组织促进流动人口实现低度社会融入的形成过程。本案例的主要资料来源于对 Z 市 GN 社区的深度访谈和非参与式观察，以及对政策文本、年度工作报告、相关工作总结和经验介绍等资料的查阅。深度访谈对象包括镇社工委负责人、承接社会服务的社区社会组织代表、出租屋集聚区所在的社区居委代表、流动人口代表和社区居民代表等。

第二节　作为低度社会融入的 GN 社区之特点

在异地商会、行业协会、老乡会等以血缘、地缘和业缘“三缘”为基础的非正式组织，以及正式组织的作用下，流动人口在经济、社交、文化和心理等方面的融入程度均相对较低（如图 4－1）。

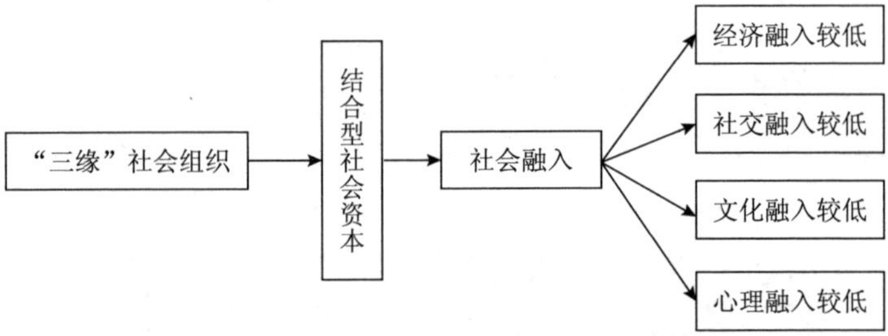

图 4－1　社会组织作用流动人口低度社会融入

根据上述分析和实地调研的结果，本书认为，GN 社区的社会融入程度相对较低，呈现出低度社会融入的特点，主要体现在以下几个方面。

一、流动人口的经济融入程度较低

经济是基础，经济融入是流动人口社会融入的起点。流动人口初来乍到流入地，衣食住行等成为他们首先需要解决的基本问题，就业、收入、居住环境等不同方面的经济融入就成了流动人口立足城市社区的基础。GN 社区流动人口的经济融入程度普遍较低。

从职业性质上看，GN 社区流动人口主要为外来务工人员，户籍遍布全国各地，但以广西、G 省其他地级市人员居多。劳动密集型企业职工较多，主要以灯饰企业和服务业为主。由于 GN 社区流动人口的素质偏低、技能单一，因此所从事的职业多以纯体力劳动为主。

从住房情况来看，GN 社区流动人口大多数居住在当地居民的自建房出租屋，少部分人购置了当地商品房，居住环境较差。他们普遍渴望在 Z 市能有安身之处，但是 Z 市的房价对他们来说高不可攀，2018 年 Z 市新房均价 11747 元/平方米，而流动人口收入又很低，这导致绝大多数流动人口在流入地无法解决住房问题。GN 社区居委会的统计数据显示，GN 社区将近 70% 的流动人口的住房条件比不上当地人，不到 20% 的流动人口拥有较好的居住条件。相关调查也显示，超过一半的流动人口认为在社会融入方面，难以在流入地购置住房是最重要的困难。① 由此可见，GN 社区流动人口十分渴望通过自身的奋斗，在 Z 市拥有一个属于自己的安身之所。

从收入及其支出情况来看，由于 GN 社区为股份制改革的经济型农村社区，入股村民除集体经济分红之外，还有从各自的出租房获得的租金收入。而流动人口所从事的多为劳动密集型行业，收入远不及当地村民；即便工资待遇随工作年限增长有所提升，但通货膨胀压力导致这部分流动人口的实际收入水平并没有发生太大变化。这也就导致在消费成本不断增加和消费结构日趋多元化的大背景之下，他们大多数人仅能维持收支基本持平，其经济融入程度总体上较低。

相关调查显示，在 GN 社区流动人口中，有超过 1/3 的人在生活开支方面月花销少于 3000 元，而且大部分支出都用于日常生活，

---

① Z 市社工委. Z 市 GN 社区外来人口生存及思想状况调查报告［R］//和谐·发展：二〇一九年 Z 市社会工作课题集，2019.

如房租、吃饭、日用品等，大部分流动人口在精神文化方面的支出很少，甚至为零。① 当问到“您现在工作情况怎么样”时，一位GN社区的非户籍居民M谈到：

我去年来灯具厂上班，通过上网查的用工信息，经过考试上的岗。通过几个月的培训后从事质检工作，工资从刚去时的3500元，第二月加到4000元，现在到了5500元。

他还告诉我们：

我收入还过得去，混口饭吃没问题，有个五六千元，不过工作太辛苦，工作条件也不好，压根存不上钱。

经济融入程度低，居住条件和劳动环境差，GN社区流动人口的健康状况也不容乐观。如前所述，GN社区流动人口的绝大多数人从事体力劳动，日常工作繁重，经济条件窘迫，工作环境差，极易发生工伤事故，身体状况较差。

收入水平低也导致GN社区流动人口的社会地位受到负面影响。GN社区两委委员在接受访谈时提到：

外地人实际上交的租金是当地居民收入的重要来源，但是由于本地人有集体经济，他们从心里认为你们（外地人）从事的行业比较低级，不像本地人一样靠收租生活，流动人口也经常觉得本地人“看不起”外地人，本地人“看不起外地人这点小钱”。

当然，GN社区流动人口的文化、技术水平跟不上社会发展的需要也是导致其经济融入水平不高的一个重要原因。社区居委会

---

① Z市社工委. Z市GN社区外来人口生存及思想状况调查报告［R］//和谐·发展：二〇一九年Z市社会工作课题集，2019.

提供的相关资料显示，GN 社区流动人口的文化程度普遍偏低，小学及以下文化程度占流动人口 8.71%，初中文化程度占 45.69%，高中文化程度占 21.65%，职业高中占 10.21%，大专文化程度占 8.27%，本科毕业的占 3.35%，本科以上的仅占 2.11%。①

文化水平不高、经济地位较低也影响了 GN 社区流动人口对自身合法权益的维护。就维权意识、法律意识方面来说，GN 社区流动人口的基本状况并不乐观，他们对权利与义务的关系不是很清楚，即社区流动人口对自己的合法权益究竟有哪些内容并不是很清楚；一旦与所在单位或他人发生矛盾、纠纷，也不清楚通过哪些合法途径加以解决；同时，在维权方面也不积极主动，就是说，他们即使知道有些法律途径可以帮助他们解决有关问题，如拖欠工资等，但通常不会主动寻求法律途径来解决，而是依靠领导或消极等待。相关调查数据②显示，遇到工资不能按时发放的情况，他们中 38.57% 的人选择依靠领导解决，38.93% 的人选择等待，仅有 13.73% 的人选择去法院申诉，还有 8.76% 的人选择辞职。当被问到："如果你的工资不能正常发放，或者被人欺负时，你怎么办?"大部分受访者回答说："我没办法，忍着！实在不行，就找老乡帮忙说说。""为什么不通过法律途径解决呢?""我们可打不起官司，没钱不说，有钱也不想打，太麻烦了。有那工夫，还不如找其他工作呢！"由此可见，GN 社区流动人口的维权意识和法律意识还很薄弱，这不仅反映其法律知识的欠缺，同时也说明他们对通过法律途径解决问题没有信心；找老乡帮忙是他们解决

① Z 市社工委. Z 市 GN 社区外来人口生存及思想状况调查报告［R］//和谐·发展：二〇一九年 Z 市社会工作课题集，2019.

② Z 市社工委. Z 市 GN 社区外来人口生存及思想状况调查报告［R］//和谐·发展：二〇一九年 Z 市社会工作课题集，2019.

“自己被人欺负”等问题的主要途径，39.28%的人选择这种途径，选择找领导的人有25.65%，还有19.82%的人选择认命，仅有15.25%的人寻求法律帮助。这些数据表明，他们在维权方面还不能很好地利用法律制度为自身服务。

二、流动人口的社交融入程度较低

交往是一种生活方式，人际交往的广度和社会网络的强度等影响非户籍人员社交融入的程度，因而社交融入也就成了流动人口继经济融入之后的进一步需求和追求。GN社区流动人口的社交融入程度普遍较低。

GN社区流动人口受教育程度相对较低，绝大多数为初中、高中毕业，总体综合素质较低，其交往对象比较单一，一般以业缘和地缘为主要联系纽带，没有与本地人形成良好的社会关系网络。正如来自安徽的社区服务队L队长所言：

> 外地人是比较多，而且政府的政策支持也比较多，但是从整体来看，本社区的人对外地人的歧视现象也很严重，大家几乎没有太多的交集。

来自广西的非户籍受访者认为：

> 我们主要租住在民房，平时接触最多的就是我们自己的老乡和在工厂一起做工的姐妹，他们（本地人）看不起我们赚这点钱的，也不愿意和我们过多接触，除非聊得来的才是朋友，我们下班也主要是回家看孩子。

可见，户籍居民与非户籍居民之间的社会关系网络并未建立起来。

更为重要的是，在信息化时代，微信等通信工具已经成为GN

社区流动人口开展社会交往的常见方式。相关调查表明，超过四成的流动人口将QQ、微信等作为工作和生活首选的交流工具。由于流入地往往是生活节奏比较快的城市，这也使GN社区流动人口在现实生活中的交往频度不断降低。与此同时，由于竞争压力大，GN社区流动人口在城市复制其原居住地的乡村传统社会结构，从而更加倾向于利用既有的以血缘和地缘为关系网络在流入地生存下来。因此，GN社区流动人口的社会交往多数情况是依托家乡的初级关系网络。

这也导致GN社区流动人口的公共生活参与度不高。对于GN社区流动人口来说，是否积极参与居住地的公共生活，也从另一个侧面反映出他们对当地的适应程度。从有关的调查来看①，首先GN社区流动人口对义务捐助活动的参与度最高，达49.05%；其次是义务献血，达21.21%；再次是公益性活动或讲座，达18.55%。这表明他们具有强烈的同情心，愿意为社会做出自己的贡献。但他们对社区活动的参与度不高，仅6.84%的人参与社区举办的各种活动，如参加万人长跑活动的只有2.39%，这说明他们在一定程度上并没有融入当地的社会生活。在笔者的访谈中也反映出类似情况，很多流动人口在业余时间并不愿意参加社区举办的各种活动，诸如卫生健康讲座、插花技艺培训、家居布置、交谊舞等。其主要原因是很多流动人口在厂区工作和生活，形成了他们自己的生活圈子，我们可称之为“外来工社区”，对当地居委会或社区的工作缺乏足够的了解；另外，与当地人在沟通上存在一些障碍，如没有共同的话题或兴趣以及语言障碍等。也就是说，事实上GN社区流动人口与本地人之间缺乏融合，这与“二元

① Z市社工委．和谐·发展：二〇一九年Z市社会工作课题集［R］，2019.

社区”或“外来工社区”的存在不无关系。

三、流动人口的文化融入程度相对较低

社会融入进一步深化的标志是文化融入。GN 社区流动人口除了在经济融入和社交融入上呈现出较低水平之外，在文化融入上也呈现出较低的层次。

语言障碍给流动人口的生活带来很多麻烦。当流动人口在与当地居民交往时，相较于使用本地话，普通话反而会增加两大群体的沟通障碍，甚至导致本地人对流动人口的隐性歧视。虽然随着时间的推移，部分流动人口在语言上有了一定的磨合，能“听懂部分粤语”，但总体上仍然对家乡的语言习惯有更高的依赖。如有受访者认为：

> 有的外地人本身自己也是外地人，还非要讲粤语，我觉得特别不习惯，自己的语言有什么不好，非要讲粤语?!
>
> 以前大家只会说粤语，那些说普通话的压根就很异类啦。

部分流动人口认为：

> 本地的风俗习惯虽然也知道一些，但接触不多。

这一点在相关实证资料中也得到了印证。有关调查资料显示[①]，GN 社区流动人口并不太了解当地的文化、风土人情和未来的发展，他们对 Z 市的祖庙了解最多，占 26.4%；对 SZS 故里旅游区、Z 市逍遥谷、Z 市詹园、Z 市西路步行街、Z 市城（Z 市影视城）、Z 市公园彩陶泥塑、N 区马应彪纪念公园等具有历史文化特色的人文景观仅有一定的了解。相较而言，他们对 Z 市桃花谷、

① Z 市社工委. 和谐·发展：二〇一九年 Z 市社会工作课题集［R］，2019.

鹿鸣湖、小狼环洞、翠竹林、泉林山庄等自然景观的了解更多一些；对Z市民歌、舞龙狮鹤凤、崖口飘色等传统民俗文化的了解则少得多，仅有2.4%的人有所了解。

这说明GN社区流动人口对Z市文化并不了解，更缺乏深入的认知。在笔者针对GN社区流动人口的个别访谈中，[①] 当被问到“你现在觉得自己是Z市人吗?”，绝大多数的受访者都表示Z市是暂时工作生活的谋生之地。从这个角度而言，这些流动人口并未对Z市有归属感，就像人们形容在北京、上海的打工族为“京漂（北漂）”“沪漂”一样，Z市GN社区的流动人口也只是“Z漂”。他们觉得在Z市只是短暂停留的过客，比起“Z漂”的白领们，他们更缺乏自信心和长远的打算。他们对Z市未来的发展缺乏足够的关注，这一点从他们对“Z市优势再造”“Z市重振虎威”“粤港澳大湾区发展一体化”的了解程度即可反映出来：63.96%的人不知道；22.23%的人只是听过，根本不了解什么“Z市优势再造”；只有1.07%的人清楚。也就是说，85%以上的人根本不了解“Z市优势再造”工程。对“粤港澳大湾区发展·体化”的了解也不是很多，只是比前者稍好一些。至少有3.47%的人很清楚，31.49%的人知道，但也有37.28%的人根本不知道。[②] 知道“重振Z市虎威”的就更少了。

由于对Z市本地的风俗习惯不了解，也导致GN社区流动人口在日常工作和生活中很少使用本地语言、本地习俗处理问题，在很多情况下，他们还是认为“跟谁相处就用谁的办法办”。也有非户籍居民认为，有的本地人比较歧视外地人，他们具有天然的优

---

① 资料来源：访谈编号2019071506.

② 张馨月. 非户籍人口社会融合的差异及模式探究［D］. 广州：广东外语外贸大学，2019.

越感：

大概几年前，我去派出所办事情，总是能感觉到那个警察言语之间带着些歧视，觉得我们外地人怎么总是惹事，这可是警察啊！总体就是在跟本地人交往的过程中，他们自己就比较高傲，其实他们也是在工厂上班，和我们一样地工作，但就是觉得他自己要比你们外来的“牛”一些。

除了文化碰撞，思维方式和价值观的差异也较为明显。流动人口的思维方式和价值观深受原居住地及原地域文化的熏陶，在当地居民看来，与流入地文化有些格格不入。有本地的社区居民在被采访时就提到：

当然啊，我们肯定有很好的本土文化啊，历史很悠久的，不过很多外地人都说本地人懒得很，又不愿意上进。不过在我们自己看来，这些说法都很表面化，我们只是想舒服地过日子，这不是懒，只是生活态度不同而已。

此外，流动人口也会带来家乡的一些文化糟粕，因此当地居民有时候对他们产生看法也是有原因的：

那些外地人啊，习惯很不好的，有几个钱就去赌博，赌博能沾的吗？肯定都是输的啊，真的很不好，同乡都在一起赌博，把我们这里的风气都带坏了。

四、流动人口的心理融入程度相对较低

深层次社会融入的突出表现是心理融入。流动人口与城市居民之间的心理距离是最难缩小的社会距离层面。GN 社区流动人口的心理融入程度相对较低。

GN 社区流动人口在该社区居住时间久，对社区的情感归属逐步提高，有受访者说："当看到有不文明行为，我也会主动制止，争取让我们生活的地方干净舒适。"但是，GN 社区也存在针对流动人口的诸多歧视和排斥现象，这导致流动人口对流入地缺少归属感。随着大量城市务工人员的流入，流入地对流动人口的隐性及显性排斥越来越多。在本地人看来，外来务工人员没有素质，是"泥腿子"，只是城市短暂的过客，不值得深入交往，这些外来的流动人口被冠名为"打工仔""打工妹"。[①] 从中可以发现城市居民对流动人口从观念到行为上的排斥与不满。

自我身份定位是衡量流动人口心理融入程度的一个重要指标。相关调查数据显示，[②] 把自己定位为 Z 市人或者半个 Z 市人的流动人口占比较低，这说明流动人口的整体融入度还比较低。从 GN 社区流动人口的角度来看，虽然他们离开了自己的故乡，前往 Z 市谋生，但是 Z 市并不是他们的"根"，他们的根仍在家乡。一份针对 GN 社区流动人口的调查显示，表示"经常关心 Z 市发展"的仅占被调查对象的 13.3%。在回答自身与 Z 市的关系时，高达 31.9% 的 GN 社区流动人口认为自己还在适应城市生活的过程中，11.1% 的流动人口认为自己只是一个过客，25.2% 的流动人口对自己的角色定位比较模糊（"说不清"自身与 Z 市的关系），仅有 13.5% 认为自己已经是 Z 市人，还有 18.4% 认为自己已经是半个 Z 市人。[③]

GN 社区流动人口在某些关键性问题上（如教育）的身份认同

---

① 宋亚平，项继权. 湖北新型城镇化转型与治理研究［M］. 武汉：湖北科学技术出版社，2014：180.

② 资料来源：调研资料（编号：2019071619）.

③ 张馨月. 非户籍人口社会融合的差异及模式探究——以 G 镇为例［D］. 广州：广东外语外贸大学，2019.

感尤其低。如当被问及是否觉得自己是本地人时，有受访者认为：

我们肯定不是本地人，我们只会说自己是自己家乡的人，我们跟本地人本身就不同，我们的房租给的是本地人，但有什么福利政策都是本地人优先，人家本地人上的是公立学校，我们上的是私立；人家本地人在自己家里过年，我们过年要回老家，这一看就是有差别。

再如受访者C女士认为：

由于自己本身是广西人，与Z市的风俗习惯并无太大不同；子女教育虽然在入学方面是公平的，但即使是幼儿园，也是本地人有补助，而外地人没有，这个事情提醒了我还是个外地人，很多家长对这个政策敢怒而不敢言。

流动人口的心理融入程度低在某种程度上也引发了很多负面效应，如子女不能很好地、融洽地与当地儿童相处。由于语言、风俗、沟通技巧、思乡情结、朋友圈重建困难等原因，GN社区流动人口的子女不能很好地与当地儿童融合，他们不得不将子女送回老家，心也就跟着回到了老家，每年都得花大量的时间和金钱在路上来回奔波，这也使他们失去了对当地社会的归属感。

此外，GN社区作为集体经济较为强大的社区，当地居民对资源的敏感度较高，这在一定程度上加剧了流动人口的融入难度。如村民委员会举办活动，虽然流动人口参与的积极性和比例都比当地居民高，但在具体的通知中并不敢写明面向流动人口，因为担心村经联社股民会有意见，他们不愿意让流动人口与本地人共享资源。再如GN社区共有4280位股民，而大量的流动人口并不能享受同等待遇：

村里老人协会每个月举办生日会，给当月生日老年人过生日，老年人住院或去世有专人慰问及慰问金，但非户籍居民没有股民身份，所以有节日礼品但没有节日礼金。

还如Z市要求在村两委中，必须有非户籍居民委员参加。但是，非户籍居民委员的照片不上墙，没有统一的制服，也不能参加分红会，等等。这些于无形中降低了流动人口对社区的身份认同。

第三节　构建流动人口社会融入的结合型社会资本

在当代社会资本的研究视域中，流动人口社会融入的困境和现实难题已成为其中一个极具研究价值的主题。以普特南的研究为例，社会资本存在不同的类型且发挥着不同的作用，并对新移民的社会融入产生不同的影响，这为本研究提供了较好的基础。这也说明，对流动人口社会融入和社会资本的分析，具有很强的理论价值和现实意义。本研究认为，微观层面的结合型社会资本的本质是与流动人口的血缘、地缘网络相关的社会网络，是传统中国人际关系模式在当代的体现和反映，诚如费孝通先生所言的具有“差序格局”特点的中国乡土社会的结构。“差序格局”的人际关系网络正是建立在血缘和地缘基础之上的，并由此形成了具有亲疏远近特点的社会人际圈子。[①] 实际上，这种人际关系网络的实质就是结合型社会资本，也是中国乡土社会最重要的社会资本形式。虽然经历了深入的经济体制改革，中国社会在向现代转型，但传统的“差序格局”的社会资本形式仍然在流动人口中存在，对其在移住地的生存和发展产生持续影响，正如有的学者所指出

① 费孝通．乡土中国　生育制度［M］．北京：北京大学出版社，1998．

的“特殊主义和关系取向仍然存在”①。

在流动人口进入城市以后，他们拥有依靠血缘和地缘积累而来的结合型社会资本。这种社会资本对流动人口迁移进入城市、在城市就业和发展的影响依旧非常重要，这是流动人口在新时代快速城市化过程中对传统人际关系的持续性需求和依赖的体现，也是流动人口目前在流入地融入并不深入的深刻体现。面对这种状况，要想促进流动人口融入当地，亚文化和亚群体式的融入状态必须得到改变。而在这个过程中，社会组织天然具有此种功能。以血缘、地缘和业缘为纽带的社会组织成员一般是同质群体，其社会组织进行了登记或注册，具备了形式合法性。当然，也有一些是不具备合法性的。具有形式合法性的社会组织可在组织内部、群体内部开展活动，建立个体之间的社会资本，通过帮助流动人口搭建较好的外力支持系统，从而帮助其获得在流入地的新的结合型社会资本。

一、“三缘”社会组织与流动人口的结合型社会资本

以血缘、地缘和业缘“三缘”为基础的社会组织（如异地商会、行业协会、老乡会等）对流动人口社会资本的获取影响深远。一般来说，这种“三缘”社会组织基本上面向具体的拥有某一血缘、地缘的群体，它们中有的没有注册，有的只进行了注册或登记，因而大多数的这种组织只具有形式合法性，一般是在组织内部、群体内部开展活动，形成的是组织内部或群体内部的结合型社会资本，这种资本对于刚进入城市的新移民的融入提供了支持，可以促进其社会融入。波特斯在移民的研究中也强调了这种族裔

① 金耀基. 从传统到现代［M］. 北京：中国人民大学出版社，1999.

经济组织对于新移民社会融入的重要性。

（一）“三缘”社会组织帮助流动人口搭建结合型社会资本

异地商会、行业协会、老乡会等社会组织将以血缘、地缘和业缘“三缘”为基础的初级关系的流动人口聚合在一起，可以帮助流动人口搭建结合型社会资本。这对流动人口在流入地的立足非常重要，是其在流入地成功就业和社会融入的重要影响因素。这种以血缘、地缘和业缘等为主的社会资本为流动人口打开了认识城市的第一个窗口，流动人口得以从中快速了解流入地的工作环境和生活环境。个体作为关系网络的中心，在血缘纽带的影响下，费孝通所言的“差序格局”的社会关系网络为流动人口的社会融入提供了重要帮助。2004 年国家统计局数据显示，“新移民外出的主要方式是老乡、亲友介绍，其中因老乡、亲友的带领而进入城市的占 65%，政府部门组织和中介组织介绍外出的分别占 1.9% 和 12.6%”①。这种情形至今依然存在，尤其体现在流动人口在流入地的第一次就业过程中。流动人口对熟人的依赖性较强，更希望进入有老乡或亲属生活的城市。究其原因，首先，流动人口在流入地缺乏相应的信息获取渠道，尤其是从事劳动密集型产业的流动人口，囿于受教育程度、对新技术的使用等方面均较为欠缺，故而只能通过熟人获取就业信息；其次，在针对流动人口的正规就业市场尚未完善的前提下，流入地的某些企业也愿意接纳“老乡”，从而降低其招聘的风险；最后，刚迈入流入地的流动人口对所居住的环境、社会关系不熟悉，难以快速获取有效信息。因此，对于流动人口而言，从其踏入流入地的那一刻起，就对结

① 国务院研究室课题组．中国农民工调研报告［M］．北京：中国言实出版社，2006：104．

合型社会资本有非常强烈的需求，熟人意味着可以降低流动人口对城市的陌生感。社会组织，尤其是商会、老乡会等组织，在这一环节起到了非常重要的作用。例如G镇的Z商会，自成立之日起就在积极为Z省来G镇的流动人口提供以初级社会关系为主的结合型社会资本，从而促进其在流入地的生活改善和工作发展。Z商会成立于2012年9月，覆盖17个行业，包括灯饰、照明、家居家具、生活电器、婴儿用品等，据不完全统计有8万Z省户籍人口生活在Z市，Z商会在促进非户籍居民融入G镇中起到了积极的作用，帮助其快速建立了结合型社会资本。Z商会会长S就谈到：

> 商会成立的Q服务队、J中心，以及“博爱100”服务项目，都是为“新G镇人”更好地融入当地社会所提供的服务和渠道。“新G镇人”在当地办理业务，需要渠道咨询。如果“新G镇人”在这个圈子内遇到困难，商会可以通过老乡进行帮扶或沟通，让他更容易被接纳。

（二）“三缘”社会组织所衍生的结合型社会资本为流动人口提供经济支持和情感支持

以“三缘”为纽带的社会组织将流动人口集合在一起，其衍生的结合型社会资本会为流动人口提供经济支持和情感支持。以血缘和地缘等为主的结合型社会资本在为流动人口提供就业信息和就业支持的同时，也满足了其在流入地的情感需求。换言之，即便进入城市，流动人口的交往对象往往还是比较单一的，主要是同乡和同事。同乡因其所共有的地缘关系，使其在语言、习俗、情感上的交流更为接近、容易，因而产生共同话题的机会更多，甚至彼此之间会产生“同病相怜”的共鸣感。如Z商会，会员之间互助的情结很浓，“老乡带老乡、老乡帮老乡”是商会的特点。

如有人想创业或者找工作，商会成员之间就会互相帮忙，会员对商会的情感认同度也很高。正如Y商会工作人员所提及的：

我们Y商会的人基本上都比较念旧和看重老乡情谊，甚至伴侣也基本上是从同乡中寻找，和本地人谈恋爱的好像并不多。

但是，具有形式合法性的社会组织所提供的这种结合型社会资本有其一定的局限性。

二、“双刃剑”：警惕结合型社会资本的负面影响

需要指出的是，依靠初级社会关系而形成的结合型社会资本，对流动人口的社会融入有一定的负面影响，即不利于流动人口在地化社会资本——桥接型社会资本和连结型社会资本的形成，换言之，就是不利于流动人口的社会融入。不可否认，这种结合型社会资本的亲近，一方面为流动人口提供了情感寄托，但同时也限制和阻碍了流动人口与本地人的接触和深度交往，从而使其难以快速、深入地融入流入地社会。因此，虽然社会组织将流动人口聚合在一起，但这种对结合型社会资本的过度依赖也限制了流动人口对闲暇时间的利用。由于与同乡的交往时间、交往方式的熟悉，流动人口减少了与较为陌生的当地居民的互动与接触。这使流动人口的社会关系网络呈现同质化倾向，最终也影响了其对流入地的深入了解和深度融入。此外，流动人口对结合型社会资本的过度依赖也在一定程度上造成了他们的自我隔离，最终可能使其不断边缘化。社会交往是流动人口实现其生活习惯、文化习俗与当地居民共通共融的重要方式。但流动人口的自我隔离和社会关系的强同质性，使其难以实现与当地居民深度的社会交往，从而难以形成与流入地相适应的生活习惯和文化习惯；同时这种

自我隔离也使流动人口难以获得本地市民的社会支持，因而流动人口可能得到的社会帮助也进一步弱化。

也有学者认为，社会组织内流动人口的社会资本发展存在一些问题，主要表现为以同质性和紧密关系为主。社会组织能够产生且有一定存量的社会资本的重要原因，就是其成员之间具有一定的同质性。其主要原因有两个：一是组织本身存在内化现象，二是其群体同质性较高。组织的产生和发展是基于一定程度的血缘、业缘、地缘、亲缘等关系，其中的成员也必定在某一方面具有相似性，这更有利于他们彼此之间产生较高的信任度，进而产生较强的社会联系。①但是，这种老乡组织将流动人口凝聚成一个牢固的整体，更难以融入当地，呈现出一种社会网络的“内卷化”。已有的研究并没有将社会资本细分，但本书将社会资本细分，并通过实例验证发现，结合型社会资本能够帮助流动人口实现在流入地的初期适应，即使出现上述学者担忧的社会网络内卷化，桥接型社会资本和连结型社会资本会阻止这种内卷化或者深化流动人口的社会融入。根据业缘关系建立的各种行业协会、根据地缘关系建立的同乡会、根据亲缘关系建立的各种宗族等，组织同质性较高，对群体成员产生的影响之一就是排他性，表现在社会组织里就是与其他组织的个人或群体联系较少，在加入组织之前，成员的日常交往比较单一，交往对象也主要是老乡、亲戚等。②

在以上分析的基础上我们可以得出，流动人口通过血缘、地

---

① 郭士伊，席酉民，郎淳刚．组织性格：个体在组织中的同质化现象［J］．管理评论，2008（01）．

② 张琳．政府背景 NGO 对农民社会资本的影响：以新杭州人志愿者服务站为例［D］．杭州：浙江工业大学，2016．

缘和业缘等关系形成的社会资本对其初步认识城市、获得就业机会和寻找最初的情感依靠有积极的作用。社会组织通过帮助流动人口凝聚结合型社会资本，从而参与到社会融入过程之中。这种社会资本对流动人口初期的社会融入会起到作用，但也会阻碍其进一步融入。在这里，“三缘”社会组织只能提供微观层次的结合型社会资本，而对于诸如桥接型社会资本和连结型社会资本这些更高层次的社会资本则无法提供，其社会资本的动员能力较弱。流动人口在城市生活发展与其融入所在城市有所不同，要想真正实现流动人口对流入地的身份认同，必须使其从心理上建立以流入地为主的社会网络体系，融入当地城市的社会生活体系，单纯依靠血缘和地缘关系而获得的结合型社会资本是远远不够的，还需要在流入地培植和构建更多的、在地化的、更高层次的社会资本——桥接型社会资本和连结型社会资本。

第四节　社会组织助推低度社会融入社区形成

社会资本对流动人口的社会融入具有积极作用已是不争的事实。社会组织是搭建流动人口社会资本的重要载体，它围绕特定公益目标展开运作，可以帮助流动人口建立新的社会资本，进而促进流动人口社会融入。

在 GN 社区，流动人口在职业、消费娱乐、聚居方式和心理等方面都与本地居民不同，这类似于以往学者的研究，即流动人口与本地居民在同一个社区中形成了完全不同的两个系统，学者周大鸣称之为“二元社区”①。研究认为，虽然以出租屋聚集的 GN

① 周大鸣. 外来工与“二元社区”：珠江三角洲的考察［J］. 中山大学学报，2000（02）：107－112.

社区流动人口呈现出低度社会融入状态，但这种融入状态也离不开社区居委会和各类社会组织开展的服务，从而使这种“二元社区”格局逐步朝“敦睦他者”的方向转变。① 诚如GN社区居委会负责人所言：

> 我们社区存在多个社会组织，如篮球协会、戏曲协会、书法协会、老人协会、武术协会、舞蹈协会和青年志愿者服务队等，虽然这些队伍未必都进行过注册，但是他们对提高流动人口之间的交流与沟通效果明显。此外，G镇的各类商会也是促进流动人口之间融入的一个重要助推器，他们（商会）老乡之间的帮助很大，很多流动人口来这边工作就是通过老乡介绍的。除商会之外，社工机构也是重要的主体，他们一般会在学校举行活动，通过亲子关系提高家长的熟悉度。在参加活动的人中流动人口比例较大，参与度较高，实际上也说明流动人口更需要这样的组织或者平台提高相互之间的熟识度。

可以说，对GN社区流动人口而言，通过各类社会组织帮助其获得最基本的微观层次的社会资本——结合型社会资本，是助推其融入社区的关键所在。流动人口的社会融入首先得益于社区居民个体之间的社会网络的形成。

一、各类协会是流动人口社会融入的重要助推器

流动人口之所以对当地产生低度的融入，主要原因在于缺少沟通的平台。正如一位受访者所言：

---

① 马西恒，童星. 敦睦他者：城市新移民的社会融合之路——对上海市Y社区的个案考察［J］. 学海，2008（02）：15－22.

我们找工作主要是靠朋友介绍，如果是有技术含量的工作都得靠网络。本地人我们也不认识，不可能帮你找到工作的，我们也没有太多交流的机会。如果有机会认识人，我们只要有空肯定也愿意参加的啊！

而社区的各类群众生活类组织、协会、商会为流动人口的交流提供了第一个重要平台。为此，GN 社区做了以下工作：GN 社区居委会牵头在社区创办了“新 Z 市人职业技能培训点”，希望通过传授各类知识与技能，提升社区非户籍居民的人力资本，使他们能够更加有利地参与竞争，跟上 Z 市社会经济发展的需要。为维护流动人口的合法权益，GN 社区居委会还举办讲座、设立宣传栏和提供咨询，传授有关维权的法律知识，提供无偿法律援助。而定期举办的各种文化论坛，有利于本社区流动人口了解 Z 市的历史文化与风土人情，了解 Z 市未来发展的前景，这些都为 GN 社区流动人口更加顺利地适应、融入本地提供了便利条件。

二、异地商会促进流动人口获得结合型社会资本

Z 市 Y 商会的会员主要分布在 G 镇和 X 镇，其中 G 镇的会员比 X 镇的多。Y 商会对流动人口结合型社会资本的形成主要表现在以下几个方面：一是通过成立协调性部门，帮助非户籍居民维权。他们成立了党支部、团工委、业务委员会、调解委员会、新 Z 市人服务中心，还有一些维权部门为非户籍居民提供指导。二是通过组织开展固定的活动，带动非户籍居民参与，增强凝聚力。如商会每个月有自己的固定活动，对内针对会员，增进相互了解和支持；每个月还有一次会员生日会，把生日在当月的人聚集在一起一天过，所需经费全部由商会支出。三是通过商会实现非户籍居民会员之间互帮互助。在 Y 商会的会员企业中大多是“自己

人”，正如一位商会工作人员所言：

一个人想创业，向老乡借十万块钱是很容易的事情，老乡带老乡是常有的事。

三、社区志愿服务队为流动人口提供服务社区的渠道

社区志愿服务队通过为流动人口提供服务社区的渠道，使其增强了对社区的基本归属感，促进了流动人口的个体社会网络形成。G 女士和 C 女士同为外地来 GN 社区打工的非户籍居民，两人均育有三个子女，因而相约参加了社区的亲子志愿服务队。GN 社区亲子志愿服务队有 2/3 的志愿者是非户籍居民。志愿服务队经常举办聚餐活动以加强志愿者间的联系，而志愿者私下也会带着孩子聚餐。除聚餐之外，亲子志愿服务队还开展绘画、书法、乐器培训等活动，虽然主要是以培养小朋友的素质和能力为主，但无形中也加强了非户籍家长之间、非户籍家长与当地居民之间的交流。当问及两人参加志愿服务队的原因时，她们表示：

参与志愿服务，首先是可以交到朋友，然后也能提高责任心。关键的是，我们的情况很相似，都住在 GN 社区，非常聊得来，加上经常一起共事，彼此也就成了在 G 镇最好的朋友了。

四、群团组织推动流动人口社会融入

GN 社区还利用官办社会组织（群团组织）——G 镇妇联助推本社区流动人口的社会融入。对于流动人口而言，其子女能否顺利在流入地接受良好教育、融入当地社区是影响流动人口社会融入的一个关键因素。GN 社区所在的 G 省 Z 市，是全国农村留守流

动儿童关爱服务体系试点城市，它将流动儿童关爱和服务纳入全市社会管理体制改革和公共管理服务体系中，积极推进落实。Z 市教育部门还专门成立了各级流动儿童工作组，具体负责流动儿童教育工作。同时，把流动儿童的管理和服务纳入 Z 市重要发展规划和重要民生工程，制定流动儿童管理和服务的各种优惠政策和保障措施，切实解决流动儿童平等接受教育、医疗卫生保健、社会保障等方面的重点问题。2017 年，G 镇妇联在 GN 社区全力打造面向流动人口的行政服务点——新 GN 社区人梦家园，当流动人员来到 GN 社区工作和生活，从他们踏入 GN 社区的那一刻开始，就可以在这里享受到居住证办理、子女就读、妇女儿童卫生保健、积分入户咨询等一系列全方位的政策性行政服务。同时，还为有需要的非户籍居民家庭提供专业的心理辅导、职业培训和推介、家庭教育等服务。

G 镇妇联还在 GN 社区全力打造流动儿童关爱服务阵地，建设了关爱流动儿童服务点“小候鸟驿站”。通过购买专业社工服务，为 GN 社区内以及生活和学习在社区周边的流动儿童提供课后和假期托管、兴趣班、流动儿童城市共融计划等服务。同时，在 G 镇妇联的带动下，GN 社区居委会倡议并组织 GN 社区社会组织与 H 产业园区联合创办了“聚心同”流动儿童服务点，为园区流动人口及其子女提供丰富多彩的活动和服务，增强了流动人口的归属感和园区的凝聚力。2018 年，G 镇妇联和 GN 社区社会组织联合开展了困境妇女儿童需求状况调研，其中包含了对流动儿童的现状和需求的摸底。此外，筹措“GN 社区妈妈微基金”，与亚洲基金会、友邦保险公司合作在外来工子女学校创办“流动图书室”，为流动儿童提供精神食粮；联合 G 镇慈善会和 G 镇邮政局在 GN 社区开展“慈善手牵手，爱心书包送万家”活动，募集爱心书包及文具500多份，惠及外来工子女学校的孩子；2018年春节前，为流动儿童、留守儿童、单亲家庭子女等特殊群体和困境少年儿童送上文化大餐——大型人偶童话剧《拇指姑娘》。

在G镇妇联妇女儿童权益维护工作站的帮助下，GN社区还运用小组工作法，帮助非户籍居民子女融入GN社区。2012年发起“GN新起航”活动，迄今已历8届。每年在暑期阶段招募12名年龄在10~12岁的GN社区非户籍居民子女，每天利用一个半小时，针对他们在人际关系方面的问题，通过GN社区活动平台，开展提升其人际沟通能力和互帮互助意愿的活动；用团队协作的方式引导这些孩子学习如何与其他人更好地相处，使之在以后的生活中能够与人相互协作，提升其交友能力，增强其在GN社区生活的归属感。谈到该活动的缘起，G镇妇联工作人员F谈道：

> G镇正处于产业发展的新时期，招商引资和城市化进程的加快吸引了大量流动人口涌入，流动人口的子女也逐渐成为人们关注的焦点。非户籍居民的家庭状况相对比较贫困，家长的文化素质和水平不高，投入工作的时间较长，未能很好地引导子女健康成长。这些孩子的家庭背景、生活环境、心理状况和习惯与本地学生有明显的差别，难以融入本地生活。在暑期，他们已经从学校走出来，其监护就成了非户籍居民在工作以外的另一个重要的任务。此时，G镇妇联维权工作站便运用社会工作手法介入外来务工子女服务中。我们通过GN社区妇代会在社区及各住宅小区发布招募通知，也通过G镇广播站发布招募消息，希望招募到这些孩子，帮助他们在GN社区度过一个富有意义的暑期。为了解活动效果，让小朋友写上愿望卡和收获卡，还会通过观察和面谈的方式了解他们的感受，以了解他们在活动前后的变化，也让

他们分享参加活动前后的不同。诚然，在该活动结束之后，我们也发现活动存在内容设计不够完善的问题，以及偶尔出现冷场、不配合、小组游戏堆积的情况。我们尽量通过灵活性的转变，设计一些他们感兴趣的活动，致力于达到最佳效果。

该活动的特定对象是10～12岁的流动人口的子女。对于这些儿童来说，最大的问题就是归属感的缺损。归属感即归属的需要（Belongingness needs），是人性的构成要素之一。它本身是一个层次体系，对于一个正常人来说，归属的需要由几个层次构成：家庭的需要、朋友圈的需要、社区的需要、学校的需要、某个单位的需要、某个区县的需要、某个省市的需要、国家民族的需要。在不同的情境下，对于不同的人，这些归属需要的重要性不同，有些启动了，也有一些可能还没有启动。也就是说，这些归属的需要在不同的人那里呈现出不同的组合形态，同一个人在不同的情境与时空之中其归属需要也存在差异。对于10岁左右的儿童来说，他们比较重要的归属需要依次为：归属于家庭的需要、归属于朋友圈的需要、归属于社区的需要、归属于学校的需要、归属于某个区县的需要。该小组的组员——10～12岁的流动人口子女，其归属感出现了严重的缺损。他们离开了原来的居住地，朋友圈没有了，社区将其视为外来者，只剩下家庭与学校。但一放寒暑假，学校也不能去了。由于父母忙于工作，整天不在家，家庭对他们来说也好像缺少点什么。当一个人正常的归属感得不到满足时，会出现两种情况：一种情况是归属感得不到满足，其人性会严重失衡，导致仇视社会、孤独、冷漠、自我封闭；另一种情况是由于归属感得不到满足，他会不断地寻找补偿，通过非正常的途径来满足归属感的需要，如参加消极的、负面的群体（团伙）。

该小组的目的就是弥补流动人口子女归属感的不足，代偿他们对家庭和学校的归属需要。同时，在小组工作人员的引导下，他们学习人际交往技巧，提升沟通能力，建立新的朋友圈，为融入当地学校和社区打下基础。从小组活动的安排和总结来看，该小组取得了一定的成效。

本章小结

在促进流动人口社会融入的过程中，社会组织这一结构形式及其提供的一系列活动和社会资本具有积极作用。在社会组织的参与下，流动人口可获得不同类型的社会资本，但不同的社会资本对流动人口社会融入的程度的影响也有所不同。本章重点挖掘社区中非正式组织在促进流动人口低度社会融入中所发挥的不同的介质平台作用。非正式社会组织是促进流动人口社会融入的重要一环，流动人口通过地缘、业缘和亲缘关系参与非正式社会组织及其活动，拓展了在流入地的关系网络，重建了促进融入的基于地缘、业缘和亲缘的社会资本和人际网络，从而建立对本地社区的归属感和认同感。GN 社区流动人口的社会融入离不开社会组织为其提供的各类平台，结合型社会资本使流动人口对居住地的认同感开始产生，低度社会融入社区开始逐渐形成。但之所以为低度社会融入社区，与结合型社会资本本身的局限性有关。这在一定程度上表明，基于血缘和地缘形成的非正式社会组织自身社会资源和关系网络的限制及其所培育和发展的结合型社会资本本身存在一定的局限性，要想促进流动人口更好地融入当地，必须充分发挥正式组织在流动人口与当地居民的互动以及对本地政策的了解和流动人口在融入过程中的作用，培育、产生流动人口基于当地的桥接型社会资本和连结型社会资本，以便促进流动人口更深层次的社会融入。下一章将重点介绍社会组织促进流动人口桥接型社会资本产生的机制及中度社会融入社区产生的过程。

第五章　社会组织促进流动人口中度社会融入的机制与表现

社区社会组织对于促进流动人口的社会融入发挥着重要作用。本章在探讨流动人口中度社会融入及其特征的基础上，主要从Z市ZS社区流动人口参与社区居委会、社工服务中心、工会等正式组织，以及文艺队、业主委员会、志愿服务队等非正式组织及其活动着手，运用典型案例，基于不同类型社会组织的不同组织化程度以及社会融入的不同维度，深入探讨不同类型的社区社会组织所培育的桥接型社会资本对中度社会融入的影响和具体作用路径，重点关注桥接型社会资本对流动人口中度社会融入的中介作用。

第一节　流动人口中度社会融入之特征

从某种意义上看，中度社会融入是一种选择性社会融入，部分流动人口在一定阶段有选择性地进行某些维度的融入，而非全面融入。他们在经济融入、社交融入上呈现出较高水平，但在文化融入和心理融入方面存在犹豫和选择性，融入程度相对较低。较之低度社会融入，它也是一种区隔化融入，只不过在文化融入和心理融入层面，比低度社会融入的融入程度相对要高一些。调研显示，当问及“您认为如何才是本地人?”时，其中“有本地户口”一项回答占比71.78%，这说明大多数流动人口认为户口是融入当地社会的一个重要条件。① 但在访谈过程中，一些访谈者觉得流动人口在城市里打工，开启新生活，并不是以获得当地户口为目的，在基本公共服务可以共享的情况下，因为土地收益和村民福利等原因，他们希望保持自己原有的户籍状况。② 如一位受访者所言：

> 我们虽然是农村户口，但是我们每个人都有土地，即使我们不务农，地如果被政府征收，就是一笔不少的钱。村子里都有统一的墓地和祠堂，假如户口迁出来，不仅土地没有了，将来走了，也不能和亲人葬在一起。

在中度社会融入模式下，流动人口拥有一份较为稳定的工作，与当地居民之间也有了相应的互动，经济条件和居住环境也要比低度社会融入的流动人口好；在文化融入和心理融入方面，虽然与当地居民有互动，但还存在一定的差异性、阻隔和障碍，对当地居民的心理和文化存在一种从属意识和主从关系。对于这类流动人口而言，他们有强烈地融入当地社会的愿望，以便为下一代扎根当地奠定基础。

开展社会主义新农村建设16年来，农村发生了翻天覆地的变化。精准扶贫战略及其实践更使得不少贫困户、贫困村、贫困县

---

① 张馨月. 户籍人口社会融合的差异及模式探究［D］. 广州：广东外语外贸大学，2019.

② 数据来源：访谈资料（编号：2018072702）.

走上了脱贫致富的小康之路。大多原本因经济条件差而被迫“背井离乡”选择外出务工的人们，在经济状况达到预想的一定程度时便会选择回迁家乡。与当地居民选择性接纳相对应的就是流动人口的选择性融入。有受访者认为：

> 我们老家现在已经和我们出来打工的时候不一样了，变化太大了，路修好了，路灯也装上了，家里环境好，没有雾霾，房子自己建，等在这里存下一些钱就回去做些小生意，没存够钱也会回去的，比在这里打工舒服自在多啦！

还有受访者认为：

> 虽然现在在这里也买了房子，但是将来还是会回老家的。房子可以给孩子或者卖了，有很多一起出来打工的朋友都回去了，还有一些从来没有离开家乡的发小。虽然在这里也有很多的朋友，但是出生长大的地方和从小就认识的朋友，那还是不一样的。

同时，从文化融入和心理融入的角度来讲，流动人口有时会觉得自身已融入本地，但因偶尔受到的一些不公平的对待，还是会认为当地居民还没有完全接纳他们。当地居民的认同对他们来说是获得尊严的重要来源之一，所以他们觉得自己既是本地人、也是外地人。如受访者所言：

> 我在这里已经生活了二十年，十六岁一个人来这里，从打工到创业，我对现在的生活很满足。去年贷款买了商品房，孩子也通过积分入学的政策在区里公立初中上学。我加入了商会，经常参加商会和政府一起举办的活动，经济条件允许也会和老乡一起回乡投资建设。在K区度过了大半个青春，除了有时候感觉在某些方面受到本地人歧视外，我觉得自己

现在也算是小半个K区人了。

中度社会融入的流动人口虽然具有较强的经济实力和较好的应对环境的能力，选择性地在经济、社交等维度上融入当地社会，而在另外一些如文化、心理等维度则主动或被迫保持自己的特色。他们因随迁或居住当地时间较长，因此对流入地也已产生一定的感情，已主动地观察自己所生活居住的环境和享有的权益。但因其社会资源有限，尤其是与当地居民在社会福利及社会保障方面的差异，或政治参与的缺失，使他们尚未完全融入当地。基于上述分析，中度社会融入可认为是介于低度社会融入与高度社会融入之间的过渡阶段，但更加趋近于高度社会融入。

在中度社会融入中，在具备一定结合型社会资本的基础上，社会组织通过提供桥接型社会资本协助流动人口获得较为稳定的社会网络，并给予城市流动人口进一步融入城市社会的机会。流动人口的社会结构和社会制度区隔也因此开始朝积极方向改变，他们主动与当地居民互动，主动融入当地社会的意识显著提高。而当地居民在对待流动人口时，也逐渐意识到流动人口为城市发展做出的贡献，其对流动人口的排斥心理和行为均有所弱化，双方开始向包容、合作的方向迈进。在这个过程中，社区社会组织作为连接本地人与非户籍常住居民的纽带，为双方的深入接触提供了机会；同时，在不同人群共同参与社区活动和为其提供社会服务的过程中，桥接型社会资本随之产生，流动人口进一步融入城市社区的机会也随之加大。

然而，值得注意的是，这种类型的社会融入是城市流动人口与城市社会融合的过渡类型，也是关键类型，这一类型与制度性的改革密切相关。从总体上讲，中度社会融入是一种积极的融入关系，但也存在一定的问题。在这种模式下，非户籍居民与当地居民积极互动，社会融合的氛围逐渐凸显，这为基层政府进一步推行制度变革提供了较好的土壤。事实上，部分地方政府已经在积极实施流动人口积分入户政策，甚至取消户籍，这些户籍制度的改革已经取得了一定成效。但同时也必须注意，这种融入模式还与地方的经济发展形势有关，目前大部分流动人口主要集中在经济发达地区，故而这种尚未稳固的社会融入状态就有可能因经济形势的影响而发生变化，从而反过来影响流动人口的社会融入状态。此外，中度社会融入还是有可能引发社会资本的路径依赖，目前这类非户籍常住人群虽然能够与当地社会积极互动，但其主要交往对象还是以非户籍居民为主，看似社会融入程度相较于低度社会融入要高，但这种交往也可能会使其进入一种社会资本的锁定状态。一旦他们的这种中度社会融入处于一种稳定状态，流动人口会呈现出一种适应性，这会阻碍其打破现有社会资本边界、实现更高层次的社会融入。因此，社区社会组织在帮助流动人口获得桥接型社会资本的同时，也必须警惕流动人口对这种社会资本的过度依赖。

社会组织是搭建流动人口社会资本的重要载体，社会组织围绕特定公益目标展开运作，可以帮助流动人口建立起新的桥接型社会资本，进而促进社会融入。① 为更好地解释上述社会融入的类型，尤其是社会组织对社会融入的影响，本章在重点阐述中度社会融入特点的基础上，选取 Z 市 ZS 社区作为典型案例，通过对社区两委干部、社会组织骨干、驻社区社工机构和社区居民等深度访谈和非参与式观察，着力论证在以桥接型社会资本为中介的条件下，社会组织促进流动人口实现中度社会融入的过程。

---

① 刘芳. 桥接型社会资本与新移民社会融入：兼论社会组织与基层社区对新移民融入的推动作用 [J]. 学习论坛，2015（11）：67－72.

第二节　作为中度社会融入的 ZS 社区之特点

在社区社会组织的作用下，流动人口在经济融入、社交融入上表现出较高程度的融入水平，他们拥有一份较为稳定的工作，与当地居民之间也有了相应的互动，居住环境也要比低度社会融入的流动人口好，但在文化融入和心理融入方面存在一种犹豫和选择情形，融入程度相对较低。他们虽然与当地居民有互动，但存在一定的差异性，当面对当地居民时，其在心理和文化上存在一种从属心态和主从关系，但是比低度社会融入的文化融入和心理融入相对要高。对这类流动人口而言，他们有强烈的融入当地社会的意愿，以便为下一代扎根当地奠定基础。从总体上讲，呈现出中度社会融入状态（如图 5－1）。

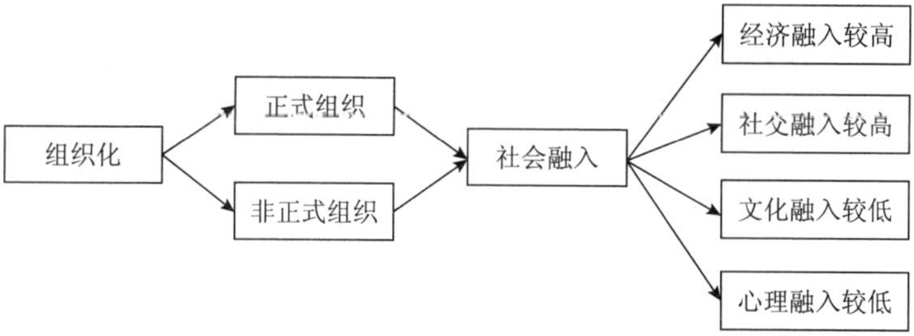

图 5－1　社会组织作用流动人口中度社会融入

在 ZS 社区，流动人口在社会结构和社会制度区隔向积极方向改变的过程中，开始主动与当地居民交往，主动融入当地社区的意识较高。而 ZS 社区当地居民在对待流动人口时，也意识到了流动人口为本地经济社会发展所做出的贡献，对他们的排斥心理和行为也有所弱化，双方呈现出包容和合作的态势。根据上述分析和实地考察、访谈所得，本书认为，ZS社区的社会融入程度相对低度社会融入社区较高，流动人口呈现出中度社会融入的特点。

一、流动人口的经济融入程度较高

一般来说，经济融入代表社会融入的起点。流动人口来到一个新地方，首要解决的是衣食住行等基本保障，因此就业、收入、居住环境等不同方面的经济融入成为流动人口立足城市的基础。在ZS社区，流动人口的衣食住行等基本生存需求方面得到满足，经济状况相对良好，经济融入程度较高。

ZS社区流动人口主要为外来务工人员，户籍遍布全国各地（含港、澳、台地区），此外ZS社区还有部分外国国籍人员。社区内男女性别比例相对均衡，技能型人才居多，遍布各行各业。流动人口主要居住在社区各物业小区，其中约50%的人已在ZS社区购置房产。通过访谈受访的流动人口代表，他们退休前的职业包括教师、单位职工等，后大多因照顾孙辈而以“随迁父母”的身份来到ZS社区生活，已有十多年的居住史。总体来看，流动人口拥有较为稳定的职业和收入，经济状况相对较好，其中有一部分人是随迁来此照顾孙辈的长者，他们与当地居民的互动较多。诚如来自黑龙江省大庆市的受访者L所言：

> 来Z市是因为女儿大学毕业后到Z市实习，后来就留在这边工作了。我女儿工作还不错，在一个国营单位工作。我是来做“义务保姆”的，我们是随迁父母，我到这边之后也没参加过什么工作，就是专心看孙子。这边挺好的，我以前在黑龙江大庆油田工作，现在退休了，就在这边买了房子，我们在J小区已住了八年，小区的管理、环境各方面都很好。

再如来自江西的W老师，一方面作为随迁父母来到ZS社区，另一方面也在当地找到了自己的“第二故乡”：

我的祖籍是广东番禺，但是我一直是在江西长大，工作生活都在那边，家庭也都在那边。孩子2003年毕业以后就在这边工作，到2004年就让我过来看看，说空气也好，环境也好，各方面都好，又宽敞，来了肯定会舍不得走。我不信，她就动员了好几次，于是我就来看看到底是啥环境，生活得怎么样。这一来的话，我一上车，越往这边走眼睛就越不够看了，高楼大厦一幢一幢的。后来租了个房子，租了一个半月，就退了，自己买房子了。

从上述访谈内容和自有房产购置情况来看，生活在ZS社区的流动人口的经济融入程度较高，经济状况良好。在社区生活的长者以随迁老年人居多，通常子女在Z市有较好的经济条件和住房条件。受访对象基本上是外来务工人员，或者是以照顾孙辈为主的随迁父母，他们较早在ZS社区购置产权房，其子辈或孙辈基本上在ZS社区附近学校就读，部分受访者的子辈入读民办学校，需要缴纳较高的赞助费用，但稳定的收入和良好的工作环境决定了他们的子女在受教育方面并没有太大的问题，这也说明了其整体的经济融入程度较高。

二、流动人口的社交融入程度较高

社交融入是社会融入的主要表现之一，代表社会融入的广度，主要是指非户籍人员的人际交往和社会关系网络的广度、强度①，是流动人口社会融入的进一步要求。在这里，借由流动人口社会

① 孔祥利，卓玛草．农民工城市融入的非制度途径：社会资本作用的质性研究［J］．陕西师范大学学报（哲学社会科学版），2016（01）：116－125.

交往网络的复杂化程度来衡量。在社会交往方面，流动人口的社会交往既包括与当地居民的社会交往，也包括与其他流动人口的社会交往。总体来看，ZS 社区流动人口的社会交往网络复杂程度变高，社会融入程度较高，其社会交往在同质性得到加强的同时，异质性社会交往也得到了一定的发展。

ZS 社区流动人口的受教育程度以高中至大学本科学历为主，总体素质较高。其交往对象存在多样化特征，不仅与老乡和亲戚交往，也积极与本地人互动，基本上形成了良好的社会关系网络。如来自湖北省荆州市的受访者 S 所言：

（我的交友）有本地人，也有来自湖北的，也有五湖四海的，朋友挺多的，都挺好，本地人也很友善，在这边人缘也很好，跟本地人也很好，在这边就是唱歌跳舞，每天都有娱乐，今天上午我们就在这个四楼有老师教我们英语。那个“老年大学”教我们跳交谊舞、唱歌、走秀，我们很开心，所以来自五湖四海的朋友很多，本地人也很好。刚来 Z 市的时候也不会觉得陌生，和本地人也是几天就混熟了。

再如受访者 L 所言：

我的交往范围很广，老的少的都有，我小妹（邻居）就比我小一大圈，我们的（关系）很好，平时经常一起吃吃饭，聊聊天。

大部分的受访者表示晚上下班后会到附近的公园散步，平时会参加一些社会组织组织的活动或者是小区组织的活动；未参加社会组织的受访对象在本社区的社会支持网络较好，受访者有亲属或者是公司的工作伙伴住在周围，平常也会来往或者是组织活动，这有助于加强交流从而减少双方的偏见。

这表明，流动人口的社会交往对象多样化，不仅局限于流动人口的群体，而且已经扩展到当地居民，拥有较为稳定的社会关系网络，形成了良好的异质性社会关系网络，社交融入程度较高。

三、流动人口的文化融入程度相对较低

文化融入代表社会融入的进一步深化，包括对当地居民日常生活方式和休闲方式的接纳与采用、语言和习俗的接纳与认可等。在西方国家的工业化、城市化进程中，流动人口的社会融入主要包括两个过程：结构性融入和文化性融入，其中文化性融入是指流动人口在价值导向与社会认同上的转变过程。在我国，能否在价值导向上与流入地保持一致，也是衡量流动人口社会融入程度的重要指标之一。

ZS 社区流动人口虽然在经济融入和社会融入上均呈现出较高水平，但在文化风俗方面的融入水平则相对较低。虽然他们对流入地的风俗习惯比较了解，但很多时候不太愿意改变自身原有的生活习惯，或呈现出一种犹豫状态，未完全融入本地文化，也并未完全认同本地文化。如受访者 L 所言：

> 我来（Z 市）18 年了，也可以说是老 Z 市人了。Z 市的本地话我不会说、也不会讲，我不愿意听、也不愿意学，这么大年纪了，学起来很费劲。我到现在还是不太听得懂。跟我们差不多年龄的本地人都可以用普通话跟我们交流，所以我也就不愿意学习了。当然，我们跟本地人也不是说处得不好，主要是本地话一听起来我就头疼。我和他们（本地人）相处挺融洽，也有很多人在我的带动下学会了普通话。至于本地的风俗，我还在慢慢熟悉中。

除了对语言的犹豫或排斥之外，流动人口对本地的文化习俗

也持保留态度，或者说他们还处于对当地社会文化认同的转变过程中。如来自辽宁省沈阳市的受访者 X，他是 ZS 社区一小区的党支部书记，虽然来 ZS 社区多年，但在文化习俗上仍然持保留和保守的态度：

日常用语方面，我现在说的基本上就是普通话。至于广东话，我都这把年纪了，还费脑子去学干嘛？我交的朋友各个省份的都有。但是各个地方习惯不一样，东北人最讲义气，你对我好，我就要加倍报答。这边人就太客气了，不喜欢欠人情，我帮他们做了什么，他们马上就要回报我，弄得我都不好意思了，反而有点不习惯。所以说风俗上还是有一点不一样的。

在饮食风俗方面，部分受访者表示因在家做饭较多，所以并不影响自身的饮食；而部分的受访者则表示需要较长的时间才能融入 Z 市的饮食文化之中。大部门受访者虽然也改变了原有的部分饮食风俗，但总体上更钟情于自身原有的饮食文化。由此可见，流动人口对于流入地的文化持犹豫态度，故而文化融入程度相对较低。

四、流动人口的心理融入程度相对较低

心理融入代表社会融入的最深层次，主要是指流动人口自我认知身份的逐渐消除。换言之，流动人口对流入地产生同当地居民一样的社区归属感，户籍居民与非户籍居民的心理身份差异和阻隔开始消除，当地身份自我产生，是“农民工与城里人之间的社会距离，对自己的身份和归属感认同上发生的感知，包括对自己的空间认同和身份认同”①。具体到本书，心理融入借由流动人

① 孔祥利，卓玛草．农民工城市融入的非制度途径：社会资本作用的质性研究［J］．陕西师范大学学报（哲学社会科学版），2016（01）：116－125．

口对流入地的身份认同和感情归属来衡量，它是流动人口对流入地的心理认同，是社会融入的内核表现。只有心理和文化适应了，才能说明流动人口完全融入了当地社会。

ZS 社区的流动人口对流入地有一定的情感归属，但并未放弃流出地的身份认同。他们一方面对流入地的认同感较强，另一方面对流出地还保留着一定的心理寄托。换言之，ZS 社区流动人口的身份认同处于融入与融合之间。如受访者 L 对流入地始终处于一种适应过程，认为自己既是本地人，也是外地人：

> 总体来讲，现在确实习惯在这个地方，除了天气热不太适应，其他都适应了。还有粤菜比较清淡，一开始不适应，但是十年过去也习惯了，现在觉得还挺好的。

在涉及具体事务时，流动人口的认同感存在一定的游离性：

> 好几年前我就想让我老伴把户口迁过来，他是山东人，不过我老伴不肯。Z 市有优惠政策，户口搬过来有独生子女费，每个人有 150 块钱，我们一个月就有 300 块。但他宁可不要 300 块钱，也不迁户口，觉得没必要。

由此可见，非户籍常住居民在心理上还是较倾向于流出地，而对于流入地的认可度相对较低。

但在另一层面，受访者对于 ZS 社区的社区认同度又较高，认为现在自己在这边受到比较多的尊重，在日常的购物和其他活动中，使用普通话的频率较高，因为 ZS 社区的外地人较多，所以周边的小商贩都会使用普通话与周围的居民进行沟通；受访者对 Z 市 ZS 社区的政务办公情况也较满意，并希望能长期居住在这里。这说明，ZS 社区流动人口对居住地和社区产生了一定的情感归属，但未放弃流出地的身份认同。

从前述内容看，对于作为长期居住在Z市的流动人口来说，他们具备一定的经济基础且大部分购置了房产，有长期在Z市生活的打算，并且社会交往的广度和深度都有所增加，异质性社会网络范围逐渐扩大。但是在对于Z市的文化及心理认同上还有一定的差异性，流动人口在文化和心理融入方面呈现出一种复杂的状态。既然ZS社区的流动人口在经济融入、行为融入、文化融入和心理融入方面呈现出差异性，那么是什么原因造成了流动人口在社会融入的不同维度的差异？本章接下来重点讨论社区社会组织的类型、介入路径对于促进流动人口的社会融入所发挥的作用。

第三节　构建流动人口社会融入的桥接型社会资本

桥接型社会资本作为中观层面的社会资本，如前所述是在整个社会融入中起重要作用的社会资本类型，这类由关系较远的同事或社区团体、抑或社会组织间的社会网络所构成的社会资本对流动人口社会融入具有积极而广泛的影响。流动人口要想成功地融入流入地，必须实现多种文化间的互动和群体之间的交往，桥接型社会资本正好可以实现这种多元文化间的互动，因此流动人口是否真正融入流入地，一个重要的衡量标准是其是否在流入地创造了桥接型社会资本。但不同于微观层面的结合型社会资本，中观层面的桥接型社会资本由于变动性更强、产生时间更久而显得更为稀缺。

桥接型社会资本在世界各个国家和地区均比较缺乏，桥接型社会资本丰富的社区更是凤毛麟角。[①] 虽然我国目前处在快速城市

① DEKKER K，KEMPEN R V. Places and participation：comparing resident participation in post－WWII neighborhoods in Northwest，Central and Southern Europe［J］. Journal of Urban Affairs，2016，30（1）：63－86.

化进程中，流动人口因经济快速发展而涌入城市，但在流动人口社会融入中，桥接型社会资本的缺位并非我国所独有的情况，加快流动人口在流入地的桥接型社会资本的创建是全世界面临的普遍困境。此外，流动人口桥接型社会资本的建立并非靠流动人口自身就能解决的，这是在经济转型、社会变革大环境下的一种附属产品，因而需要更为广泛的主体参与和政策支持。只有在全社会形成合力的基础上、配套政策和措施同步出台和落实的前提下，流动人口才能“自然而然”地建立起在地化的桥接型社会资本，从而实现对流入地的深层次社会融入。而具备凝聚社会资源、实现社会整合能力的社会组织正好可以充当这一角色，它是推进流动人口获得桥接型社会资本的重要推手。

目前来看，能够为流动人口社会融入搭建新的桥接型社会资本、提供较好外力支持的社会载体，是以公益目标为发展导向的社会组织。这类社会组织围绕特定的公益目标展开运作，其所推动的公益项目常常以流动人口群体为主要帮扶对象，可以帮助他们搭建起新的桥接型社会资本，促进其社会融入。① 有研究发现，与没有参与任何组织和仅参与正式组织相比，既参与了正式组织又参与非正式组织的流动人口，强弱关系和桥接型社会资本也相对丰富，有对城市新环境的更强的社会融入意愿。②

一、社区社会组织与流动人口的桥接型社会资本

社会组织类型多样，但从组织功能的角度分析，依据“资源

① 刘芳．桥接型社会资本与新移民社会融入：兼论社会组织与基层社区对新移民融入的推动作用［J］．学习论坛，2015，31（11）：67－72．

② 刘茜，杜海峰，靳小怡，等．留下还是离开：政治社会资本对农民工留城意愿的影响研究［J］．社会，2013（04）：103－116．

汲取”和“组织动力”两个维度可将社会组织分为四种类型：社区社会组织、社区枢纽型组织、社企型组织和慈善服务组织。[①]其中社区社会组织主要是指从社区居民兴趣或利益出发、由社区居民自发成立的、组织资源主要来源于社区、主要在社区内开展活动的社会组织，它的形式可以多样化，可以是群众生活类组织，也可以是社区治理类组织，抑或是权益维护类组织等。

就社区社会组织来说，由于它们大多服务于一个社区或几个社区，因此它们一般来说不仅进行了注册登记，还通过遵守行政机关的相关规章制度，获得政府认可，承接政府转移的公共服务职能，提高公共服务质量和资源配置效率，获取了实质合法性。这说明大多数社区社会组织是同时具有形式合法性和实质合法性的，这就使得它们可以形成联系关系较远的同事、社区团体以及社会组织之间的社会网络，桥接型社会资本嵌入在这些网络中，帮助流动人口建立起在地化社会资本。

社区社会组织的特点明显，更有利于流动人口形成桥接型社会资本。这主要缘于几方面的因素：第一，社区社会组织的成员本身就是流动人口和当地居民，他们基于同一种兴趣或共同爱好而建立社会组织，打破了群体之间的隔阂，且群体内部成员之间具有民主、自由的人际关系，这使得成员之间的关系更为真诚和融洽；第二，社区社会组织以共同利益为维系关系的纽带，组织内部没有特别强烈的规制性约束，组织之间基于一种非正式的关系而维持运作，以社区共同利益为目标，易于形成新的组织关系，也易于产生对社区的认同感；第三，社区社会组织以社区骨干或社区热心人士为核心，在没有正式制度的基础上，仍然能够继续

① 胡小军，朱健刚．“三社联动”机制下社区基金会的功能与运行逻辑［J］．华东理工大学学报（社会科学版），2018（01）：77－86.

运作，主要是基于一种对骨干的信任，因而组织的凝聚力和向心力更强，更容易产生深入的、持续的权威，最终有利于流动人口实现社区共同利益，增强对社区的归属感。

Z市K区在通过社会组织促进流动人口融入方面的政策一直走在前列。虽然其有关社会组织的注册政策相对于其他地方来说门槛较高，但在扶持社区社会组织的发展以带动非户籍居民参与社区建设和实现其社会融入上力度较大。调研发现，K区共有400多支志愿服务队伍，逾5000名志愿者，这些志愿服务队伍只是社区社会组织的类型之一。之所以大力扶持社区社会组织的发展，主要是缘于社区社会组织对流动人口桥接型社会资本产生的重要作用。

二、承接项目和服务社区：创建桥接型社会资本的抓手

社区社会组织具备了实质合法性，通过承接政府购买的公益服务项目，为流动人口提供直接帮扶措施，从而促进其桥接型社会资本的建立。众多政府购买社会服务项目的主要目的在于促进流动人口的社会融入，流动人口也往往是这类服务的主要对象。社区社会组织拥有天然的群体整合和资源整合能力，可以为流动人口桥接型社会资本的产生提供帮助。如跨文化和跨种族的身份认同很难在短时间内实现，因而新移民中的桥接型社会资本也难以快速产生，但社会组织却可以较为迅速地搭建跨越种族和文化界限的社会资本。[①] 此外，有学者指出，与未参与社会组织的流动

① WEISINGER J Y, SALIPANTE P F. A grounded theory for building ethnically bridging social capital in voluntary organizations [J]. Nonprofit and Voluntary Sector Quarterly, 2005, 34 (1): 29-55; LOCKHART W H. Building bridges and bonds: generating social capital in secular and faith based poverty-to-work programs [J]. Sociology of Religion, 2005, 66 (1): 45-60.

人口相比，积极参与社会组织的流动人口较容易建立流入地的社会关系网络，且更希望尽快融入新环境。①

社区公共服务在落实过程中，以社区全体成员为服务对象，有利于社区居民凝聚力和认同感的提升。社会组织和基层社区居委会在社区公共服务提供的过程中不刻意地去区分当地居民和非户籍居民，这在一定程度上可为流动人口打破群体边界，促进其桥接型社会资本的产生。K 区的社区服务表明，除上述专门服务流动人口的项目及活动之外，其他公益创新大赛征集的项目也均面向新老 K 区人，并没有对服务对象进行排他性选择。此外，社区服务促进流动人口社会融入的作用还体现在它可以催生桥接型社会资本。有学者在研究美国社区社会组织时发现，基层社区社会组织和社区服务对构建流动人口桥接型社会资本本身具有积极的作用。② 也有学者在研究香港的社区管理和服务时发现，社区服务本身就是促进流动人口融入的重要因素，③ 流动人口在参与社区各类组织和邻里互助过程中就会构建出桥接型社会资本，从而反过来提升其公共参与和社会融入程度。④ 虽然社区中不同群体间会出现多元文化间的碰撞和摩擦，从而引发不同群体之间的紧张关系，但只要桥接型社会资本能够及时构建，具有多元文化的社区更容

① 杨绪松，靳小怡，肖群鹰，等．农民工社会支持与社会融合的现状及政策研究：以深圳市为例［J］．中国软科学，2006（12）：18－26；刘茜，杜海峰，靳小怡，等．留下还是离开：政治社会资本对农民工留城意愿的影响研究［J］．社会，2013（04）：103－116.

② 杨立伟．从社区发展组织看社会资本［J］．开放时代，2004（02）：120－129.

③ 陈福平．非营利组织与社区建设：台湾和香港的比较研究［J］．澳门理工学报（人文社科版），2014（03）：40－47.

④ PALMERNA，PERKINS D D，XU Q. Social capital and community participation among migrant workers in China［J］. Journal of Community Psychology，2001，39（1）：89－105.

易推动非户籍居民从根本上融入社区。桥接型社会资本之所以重要，主要在于它可以跨越种族、文化和信仰，能够使社区居民建立新的正式或非正式网络，从而实现多文化、多种族居民的社会融合。①

总体来看，社区社会组织和社区服务均会对流动人口的社会融入发挥作用，但二者的作用机制稍有不同。社区社会组织在提供社区流动人口的桥接型资本上更为专业和细致。一方面是服务的范围更广、涉及的群体更多，另一方面社会组织依托各类服务项目提供了更为专业化的服务。

Z市K区的QZ志愿服务队就是一个典型例子。由于没有合适的挂靠单位，一直都未能在民政局注册备案，所以一直未能拥有“合法”身份。从严格意义上讲，它是一个草根社会组织——非正式的社会组织，但是这种非正式社会组织也拥有较多的桥接型社会资本，流动人口借此能较为顺利地融入当地社会。它通过为非户籍居民提供桥接型社会资本，在提高其身份和社会合法性的同时，有力地促进了流动人口的社会融入。在社工的带领下，QZ志愿服务队成立了第一所也是K区唯一一所外来务工子女学校——XH学校。为促进户籍居民与非户籍常住居民的融合，使流动人口顺利地融入本地，QZ志愿服务队平时会在XH学校举办一些读书会、书法、绘画等活动，这既培养了孩子们的兴趣爱好，增强其学习能力，也为家长提供了见面和沟通的机会，增进了家长之间的交流。此外，QZ志愿服务队还会经常组织学生去X镇学习外语，给学生家长制造互动的机会，如一起拼车、家长们相互接送孩子；小朋友私下也会相互走动，如去别人家里做客之类的。诚

① O'BRIEN D J, PHILLIPS J L, PATSIORKOVSKY V V. Linking indigenous bonding and social capital [J]. Regional Studies, 2005, 39 (8): 1041-1051.

如K区文明办L主任所言：

> 社区社会组织的作用明显，例如在我们的B工业区，有一个XH学校红领巾亲子义工队，做了一个“艺术人生——XH学校外来工家长艺术培训活动”，在家长社团平时给孩子艺术培训的时候，也正好将学生家长吸引到学校里面来做义工，他们本身就把各类学生家长连接起来了；再如我们有一个重点项目叫“和谐交途——文明交通引导活动”，主要的实施者就是流动人口组成的志愿者队伍，在街上、红绿灯处指挥交通，这对他们实现对社区的认同非常有用。

质言之，社区社会组织以社区成员为对象的公共服务，在提升社区凝聚力和增进流动人口的本地认同感的同时，也会打破流动人口原有的群体边界和多元文化之间的隔阂，从而促进更多的桥接型社会资本的产生，最终促使流动人口尽快融入社区；具备实质合法性的社区社会组织的社会资本动员能力强于“三缘”社会组织，但弱于枢纽型社会组织；有时候具有实质合法性的社区社会组织比单独具有形式合法性的社会组织有更强的社会资本的动员能力，它可以提供中层桥接型社会资本，但是其无法提供更高层次的连结型社会资本。

第四节　社会组织助推中度社会融入社区形成

社区社会组织通过促使流动人口社会资本的获得来推进流动人口社会融入的实现，其中桥接型社会资本是相对异质的群体之间产生的关系网络，对于流动人口的社会融入有着重要的推动作用。从已有的研究来看，社会组织是搭建流动人口社会资本的重要载体，它围绕特定公益目标展开运作，可以帮助流动人口建立起新的桥接型社会资本，进而推动社会融入。[①] 社区社会组织体系具有低成本多渠道的沟通机制、良好的信任机制和互惠机制，可以在一定程度上降低流动人口个体的融入成本，成为地方基层治理的重要“抓手”。[②] 流动人口正是依托正式组织（社区居委会、社工服务中心、工会等）和非正式组织（文艺队、业主委员会、志愿服务队等）的整合来实现内部的互助、社会交往的扩展及社区归属感的培育。其中，正式社会组织主要是指有承接政府购买公共服务资格且提供综合性公共服务的组织；非正式社会组织是指由流动人口自发成立的、在社区开展活动或服务的社区社会组织。如ZS社区居委会工作人员就提到：

> 舞蹈队、合唱队等居民自发的社会组织因兴趣而使大家聚集在一起，队员都是有共同爱好、共同目标的人群，社区对其加以正确的引导和适当的帮扶，就能够加强其对社区的向心力，协助社区更好地宣传政策法规和促进流动人口的融入。而社会组织能够为流动人口提供精细化的点对点服务，以专业、贴心的服务促进流动人口的融入。所以说，社会组织能起到以点带面的作用，弥补我们在社区工作上的不足。

正因为存在多种类型的社会组织，ZS社区才得以顺利推动流动人口结合型社会资本、尤其是桥接型社会资本的产生，扩大了流动人口群体间的相互交流，进而帮助其迅速、顺利融入社区。

值得注意的是，社会资本的累积具有递进性。在ZS社区，结合型社会资本的汲取为桥接型社会资本打下了良好的基础。因此，

---

① 刘芳．桥接型社会资本与新移民社会融入：兼论社会组织与基层社区对新移民融入的推动作用［J］．学习论坛，2015（11）：67－72．

② 黄佳鹏．农民工城市社会融入的组织整合路径［J］．华南农业大学学报（社会科学版），2019（01）：63－73．

笔者在简要论述结合型社会资本形成过程的基础上，重点分析社会组织如何帮助流动人口累积桥接型社会资本，进而助推流动人口实现中度社会融入。ZS 社区存在多种类型的社区社会组织，一方面有政府购买社会服务的正式组织主要为流动人口结合型社会资本的产生提供帮助；另一方面自下而上的社区社会组织在更大更广的范围内加强了流动人口与户籍居民之间的互动，以及流动人口间的互动，这些对桥接型社会资本的产生发挥了积极作用。

一、社区正式组织与流动人口结合型社会资本的获得

中度社会融入的形成，首先离不开结合型社会资本的获得，这是流动人口建立个体社会网络的重要途径。一方面，正式的社会组织在提供社会融入服务前，需对接政府的相关政策文件，结合本组织特性，以争取政府对本组织服务项目的购买；另一方面，社区正式组织也需要提前了解所辖社区在流动人口服务方面的具体需求，结合所辖社区的流动人口特征，提供有针对性的服务。

（一）社区居委会充分发挥基层群众性自治作用

社区居委会作为基层群众性自治组织，其主要职责包括管理职责、服务职责、教育职责和监督职责等。Z 市 K 区作为流动人口较多的城区，在流动人口的管理和社会融入方面，社区居委会需要承担更多的责任。在促进流动人口社会融入的政策方面，社区居委会对接的是政府相关部门的有关政策。《关于开展 2017 年 Z 市农村（社区）党组织集中换届工作的通知》中提出明确要求，流动人口达到户籍人口 1 倍以上的社区需设非户籍委员。在该项政策的指导下，K 区也明确要求每个社区的两委班子均须配至少一名非户籍委员。ZS 社区居委会配有一名非户籍委员，还通过政府购买社会服务项目的方式，为流动人口提供精细化、针对性服务，

这加快了流动人口结合型社会资本的产生。为体现和发挥社会组织组建灵活并且具有较强自主性的优势，ZS 社区通过建立的专门工作委员会和各类社团等组织，积极动员和吸引流动人口与本社区居民一起共同参与形式多样的社区活动。这些社会组织开展的丰富多彩的活动，使流动人口与本社区居民有了更多的接触机会，双方逐步熟悉，相互了解，增进感情，彼此接纳，进而相互理解包容、相互尊重，努力实现流动人口社区融入。

（二）Y 社工服务中心提供无差别社会服务

正式社会组织发挥了沟通和枢纽作用。由于 ZS 社区居委会和政府相关部门的“触角”有限，正式的社会组织在促进流动人口社会融入方面可以更好地实现职能补充。它们为流动人口提供无差别的社会服务，促进本地人与流动人口之间的交流，逐步消除两者的差别。Y 社工服务中心是 Z 市较早成立的社会工作机构之一，主要承接 Z 市的政府购买服务的项目，其中主要承接的是民政相关的项目，包括优抚、济困和助残等方面的项目。诚如 Y 社工机构项目负责人所言：

> 第一个我觉得（我们社工机构）更专业一点，就是专业性比较强。第二个就是他们（政府部门）的事务太多了，我们可能更贴近社区一点点，涉及上门入户，等等，是政府的最后一根线，作为一个枢纽的角色，解决了政府跟居民最后一公里的问题。

除此之外，正式的社会组织作为一个第三方志愿平台，也更容易与流动人口服务对象展开沟通对话，进而获取他们的信赖和认可。在此基础上，流动人口也会更加积极地参与到承接政府购买服务的社会组织所开展的活动中去，从而增进其对本地区的归属感和认同感，并逐步提升其心理融入度和文化融入度。

（三）“长者饭堂”：提升社区居家养老服务质量

在流动人口的服务方面，社区的正式社会组织主要通过“长者饭堂”和发展针对困难群体的义工服务来促进非户籍居民和当地居民之间的融合。“长者饭堂”通过整合老年人活动中心及居家养老服务中心等养老服务资源，对现有设施场地装修改造，采取购买单项服务的形式，由Y社工服务中心运营，统一制作、统一配餐、统一管理，并调动社区、志愿者、邻里等力量，积极开展老年人送餐助餐以及集中用餐服务。[①] 对年满60岁以上户籍及流动人口老年人，采取“政府补贴一半，长者自费一半”的方式，提供半价就餐服务；对困难特殊的老年人给予免费。同时，为他们举办一些康娱性项目，如聘请专业老师教授舞蹈、柔力球等；也举办一些才艺大赛或Z市文化介绍，让非户籍老年人学习Z市传统文化，使之能走出家门、参与社区建设，同时了解Z市文化。

长者饭堂项目最初有一百多人，现在已发展到四五百人，通过以旧带新的方式，慢慢地让更多的老年人参与到该项目之中。通过非户籍居民与当地居民之间的互动来消除社区居民之间的隔阂和误解。如Y社工机构的社工所介绍的：

> 本地居民会认为流动人口侵占了他们的资源和各种机会，等等。在这个过程里面，特别是长者这一块，我们做得比较多的是让他们看到流动人口会帮助他们。我们很多义工，在参与社会活动的意识和能动性方面要比本土的高，我们很多的活动他们参与的兴致都高很多。因为他们都是一些高素质的群体，在这里定居的老年人，一般都是他们孩子在这边定

① Z市社工委. 和谐·发展：二〇一九年Z市社会工作课题集［R］，2019.

居，是随迁父母，他们整体素质都会偏高一些。然后他们在参与义工这一块，投入都是大很多的。在他们不断做义工的时候，本地人也会不断地意识到，流动人口也在不断地帮助他们，这可以减少中间的误解。

（四）正式社会组织发挥沟通和孵化社区自组织的作用

除长者饭堂之外，Y 社工服务中心还孵化、培育了 33 个草根组织，如把班级培育孵化成社会组织，然后让它们再去关怀本社区的一些困难群众如残疾人等，这些草根组织的绝大多数成员是非户籍老年人。如前所述，目前 ZS 社区流动人口已超过 3 万人，数量是本社区户籍居民的 3 倍。原来本地居民与流动人口时有矛盾，影响社会稳定。2012 年，该社区成立 SK 和谐促进会。借助这个机构，既可以为流动人口提供所需要的管理服务，同时更为重要的是可以调解社区内发生的各种纠纷，包括化解流动人口与本社区户籍居民之间的矛盾，这有利于增进他们彼此之间的了解和感情，从而在一定程度上促进了本社区的和谐稳定。2008 年至今，该社区从未有涉及邻里关系的上访案件。可以说，通过扶持 SK 和谐促进会等社区自组织，增强了社区非户籍居民的归属感和凝聚力。

（五）正式社会组织搭建流动人口的社会网络

Y 社工机构还通过提供服务推进流动人口与本地居民的交往。其中一些由流动人口组成的义工团体，积极投身助老义工服务，通过一系列长者服务活动，搭建长者的社会支持网络，让他们得到足够的关怀："特别是那些不能出门的，会推他们走出社区，让他们的社区网络得到进一步加强。"此外，在优抚方面有"红色护卫"，就是老兵去做义工，去服务一些重点对象，通过分享"红色故事”给社区青少年，让青少年了解一些参军援军的事迹，鼓励他们积极参军。Y社工机构还创建了红色的“革命之家”，让重点的优抚对象能够相互支持、相互加油，减少对政府的不满和对政策的误解：

> 社工服务带动这些群体帮政府减少了不少的问题，优抚对象觉得政府购买服务来服务他们，自己的幸福感大大增强了，感到非常满意。

二、社区自组织与流动人口桥接型社会资本的获得

当下流动人口对结合型社会资本的过于依赖，一方面展现出传统的中国人际交往模式在城市化进程中的调适，并保持原有的生命力；另一方面，也说明相当一部分流动人口仍处于一种半融入状态，这种状态是属于亚文化和亚群体式的。所以，他们迫切需要从社会性层面和文化性层面，通过有效途径，推动自身与居住城市社区之间进一步的社会融入。[①] 换言之，流动人口要想真正融入当地社区，除个体社会关系网络的建立外，还必须建立起跨越不同社会阶层及群体边界的桥接型社会资本。流动人口通过参加各类社区自组织，使其社会认可程度不断提升，桥接型社会资本不断增加，也推动了其社会融入。ZS社区的社会组织既包括以群众生活为主的文艺队，也包括参与社区治理的业主委员会、志愿服务队等，这些社会组织实现了组织间的沟通与互动，扩大了社区居民的社会网络，由此也产生了桥接型社会资本。

---

① 刘芳．桥接型社会资本与新移民社会融入：兼论社会组织与基层社区对新移民融入的推动作用［J］．学习论坛，2015（11）：67－72.

(一) 流动人口借助社区自组织获得了桥接型社会资本

来自江西省的W女士是ZS社区的非户籍常住居民，她发起成立了ZS社区第一支由流动人口自发成立的文艺队，队员分为两个部分人群：一部分是七八十岁的老年人，另一部分是青少年。文艺队原是以武术练习为主要内容的“M小分队”，此前在ZS社区没有针对流动人口的活动队伍，随迁老年人除了带孩子之外生活比较单调。

在社区组织和社区活动方面，M小分队的负责人表示：

因为当时像张家边那些地方，他们本地人有这种组织。但是当时还是有一点点受地域差别，好像还有点排斥外来的。主要不是别的，就是语言不通、习惯不同，所以你跟他们在一起也有点不合拍。

她们(非户籍居民——笔者注)说，你一定要带着我们玩，我们买完菜送完孩子就没啥事了，我们想像本地人一样组织一个队伍，带着我们跳舞唱歌娱乐健身。我就想，那我就把我所学的、所会的教给大家，而且我们是在妇女节那天成立的，所以我们就取名叫“木兰小分队”。

于是，在K区有关部门和ZS社区居委会的大力扶持下，M小分队发展成为了以流动人口为主的K区文艺队。文艺队经常组织空巢老人、新留守儿童自编自创小品或演唱节目，以增强流动人口与本地居民间的交流与互动；同时，文艺队还经常组织社区各类居民，尤其是非户籍常住居民参加各类比赛、会演，提升流动人口的凝聚力、向心力和成就感。通过代表K区参加“Z市英才，走向世界”才艺邀请赛，文艺队也接触到Z市的各类社会组织和群体。现在文艺队逐步向传承与弘扬传统文化的方向转型发展，除了歌唱之外，还开始排练京剧和戏曲，主编作品获得了本组织成员、社区居民和其他社会组织的认可。

经由文艺队与不同社会组织的交往互动，流动人口与本地居民等不同群体得以平等交流、共同参与，其相互间的认同度不断提高，尤其是流动人口的在地归属感和主人公意识不断增强，许多既有隔阂乃至社会矛盾和利益冲突也因此逐渐消弭。在文艺队的带领下，ZS 社区社会组织之间的网络不断扩大，社会融入的氛围逐渐形成，流动人口也较好地融入其中。可以说，通过社会组织间的合作平台的搭建和全面的政策支持等，借助外力的激发和推动，流动人口成功地搭建起新的桥接型社会资本，改变了其亚文化式半融入状态，实现了其在流入地的社会融入。

（二）流动人口借助社区自组织获得了社区认同感

通过各类社会组织形成的桥接型社会资本，进一步提升了流动人口对本地的认同感。除了文艺队之外，业主委员会、SK 和谐促进会、志愿服务队等也在流动人口的社会融入方面发挥了重要作用。SK 和谐促进会为流动人口提供多种内容的管理服务，它通过调解处理民间纠纷，有效地化解了流动人口与本地居民之间的隔阂，增进了相互间的感情，促进了社会稳定与发展。在对于自组织的需求方面，流动人口中的长者对组织活动的需求量更大，参与的热情也相对较高。如社区文化促进队的一位队员谈到：

> 我的团队人都是属于退了休的，也没几个年轻的，都是属于 50 岁以上的这些人……参加这些活动，反正最起码你能从心情上觉得是愉悦的，能帮一点小忙，能做自己一点力所能及的事情，我觉得还是挺欣慰的。有一次捐衣服的活动，我都病得要晕过去了，但是我一直在挺着，在那一直坚持到晚上。坚持到晚上又要把衣服分类，还要清洗消毒。咱们这

儿天气不太好，回南天，衣服发霉，所以要一袋一袋拿出来洗。但是做完这个以后，心里还是很舒服的，能把一些小爱献给有需要的人，从这过程中自己也收获了快乐。

M小分队和老年协会也存在类似的情况。青年志愿者协会的参与对象则较为多元，有退休老年人、在职年轻人，也有整个亲子家庭。如M小分队负责人所言：

我的队伍从2006年到现在也10多年了，我一直在坚持，宗旨就是让大家高兴，那么我也高兴。这些队员基础也一般，我让他们都来练，反正来自五湖四海，大家都挺高兴的。而且经过我的严格训练，他们上舞台像样了，对我来说是一种成就感。作为我个人来说，我就觉得每次拿出一个节目，或者策划一个节目，我就很有成就感，大家也很高兴。

社区自组织促进了流动人口，尤其是其中的老年人走出家门，通过志愿和公益活动提高了他们的自我效能感。

亲子志愿服务队也是ZS社区一个比较重要的社区自组织，主要开展以亲子为核心的义工服务。其中有三分之一的志愿者是本地人，其余为流动人口。通过举办一些聚餐活动以增进志愿者间的联系，志愿者有时也会带着孩子一起聚餐。除了聚餐之类的活动，服务队还会开展绘画、书法、乐器等表演活动，主要是为了增强小朋友的相关素质和能力。事实上，通过志愿服务不仅提升了小朋友的各方面能力，而且也增进了流动人口与本地人口、不同地区流动人口之间的交流与互动，增强了流动人口对流入地的认同感。如一名非户籍受访者所言：

为什么我会进入这样一个氛围？因为做志愿者的，就是有爱心的人，有爱心就是善良的，思想境界也好。在这个志愿者平台上，我们能很快地融在一起。参加这个志愿者活动，我的眼界可以说是开阔了很多，也融入了本地的社会，心定了好多。

通过前述 ZS 社区社会组织提供的服务及其对流动人口的社会融入的作用分析可见，自组织是促进流动人口社会融入的关键一环。而作为承接政府购买服务的正式社会组织来说，主要是依托了其专业知识，发挥了培育草根组织和提供流动人口与本地居民互动的平台的作用，成为他们之间的桥梁与中介。但不论是哪种类型的社区社会组织，都为流动人口扩大社区社会网络打下了基础，在这个过程中，助推流动人口社会融入的桥接型社会资本也随之产生。

但值得注意的是，正如本章开篇所言，中度社会融入模式还与地方的经济发展程度和形势有关。目前大部分流动人口主要集中在经济发达地区，故而这种尚未稳固的社会融入状态可能会受到经济的影响而发生变化，从而反过来影响流动人口的社会融入状态。K 区属于经济开发区，区内各产业发展均衡，总体经济状况与发展形势良好，故而流动人口的经济状态暂时处于较为稳定的状态，但这种完全依靠经济状态的社会融入状态也会受经济发展影响。

中度社会融入还可能引发社会资本的路径依赖，目前这类人群虽然能够与流入地主流社会进行积极互动，但其主要交往对象还是以非户籍居民为主。以 ZS 社区流动人口 S、L、W 的交往对象为例，其主要活动圈子是以子女及随迁父母为主，看似其社会融入程度相较于低度社会融入更高，但他们之间的交往也会对其进一步融入本地文化产生一定的阻碍，进而进入一种社会资本的锁定状态。受访者 L 所呈现的社会融入状态就很好地证明了这一点，她积极地参与各类社区自组织和社工机构开展的各项活动，但对ZS社区的某些文化和生活习俗均抱着“不想学、不愿意学”的态度。虽然较之于低度社会融入模式下的流动人口，他们的社会融入程度相对较高，但这种社会资本的锁定状态也进一步妨碍了他们向更高层级的社会融入状态迈进。

本章小结

在Z市ZS社区，不同类型的社区社会组织并存，它们对于流动人口社会融入的具体作用路径是不同的。正式社区社会组织通过承接政府购买服务，提供无差别服务，并且承担培育非正式社会组织的责任，通过社会资源连接培育流动人口自发成立组织，进一步促进了非正式社会组织的发展和不同类型的非正式社会组织之间的合作，同时也为流动人口与本地人口之间的互动搭建了平台，发挥了促进流动人口社会融入的桥梁、平台和中介作用。非正式组织与正式组织在流动人口社会融入的不同阶段发挥的作用是不同的，在构建流动人口内部的关系网络和社会资本过程之中，非正式社区社会组织通过增加社会资本、提升认同感等介入路径促进了流动人口的社会融入。这两条自上而下与自下而上的作用路径，既互相独立，又彼此联系，呈现一种共赢的局面。[①]

其联动性形成了流动人口的社会融入机制，为流动人口的社会融入提供了良好的社会基础和多种可能的途径。尤其是社区自组织作为一种自下而上产生的社会组织类型，为流动人口的社会融入提供了桥接型社会资本，进而助推中度社会融入模式的产生。

---

① 刘祖云，彭灵灵．社区社会组织与非户籍常住人口的社会融入：基于Z市S社区的个案研究［J］．暨南学报（哲学社会科学版），2019（12）：68－78.

因此，在加强建设各种社区社会组织的前提下，提升社区自组织的组织能力和专业服务能力成为发挥其促进流动人口社会融入作用的重中之重。

值得进一步讨论的是，如何促进社区社会组织在流动人口社会融入方面发挥积极作用，进而促进流动人口的社会融入，是落实中央文件精神、促进城乡融合的重要渠道。通过本章研究发现，流动人口非正式组织的发展与培育具有重要的作用，因此注重非正式组织的培育是促进流动人口社会融入的一个关键点。但从非正式组织的发展来说，资源和制度的限制是其发展的重要瓶颈，未来如何增加对非正式组织的资源投入和政策支持是地方政府完善流动人口治理与社会融入的重要方面。同时也有学者讨论关于政府购买服务中基层政府的“低治理权”对社区形成专业治理的限制。[①] 因此，适度提高基层政府的治理权限，对进一步发挥社会组织的专业治理功能、提升专业服务的供给能力也具有一定意义。下一章重点分析枢纽型社会组织对流动人口连结型社会资本产生的作用机制和高度社会融入社区产生的过程。

---

① 陈家建，赵阳．“低治理权”与基层购买公共服务困境研究［J］．社会学研究，2019（01）：132－155.

第六章　社会组织促进流动人口高度社会融入的机制与表现

社会组织在充分发挥自身促进流动人口社会融入的积极作用的同时，还与其他组织和平台合作，共同培育、累积流动人口社会融入所需之社会资本，一同推进流动人口的高度社会融入。本章在探讨流动人口高度社会融入及其特征的基础上，主要从Z市CJ社区的枢纽型社会组织和“全民公益园”及其活动的分析入手，运用典型案例，基于不同类型社会组织的不同组织化程度以及社会融入的不同维度，深入探讨不同类型的社区社会组织所培育的社会资本对高度社会融入的影响和具体作用路径。

第一节　流动人口高度社会融入的特征

高度社会融入型流动人口在社会融入各维度都达到了较高的水平。他们通常在流入地与当地居民相互影响、彼此照应、相互接纳，他们有着共同的交际圈，在保留自己家乡文化的同时，逐步吸收当地风俗习惯并认同当地文化。他们既不忘初心，也在流入地落地生根、安居乐业。他们在经济融入、社交融入、文化融入和心理融入等方面均呈现出较高的水平。在经济融入方面，流动人口完全融入主流经济体系，具有与本地居民相同的就业机会和培训机会，在居住环境上，他们都在通过经济条件的改善而寻求生活环境更好的社区；在社交融入方面，由于深度的经济融入，社会交往的圈子开始扩展，不仅有本地居民的社会网络，也有与亲戚、朋友的社会网络；在文化融入方面，对自身原有的文化没有忘怀，但也尊重本地居民的文化习俗，办事过程中所遵循的风俗主要与交往对象的身份相关，而非一味追求与本地人相同；在心理融入方面，他们既认为自己是外地人，也认为自己是具有多重文化背景的本地人，非户籍居民与本地居民之间呈现的是一种相互欣赏、深度交融的状态。诚如一受访者所言：

> 我在D区待了16年，我老公就不太喜欢这里，住也住不惯，吃也吃不惯，但我就很喜欢这里，应该会长久地生活在这里。因为出来这么多年了，回家乡的话，很多朋友都已生疏了，工作性质也不相同，沟通有隔阂。我在这里参加的活动比较多，所以认识当地朋友也很多，唱歌的朋友，跳舞的朋友，茶艺班的朋友，经常邀请她们来家里玩，去我家乡玩。后来又加入了女企业家协会。我现在觉得我就是这里人，一开始不习惯，买了房子后，觉得慢慢就能融入这里了，现在觉得生活得很满足。

高度社会融入型流动人口对流入地还表现出一定的“主人翁”意识。他们有时还会通过社会组织的力量来为政府基本公共服务政策的制定建言献策。有受访者反映：

> 我是退休以后跟随子女来到D区，也有将近十年时间了，

算是新Z市人了，见证了D区的一步步发展。希望政府可以为我们这些老年人创造一些福利，如老年大学、老人交通卡、老年人免费的身体检查，可以将我们这些外地老年人也包括在内。D区的交通特别堵，而且很多路口只有斑马线没有红绿灯，还希望政府在规划的时候可以拓宽一下马路，安装一下红绿灯，给行人、特别是独自上学的孩子一个安全的道路环境。

高度社会融入型流动人口的“主人翁”意识和交往意愿相较于低度、中度融入型流动人口更为强烈。他们会积极主动地参与社会组织开展的活动，承担一定的社会责任，增进与他人的沟通交流。他们也因此得到了本地居民的认可，对自己为流入地所做的贡献而感到骄傲，给予自己以充分的肯定，并在文化交汇中传递自我价值观。如一受访者所言：

政府每年举办的“慈善万人行”活动我都会参加，可以尽自己的力量去帮助有需要的人。商协会联系民办学校来资助贫困流动人口家庭的孩子，我也积极响应。我在这个城市安居乐业，也愿意回馈这个城市。因为这里的居民都生活得很安逸，所以和本地朋友打交道的时候，也经常和他们讲我们温州人敢闯不怕输的精神。

高度社会融入作为流动人口社会融入的更高形态和更好状态，不是轻而易举就能达到的。相较低度、中度社会融入，高度社会融入型流动人口需要更多的时间和更多的财富积累，才能具有“留城”的能力。同时，还要求流动人口有主动交往的意愿和留城的意愿，以及本地居民对他们所做贡献给予的充分肯定，如是，才会使他们减少不适感和自卑感，才有更强烈的自尊感和自我认同感。所以，对于第二、第三代的流动人口来说，短时间的流入地适应是难以形成高度社会融入的。

在高度社会融入中，结合型社会资本、桥接型社会资本和连结型社会资本同时存在，同时发挥作用。流动人口得以全面融入流入地之经济体系和社会网络，在各个方面与流入地的居民相互接纳、彼此渗透、相互调适，从而共同生存和发展，达到高度社会融合的境界。在这其中，他们既保有自己的原有文化，同时也欣然认同流入地的文化；既能遵守流入地的处事规则，在社会交往方面也维系着来自血缘和地缘的人际圈子。达到这一目标的关键在于，社会组织不仅帮助流动人口获得结合型社会资本，将个体从以血缘和地缘为纽带的初级社会资本中抽离出来，不断扩大其社会互动的对象和阶层，在逐步建立桥接型社会资本的基础上，还为其提供了更为系统和稳定的连结型社会资本，从而促进不同层级流动人口与社会的互动，实现社会阶层的流动与互通。

在这种类型的社会融入模式下，流动人口不仅在制度环境和社会结构中处于一种与当地居民相互交融的状态，也在社会网络的构建中呈现多元文化、多个群体之间的深度融合。而枢纽型社会组织通过积极的运作，正好为流动人口获得这种上下交融、左右互动的宏观性社会资本——桥接型社会资本做出了重要贡献。这种类型的社会融入模式随着桥接型社会资本的润滑作用，也将帮助流动人口跳出社会资本路径依赖的怪圈。

为了更好地解释高度社会融入这一流动人口的社会融入类型，尤其是社会组织对高度社会融入的影响，本章选取 Z 市 D 区街道 CJ 社区作为典型案例，着力论述在连结型社会资本作为中介的条件下，社会组织促进流动人口实现高度社会融入的形成过程。本案例的主要资料来源于对 D 区街道 CJ 社区的深度访谈和非参与式观察，以及对政策文本、年度工作报告、相关工作总结和经验介绍等资料的查阅。访谈对象包括镇社工委负责人、承接社会服务的社区社会组织代表、全民公益园所在的社区居委代表、社区流动人口代表和社区居民等。

第二节　作为高度社会融入的CJ社区之特点

在社区枢纽型社会组织和“全民公益园”等社会组织以及其他组织和平台的协作共治下，Z市CJ社区的流动人口在经济融入、社交融入、文化融入和心理融入等方面均呈现高度社会融入状态（如图6-1）。

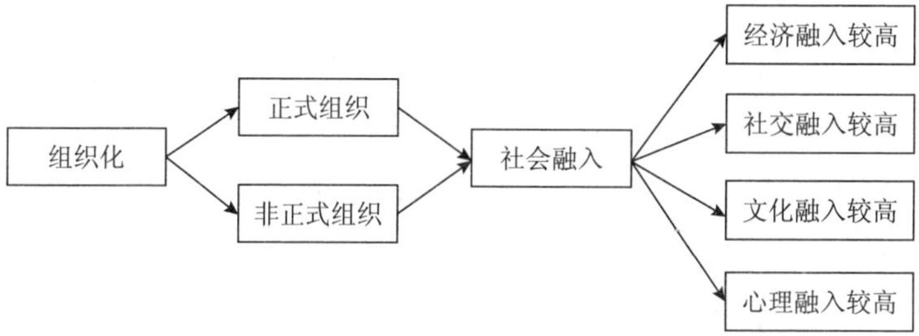

图6-1　社会组织作用流动人口高度社会融入

一、流动人口的经济融入程度高

CJ社区流动人口主要为企事业单位职工和政府部门工作人员，工作种类包括会计师、教师、公务员、医生等，户籍遍布全国各地（含港、澳、台地区）。其性别比例相对均衡，高级专业技术人才居多，收入普遍偏高，年收入10万元以上者超过85%。从居住地点来看，他们主要居住在CJ社区各物业小区，其中超过90%的人已在社区购置房产。其消费水平也很高，调查显示，家庭月消费高于7000元的超过70%。总体来看，CJ社区流动人口拥有稳定的职业和收入，居住环境好，经济融入程度总体较高。如来自安徽省芜湖市的受访者W所言：

来CJ社区很多年了，赶上了好时候，一来就到一家外企工作，收入也不错，有时候年终奖能发到十来万，很快就买了房子，车也买了，算是安家落户了。前两年又在另一个区买了套房子，每个月开销也大，不过也能负担得起，日子过得还不错。

二、流动人口的社交融入程度高

CJ社区流动人口的受教育程度较高，主要为大专至研究生学历，总体素质比较高。其交往对象呈现多样化特征，他们不仅与老乡、亲戚交往，也积极与本地人互动，还与来自五湖四海的异乡客交流，形成了良好的异质性社会关系网络。如来自四川省宜宾市的受访者F所言：

说实话，我们这个社区的外地人，普遍来说，受教育程度还是蛮高的，我们有参与社区活动的意愿。社区也支持，鼓励我们参与社区志愿服务；鼓励我们参与社区的自治组织，包括居委会与其他自治组织，允许我们进入社区委员会共治机构中发挥作用；允许我们与户籍居民同样有参与街道社工招聘的资格。这样一来，我们就能认识很多不同层次的社区朋友，哪里的都有，彼此关系都很好。

三、流动人口的文化融入程度高

文化融入是流动人口本土化的重要方面。社区归属感和认同感又是其中的关键因素。流动人口对流入地的生活方式、交往方式及当地历史文化的认同是其主要内容。CJ 社区充分利用、发挥自身的文化优势，在文化吸引、文化参与、文化服务的理念导向下，以“文化”及其活动为载体，吸引流动人口进行参与、分享和交流；并以“文化”为纽带，推进流动人口积极融入 CJ 社区和主动参与社区基层社会治理。因此，CJ 社区流动人口的文化融入程度相对较高。

四、流动人口的心理融入程度高

CJ 社区居委会认为，流动人口的社会融入问题归根结底是心理融入问题。他们通过搭建流动人口与本地居民沟通交流的平台，鼓励流动人口以健康、积极的心态融入城市生活，实现其心理认同；他们通过宣传、动员，鼓励本社区流动人口积极参与 Z 市及 CJ 社区的公共生活，与本地居民打成一片。流动人口对流入地产生同本地居民一样的社区归属感，流动人口针对本地居民的心理隔阂身份开始消除，当地身份自主产生。受访者 K 对流入地抱有十分深厚的感情，认为自己已经是 D 区人：

> 总体来讲，现在很习惯这边的生活，无论是气候，还是人际交往都很适应，这边的管理啊也很规范，政府都很规范的，我们自己家乡办事情，还要找找人，这边不需要的，比较开放，包容性也高，我蛮喜欢这里的，户口也迁过来了。回老家？家乡也没有上一辈的老人了，这边就是我的家，很多年了，已经落地生根了。

第三节　构建流动人口社会融入的连结型社会资本

流动人口的情感支持和经济互助得益于结合型社会资本，但这种以血缘和地缘为基础的社会资本也阻碍了流动人口打破群体之间的界限。然而，在某些重大危机或特定情形面前，流动人口则需要借助群体和组织的力量，这就必须搭建更为可靠、更为高级的社会资本——连结型社会资本。流动人口能否实现组织化、能否将组织置于制度环境中，从而建立较为宏观的连结型社会资本对其能否深度融入具有重大意义。那么，社会组织在助推流动人口实现社会适应中起到了何种作用？是如何起到这种作用的？本节将对这些问题进行探讨。

一、社区适应：流动人口融入社区的重要体现

流动人口要想真正深层次地融入社区，除了在经济上获取结合型社会资本和桥接型社会资本提供的各类帮助之外，还需要实现社区层面的社交融入和心理适应，这是他们扎根流入地和事业长远发展的必要条件。经济条件的适应可以帮助流动人口立足于流入地，但社会心理层面的适应才是流动人口找到心理归属的重要环节。社会心理层面的适应主要指流动人口与城市居民互动的行为方式和日常生活方式方面的适应。① 而社区是流动人口城市生活的落脚点，他们与城市居民的交往主要体现在与社区居民的交往，因此社区层面的适应是考察流动人口社会融入的重要标准。一般而言，社区适应有很强的群体性特点，主要表现在：社区居民闲暇时间的利用和安排、与社区本地居民或其他居民的交往、对社区组织及其活动的参与与交往、与流入地政府管理部门的关系、对流入地基层管理部门的看法和感受等。② 而社区适应的顺利

---

① 朱力．论农民工阶层的城市适应［J］．江海学刊，2002（06）：82－88．

② 王春光．新生代农村流动人口的社会认同与城乡融合的关系［J］．社会学研究，2001（03）：63－76．

实现，需要社会组织充分发挥协助流动人口构建连结型社会资本的功能作用。

（一）对闲暇时间的利用和安排

在缺少组织协同的前提下，流动人口对闲暇时间的利用并不具备城市生活方式的特征，或者说其特征不太明显。除了部分家庭很重视子女的教育①之外，大部分非户籍居民将主要的时间分配在团体内部的生活娱乐上，或者主要花费在打牌和看电视等消遣上。而社会组织通过组织社区活动，则将流动人口吸引进来，通过闲暇时间的活动，与户籍居民形成生活的交集，进而帮助其更好地实现社会适应。

如前文提到的G镇LH艺术团，成立于TY工业园。TY工业园是G镇的一个新兴工业园，园区居民多为流动人口。该艺术团原名“舞之缘健身队”，其成立源于Z先生（LH艺术团的主要负责人）下班经过一个广场看见几位老年人在跳舞。这几位老年人在工作结束后想锻炼身体，就相约自发组成舞蹈队，当时的场地没有任何设备，也没有特别好的辅助设施。Z先生是那片小区的物业管理者，见此情形就很想支持他们，于是跟公司沟通，挑选一个较好的场地并投资近5万元搭建舞台，还购置了一些健身器材。这件事得到了政府的认可，且向他们提供了一些健身器材。LH艺术团由此初具雏形。LH艺术团为TY工业园流动人口对闲暇时间的利用提供了机会，由其主导的“TY一家人”项目开展期间，众多的非户籍居民前来报名参加，有效地促进了非户籍居民之间以及非户籍居民与户籍居民之间的有效沟通。此外，每逢中秋节、国

① 其实重视与否很大程度上取决于其子女的学习状况，如果子女学习成绩实在很差，且他们自己又无心学习，家长一般也并不强求。

庆节、元旦、春节等重大节日，艺术团都会举办广场舞，每年开展六次以上的大型广场舞表演活动，规模均不低于1000人，这为非户籍居民获取更高层次的社会资本——连结型社会资本提供了可能。

（二）与社区居民的交往

流动人口若想打破群体区隔，实现更高层次、更主动的社会融入，必须要实现与本地居民的长期性、持续性互动。这种互动是流动人口扩展异质性人际关系的重要手段，也是扩大其社区关系网络的重要方式。邻里之间的活动、社区公共事务的参与是流动人口感受主人翁感和归属感的重要渠道，且这种归属感会降低流动人口的社会排斥感。正如英克尔斯（Inkeles）所认为的那样，由于目前流动人口的主要活动范围局限在亲戚、同乡中，且在社区内部，即使有些许互动，也仅仅局限在与房东、社区商店的互动中，故而难以真正与本地居民实现实质性互动，这大大阻碍了流动人口对城市的认同感。① 史密斯（Anthony J. Smith）指出，居民经常活动的地域范围和历史经验是其产生国家认同的较为重要的因素。② 其中，社区居民共同生活的经历或者交往经历就是历史经历，而这种经历的实质就是社区居民之间的持续互动；居民经常活动的地域范围也是非户籍居民建立社会认同的前提和基础。而目前社区里的社会交往状况很难导致社会认同甚至社区认同的产生。部分非户籍居民的语言和生活方式迥异于本地居民，也有部分非户籍居民的留居意愿不明确，因而难以真正产生社会认同。此时通过社区社会组织这一载体，引导流动人口更快地适应城市

① 英格尔斯. 人的现代化［M］. 殷陆君，译. 成都：四川人民出版社，1985.
② 朱力. 论农民工阶层的城市适应［J］. 江海学刊，2002（06）：82-88.

生活，通过组织化途径与本地社区居民进行交往，扩大其交往面，对非户籍居民获得社区认同异常关键。

以社会组织为中介，流动人口与本地人之间构建了较好的信任关系，这为流动人口社会融入提供了保证。以 QZ 志愿服务队为例，在其开办的 XH 学校中，既有流动人口的子女，也有本地人的子女。社工 L 提到：

以前本地老年人“护犊情结”较重，送孩子上学一定要亲自送到学校里面，这会造成学校交通和管理秩序的混乱，后来随着志愿服务队社工的调解、定期举办各种亲子互动活动、加强流动人口与本地人的交流，老年人对服务队的信任有所提升，送孩子进校的频率也逐渐降低。

这缓解了由此造成的交通和管理的问题，同时也促进了流动人口与本地居民之间的交流和信任。

（三）在流入地的组织参与和认同

如前所述，流动人口参与社会组织可以帮助其快速融入城市。究其原因，社会组织鼓励、吸收非户籍居民参与其组织及其活动的主要目的是为了让非户籍居民获得社区归属感，从而实现社区适应。社会组织的参与会让社区成员满足交往需求、实现自我教育和自我发展，反过来对其经济适应和身份认同起到积极作用，如获得社区两委的选举权与被选举权等①。但在社会组织尚未壮大和发展之前的时期，流动人口没有过多的机会参加社会组织，也没有适合其参加的社会组织，还有部分非户籍居民并不知道社区有合适的社会组织可以参加。访谈中发现，社区非户籍居民往往

---

① 宋言奇．城市流动民工心理社区的构建：以大连市的个案分析为例［J］．南华大学报，2004（02）：106－109.

忙于自身的工作或子女教育，对社区组织的知晓度非常低。如部分社区的工会组织可以吸纳流动人口的参与①，但众多城市的工会组织并未有效整合非户籍居民加入，这使大部分流动人口处于游离或散居状态，难以主动形成社会认同。

然而，随着政府对社会组织的大力培育和支持，社会组织的发展逐渐兴盛，这对提升流动人口的社会认同和提高其社区参与度大有裨益。如经常参加志愿服务的流动人口代表L先生认为：

> 我们就从身边做起、从自己做起，影响身边的人和身边的员工，通过这样不断地努力，让外来工们看到这样做会得到认可，这也是榜样的作用。此外参加志愿者组织可以推动外来工和本地居民的融合，使他们的归属感更强。为什么我会进入这样一个组织？其实做志愿者的，有爱心的人就是善良的，思想境界也会更高。在这个志愿者组织平台上，他们就会很快地融在一起。参加志愿者活动，我的眼界开阔了很多，也融入了本地社会，心定了好多。

（四）与流入地政府管理部门的关系和感受

在流动人口社区认同感的形成上，流入地的政府管理部门把非户籍居民视为重点关注的对象，这是实现社区适应的重要方面。流动人口要想形成社区认同，还需要获得当地政府部门的认可与扶持，而不是对其区别对待。基本公共服务如就业资源、社会资源和教育资源等如果不能实现均衡分配，非户籍居民对流入地的认同感就会大大降低。在生活方面没有太大区别的情况下，一些非户籍居民认为，只要提到子女教育问题，他们便立刻觉得自己

① 王春光．新生代农村流动人口的社会认同与城乡融合的关系［J］．社会学研究，2001（03）：63－76.

还是外来流动人口，因为子女的受教育资源与本地社区居民的子女不一样，即使在社区居住多年，这种差距依然存在。

此外，某些当地政府部门也确实没有为流动人口提供切实有效的服务。因此在现实中，当非户籍居民的利益受损时，他们更多的是求助于亲友而非寻求当地政府部门的帮助。如在某些发达的农村社区，由于社区实行股份制改革，户籍居民拥有参与村集体经济分红的权利，故而针对非户籍居民开展的各项服务少之又少。某些社区“两委”[①] 往往因为害怕得罪“本村人”，在服务提供的过程中不得不写明“只针对本村居民”，进而也降低了非户籍居民对社区两委的信任感和对社区的认同感、归属感。而社区社会组织则通过参与社会化动员、优化社区资源、实现市场化资源配置，为流动人口提供优质的、多样的专业化服务，获取社会合法性，由此促进连结型社会资本的产生。

二、文化认同：流动人口融入社区的深层表征

除空间认同和情感认同之外，文化认同是流动人口高度社会融入的深层表征。流动人口逐渐接受与适应流入地社会文化，并在流入地建立良性的互动交往，逐步形成相互认可，与流入地户籍人口相互适应和相互渗透就是社会融入的过程。[②]

在这其中，流动人口既保有自己的原有文化，积极推广和扩散流出地风俗，同时也对流入地风俗习惯非常了解，欣然认同流入地的文化，他们和户籍人口对彼此的风俗习惯和语言相互尊重。达到这一目标的关键在于，社会组织不仅帮助流动人口获得结合

① 系指社区党委、社区纪委。

② 周皓. 流动人口社会融合的测量及理论思考［J］. 人口研究，2012，36（03）：27－37.

型社会资本，将个体从以血缘和地缘为纽带的初级社会资本中抽离出来，不断扩大其社会互动的对象和阶层，逐步建立起桥接型社会资本，还为其提供更为系统和稳定的连结型社会资本，从而促进不同层级流动人口与社会的互动，实现文化认同和社会阶层的流动与互通。CJ 社区社会组织主要通过开展平台活动。

（一）开展平台文化活动

在 CJ 社区，为了促进流动人口的文化融入、提升流动人口的文化融入程度，D 区政府及各类社会组织纷纷搭建各种文化平台，充分利用文广服务中心、市民文化中心、社区文化中心等文化活动场所，经常举办流动人口与当地居民共同参与的文化交流活动，如楼宇大厦文艺演出、收藏作品展、社区特色文化巡展、文化艺术讲座、楼宇运动会、楼宇歌会和中华经典诵读会等系列活动；博物馆、图书馆、公园等相关设施免费向流动人口开放，不断丰富其文化生活，使其接受文化的熏陶。

（二）开展宣传及表彰活动

编辑、印制、发放适合流动人口快速了解 CJ 社区、融入本地文化的宣传手册；开展“感动社区好邻居评选”活动，通过征集社区好邻居线索和感人故事，制作和谐邻里宣传板报，对评选出的文明家庭、文明市民、流动人口中涌现出来的好人好事进行广泛宣传、表彰，推动社区形成爱邻、睦邻、助邻的良好风气。通过社区文化居民区巡展、展板宣传和小册子发放等活动，吸引流动人口关注社区、融入社区。这些大大增进了当地居民与流动人口的感情交流和相互理解，尤其是激发了流动人口强烈的社区归属感和文化认同感。

（三）开展教育培训活动和志愿服务活动

为进一步调动流动人口参与社区各类培训和志愿活动的积极

性，社区社会组织还为流动人口制订了服务性的“家园”计划。统一制作社区流动人口“家园”卡，根据社区流动人口的实际需求，为其提供城市精神、文明礼仪、社情概貌等基础知识普及课程（必修课），以及金融理财、计算机基础、乐器演奏、摄影入门和广东话学习等课程（选修课），供其学习。通过发放免费试听券等形式，鼓励流动人口参加社区各类公益培训活动；采用“家园”卡积点奖励的形式——两年内完成所有必修课程并参与社区志愿活动5次以上的社区流动人口可凭“家园”卡换领社区手册（免费参观社区相关景点），或免费参加社区学校开设的兴趣类课程。文化知识与专业知识传授同时进行，满足不同需求，特别是方言培训，不仅减少了流动人口与本地居民的沟通障碍，同时也在向其输出本地文化。社会组织切实考虑流动人口的实际情况，把培训课程安排在晚上和周末，保证更多人的社会福利权益，让更多的人在学习知识、享受知识、传播知识的过程中提高自身素质。

为推进垃圾分类工作，他们开展了“清洁家园”志愿服务活动，组织社区居民对小区的积存垃圾杂物、小广告和小招贴等进行清理，对道路、绿化带、树丛等进行清扫，打造环保整洁的社区生活环境，推进了文明小区、文明楼院、文明楼道的创建工作。还广泛开展了以家庭、楼道、楼院为单位的关爱孤寡老人、关爱残疾人、关爱未成年人等志愿服务活动。这些学习教育活动的开展和志愿者活动的推广，极大地促进了流动人口的社区融入，使其尽早成为社区家园的一员。在活动中，流动人口积极参与志愿活动并与当地居民互动，因此文化融入程度较高。

（四）开展邻里关爱主题睦邻活动

CJ社区不定期举办“CJ邻居节”。2018年1月，社区社会组织牵头举办了以“相知、友爱、和谐”为主题的第八届社区邻居节。历时两个多月的邻居节，以丰富的内容和新颖的形式，吸引了2000多人次参与到30余场邻里交流的活动之中，营造出“构建和谐社区、共建美好家园”的良好社区氛围。在活动中，居民们围绕主题开展了“社区趣味运动会”“邻里厨艺”等居民群众乐于参与、便于参与的活动。开展“邻里孝行交流”和“晒家规家训，讲我家故事”，以及一系列邻里关爱活动，让居民们充分感受“远亲不如近邻，近邻胜似亲人”的浓厚氛围。借由CJ社区居民自发组织和参与，已然形成了一个邻里间相互交流、增进感情的良好平台。突出文化活动吸引，用优秀文化教人育人化人，是邻居节的主要特色。“睦邻友好，相互帮扶”已经成为CJ社区的品牌文化，融入社区居民心中。

流动人口与城市居民由于长期受不同成长环境和家庭背景的影响，分属于两个不同的文化群体。对于流动人口来说，他们或认同城市居民群体文化但不享有优势群体地位，或不认同城市居民文化。以“文化为纽带”的社会融入模式主要是通过文化交流、文化感染、文化享受来达到流动人口的内在认同，从而促进流动人口社会融入的模式。这种高度社会融入的典型特征需要深厚的文化底蕴，一般是以文化为特色。可以说，在Z市，D区最为成功，CJ社区最为典型。CJ社区正是以文化为纽带来推进流动人口社会融入的。

在CJ社区，流动人口控制自身社会融入的行为抵触，而以开放的心态吸收当地文化，尊重当地的风俗习惯，从饮食、待客到深层次的交流方式，都尝试树立文化认同。他们对于自身优秀的乡风民俗并不舍弃，同时认同并接受本地的习俗文化。有受访者认为：

我觉得这里举办婚礼很有意思，和我们家乡还是有很大区别的，很新奇，每次在这里有人邀请我参加婚礼、满月酒，我都特别开心地参加。

我们家乡连炒青菜都要放辣椒，可是这里的饮食都很清淡，吃久了也觉得清淡有清淡的美味，对肠胃也很好，现在粤菜、湘菜我都很喜欢。

随着流动人口的加入，本地居民也从丰富本地文化的角度来看待文化碰撞和交流，他们减少传统思想的排外心理，积极转换心态，以更加包容的心态看待和适应外来文化与本地风土人情的结合。社区组织不仅促进流动人口和本地人口共同参与社区公共事务，增强他们对社区的认同感和归属感，让不同户籍的社区居民融入劳动分工体系，而且还让他们融入共同的文化体系和价值体系。他们引导主流文化健康合理发展，帮助服务对象积极融入社会，增加政府与社会公众间的有效沟通，进而提高社会成员对政府的信任度与好感度，减少非理性情绪的产生。他们以流动人口的适度融入为切入点推动整体融合，充分发挥社区社会组织的作用，帮助搭建社区参与平台，通过居民参与形成社区的价值观，同时开展一系列的活动和社区服务来传播社区文化，增强居民对所在社区的认同感。他们以其理念和价值观等给社会主流文化注入活力，引导社会主流文化的正向发展，营造和谐的文化氛围，促进流动人口的社会融入和社会的和谐稳定。

三、枢纽型社会组织：构建流动人口社会融入制度化网络

前述研究已经表明，微观层面的社会资本和中观层面的社会资本对流动人口的社会融入均能产生积极作用，社会组织通过提供这两种社会资本帮助流动人口融入社区。但无论是上述哪种社会资本，其本质都是个体性的，主要作用于个体需要的满足。但

若想实现非户籍居民群体的共同利益和深度融入，连结型社会资本需派上用场。连结型社会资本在社区适应的基础上，通过联动个体、组织间和团体之间的资源，形成流动人口社会融入的制度化网络。因此，流动人口通过社区枢纽型组织开展结社行为，借助连结型社会资本构建宏观的制度化社会网络，从而更好地融入社区。

就枢纽型社会组织而言，它具有更强的实质合法性，与政府的合作关系更紧密，有许多枢纽型社会组织实际上是政府主导的，它们通过全方位、多层次、宽领域的资源连接，培育社会组织，提供更高层次的连结型社会资本，为流动人口提供全方面的服务。由此可见，枢纽型社会组织的社会资本动员能力更强。

（一）枢纽型社会组织通过连接资源直接为流动人口提供服务

流动人口在闲暇时间的利用、与本地居民的交往、参与社区组织和对政府部门的看法四个方面的适应情况显示了其社区适应的程度。但若要进一步融入社区，社区适应仅仅是基础，制度化的、宏观性的社会网络才是流动人口最终融入社区的关键性因素。而枢纽型社会组织在快速、持续性地为流动人口提供连结型社会资本上具有很大优势。虽然枢纽型社会组织在称谓上不尽相同，如社会组织孵化器、社会组织联合会、社工工作中心、社会创新中心等①，实质上是联合性社会组织，其本质作用是推进社会治理、构建社会资本、促进社会组织发育和自我完善机制的健全②。

① 张荆红，丁宇．依联盟何以可能？——中国枢纽型社会组织与国家之关系及其改革走向［J］．北京师范大学学报（社会科学版），2018（06）：131－140．

② 马永斌．枢纽型社会组织的理想类型与发展路径——以社会组织孵化中心为例［J］．法制与社会，2019（01）：127－128．

尤其是构建社会资本和促进社会组织发育两个功能，对枢纽型社会组织而言更为突出和重要。

枢纽型社会组织与构建社会资本有着天然的联系，它有利于社会组织提升声誉、构建各类支持网络、推动社会组织间的合作。枢纽型社会组织天然具有培育社会组织的功能，它是社会组织的孵化器，有利于引导和培育社会组织更好地适应社会需求。故而枢纽型社会组织相较于一般的社会组织，在流动人口的连结型社会资本的构建上更具优越性，它可以汇集的资源和社会网络是纵向且宏观的，比单个的社会组织所能汇集的社会资本更为全面和体系化。枢纽型社会组织首先通过更大范围的资源连接，为流动人口提供全方面的服务，从而促进流动人口在各个领域的发展。

以Z市D区为例，“创益J城”这一品牌就是一个专门为推进流动人口社会融入而打造的公益品牌。如今，“创益J城”不仅是一个公益品牌，而且成长为一个具有完善的内部治理机制的社会组织。它以“创益J城”行动为核心，致力探索乡镇公益模式，关注草根组织的专业化发展并提供支持，其主要工作有公益项目培育、公益人才培养、公益资源整合、公益文化传播、志愿服务推广等，是一个典型的具有枢纽型社会组织特点的组织载体。“创益J城”通过举办公益创新大赛，征集涵盖妇幼家庭、少年儿童、老年残障等类别的公益项目，其中有一个类别“新老D区人融合”就是专门针对流动人口社会融入的服务项目。截至2018年，“创益J城”共征集了10个有关流动人口社会融入的社会服务项目，并由具体的社会组织承接（详见表6－1）。这些社会服务项目的主要服务对象为流动人口，社会组织充当了资源整合和服务整合的桥梁，为流动人口桥接型社会资本的构建创造了有利条件。

表 6-1　D 区“新老 D 区人融合”征集项目一览①

项目名称	实施组织
情牵候鸟 爱在 X 乡——关爱留守儿童活动	情牵候鸟 爱在 X 乡公益活动组委会
童心同城——新 Z 市人子女心理关爱工程	Z 市 Y 社会工作服务中心
篮球梦促共融——新老 Z 市人融合促进计划	L 篮球协会
艺术人生——F 学校外来工家长艺术培训	F 学校红领巾亲子义工队
七彩课堂——外来子女课余辅导计划	Q 志愿服务队
小雏菊——关爱外来务工子女行动	B 社区志愿服务总队
LS——关爱外来人员融入活动	LS 志愿服务队
QC——关爱外来子弟素质提升项目	QC 志愿服务队
舞邻大汇，以舞睦邻——新老沙口人融合计划	SK 社区公益服务中心
溢爱东区，快乐成长——新老小榄人融合计划	DQ 社区公益服务中心

（二）枢纽型社会组织通过组织培育构建制度化的社会网络

枢纽型社会组织帮助流动人口构建连结型社会资本的第二个

① 资料来源：访谈资料（编号：2018071301）.

表现是通过组织培育构建制度化的社会网络。前述研究表明，流动人口可以通过各类社区社会组织获得以血缘、地缘和业缘之外的社会资本——桥接型社会资本。但对流动人口而言，社会融入还包括对整个社会结构的认识和深层嵌入。故而单个社会组织所提供的社会资本还不足以让流动人口更深层次地融入社区。而枢纽型社会组织则可以通过培育各类社会组织，尤其是以流动人口为主的社区社会组织，发挥其本身的资源枢纽作用，为流动人口提供更为宏观的社会资本，实现社会组织之间、社会组织与社区居民之间、社区不同群体之间和社会组织与当地政府部门之间的良性互动。

为推进社会治理创新和流动人口的社会融入，Z 市开展了“全民公益园”计划，在 Z 市的试点镇区都建有全民公益园。全民公益园的主要功能是进行社区公益成果展出、公益项目集群、公益交流、社会组织孵化、个人公益创新、公益创投、联动综合服务和资源集散等。全民公益园的建设由各个镇街的社工委牵头，由社会组织联合会和社会服务中心负责运作。全民公益园作为枢纽型社会组织主要通过构建各种宏观性的社会网络，帮助流动人口获得连结型社会资本。

一是通过品牌驱动、资源统筹增强社区社会组织的品牌策划能力和资源统筹能力，从而帮助参与这些组织的流动人口获得组织之间的社会资本网络。以 Z 市 D 区全民公益园为例，该枢纽型社会组织鼓励辖区内的社会组织和本地志愿服务组织充分利用相关的公益品牌，结合自身的服务宗旨和策略，为服务项目争取资金、场地、设施和志愿者等必要资源。目前，在 D 区全民公益园的努力下，D 区共有两个公益品牌，分别为上面提及的“创益 J 城”和“BA 公益创投”，社区社会组织在这个过程中实现了组织间的互动和交流，扩大了组织的社会网络。

二是通过项目申请与竞投，实现社区社会组织与政府部门的积极互动，从而帮助流动人口实现与当地政府部门之间的良性互动。D 区全民公益园也是 Z 市具有代表性的枢纽型社会组织之一。以公益创投为例，在全民公益园的组织下，D 区已经成功征集了 208 个公益项目和公益创意，近 1000 个志愿者和社会组织参与了项目的开展，直接服务 D 区群众超过 8 万人次。[①] 在项目的申请与竞投过程中，全民公益园为各类社会组织与政府部门的对接提供了平台。社会组织不论是项目申请过程的前期调研，还是中期的项目开展，均与地方政府部门、社区居委会等进行了深入互动。而一些以流动人口为主的社区社会组织在此过程中也逐步获得合法性。

三是通过加强社区社会组织的能力建设和专业支持，提升组织的专业性和资源动员能力。枢纽型社会组织在促进流动人口社会融入的过程中，发挥更多的是枢纽性作用。由于社区居委会和政府相关部门的“触角”有限，枢纽型社会组织在促进流动人口社会融入方面可以更好地实现职能补充，它可以更有效地推进社区社会组织的能力建设和发展。如通过聘请专业人员，与专业社工组织合作，针对项目研发、项目培育、项目督导、项目评估、团队能力建设等方面提供专业知识和技能支持，不断提升社区社会组织的服务能力和专业能力。在这一过程中，以流动人口为重要依托的社区社会组织的社区动员能力得以进一步提高，社区内部各个群体之间的交流与互动也逐渐扩大。

综上所述，社会组织对于流动人口社会资本的获得具有重要的

---

① Z 市社工委．和谐·发展：二〇一九年 Z 市社会工作课题集［R］，2019.

作用。组织合法性这一特质对社会资本的影响是独特的。合法性对社会组织动员社会资本的能力产生了影响，因而具备不同形式合法性的社会组织促进了不同形式社会资本的产生。上文所述的商会和行业协会以及老乡会等组织、社区社会组织、枢纽型社会组织分别提供了结合型社会资本、桥接型社会资本和连结型社会资本，这三种社会资本层次依次提高。此外，具备不同合法性的社会组织的社会资本动员能力存在差异，所能提供的社会资本是不同的，其中具备形式合法性的社会组织的社会资本动员能力是最弱的，具备实质合法性的社会组织的社会资本动员能力处于中等水平，具备社会合法性的社会组织的社会资本动员能力最强。这对于如何更好地促进社会资本的产生，进而推进社会融入具有重要的启示。那么，社会资本又是如何促进不同程度的社会融入呢?

第四节　社会组织助推高度社会融入社区形成

随着公民权利的不断完善和公民社会的发展，城市人口的结社权利获得了一定的释放空间，从而形成了各级各类社会组织。社会组织的类型较多，有些内部结构较为紧密，有些则较为松散。社会组织在流动人口社会融入和社会整合中起到重要的功能性作用。在本案例中，D 区的社会组织集聚地——“全民公益园”起到了极其重要的作用。全民公益园位于 CJ 社区，是公益交流平台、公益项目集群基地和社会组织孵化器，以资源共享的方式为社区社会组织提供多种服务，进而扶持公益性社会组织和社会企业发展。可以说，全民公益园这一社会组织联合体促进了高度社会融入社区形成。如前所述，社会资本的累积具有递进性，在 CJ 社区，结合型社会资本和桥接型社会资本的获取为连结型社会资本的产生打下了良好的基础。因此，笔者在简要论述结合型社会资本、桥接型社会资本形成过程的基础上，重点分析社会组织是如何帮助流动人口累积连结型社会资本的。

一、社会组织与流动人口结合型社会资本的获得

高度社会融入的实现，离不开结合型社会资本和桥接型社会资本的获得，这是流动人口建立社会网络的重要途径，主要表现为两个方面：一是积极构建结合型社会资本。为加强本地户籍居民与流动人口之间的沟通与融合，在D区街道、CJ社区居委会的大力支持下，由全民公益园牵头，CJ社区成立了“新D区人俱乐部”，以活动促交流、促了解。在经济条件有限、办公场所紧缺的情况下，为给流动人口提供一个更大的交流、娱乐空间，CJ社区合并了三个办公室，扩大了原有的社区活动中心，组织开展了一系列流动人口主题活动。近5年来，先后开展了“关爱身在异乡的困难外来人员”、元宵节的“携手创和谐、欢度元宵佳节”、学雷锋纪念日的“学雷锋爱民实践”、3·15消费者权益日宣传、群防群治工作中的“基本防范常识宣传”、试点社区化管理中的“来Z人员座谈会”等系列活动。通过开展这些活动，激发了流动人口的参与意识和积极性，让流动人口感受到社区本是一家人，让其真正融入社区、融入当地、融入组织；使流动人口在社区化管理工作中领悟到“在共建中共享、在共享中共建”的真正含义。“新D区人俱乐部”开办乒乓球、太极拳、舞蹈、摄影和歌咏等多个专业技能辅导班，聘请专业教师辅导，现已开展活动92次，丰富了流动人口的业余文化生活。①

---

① Z市社工委. 和谐·发展：二〇一九年Z市社会工作课题集［R］，2019.

在构建流动人口结合型社会资本过程中，CJ 社区比较典型的案例是协助 D 区建立了外来人员培训中心。2012 年 6 月，Z 市社工委下发《关于加强外来人员培训中心工作的通知》，对进一步加强 Z 市外来人员培训中心的建设工作提出要求：一是要推进外来人员培训中心的创建。首先在 D 区开展试点工作，要求 D 区社工委于年内在外来人员集中的企业、社区、镇（街道）创建外来人员培训中心不少于 2 所，市社工委将给予 D 区 40000 元经费支持。D 区社工委做好外来人员培训中心的创建计划（包括培训中心的办班规模、课程设置、师资力量、启动时间、学校地点等）。二是要加强外来人员培训中心的管理。D 区社工委要加强对已建并投入使用的外来人员培训中心的管理，保证其教学活动正常进行，Z 市社工委按照每所外来人员培训中心 10000 元教学经费的额度给予支持，D 区社工委要切实指导各外来人员培训中心开展学习培训，D 区要将外来人员培训中心建设成为示范基地。三是要加强对重点地区外来人员的宣传教育工作。Z 市社工委将在外来人员培训中心开展针对流动人口的普法宣传教育和其他有关教育活动，力求提高流动人口的素质。Z 市社工委将从专项经费中拨给 D 区 20000 元，支持其开展相关活动。[①] 截至 2019 年 8 月，Z 市 D 区社工委创建外来人员培训中心 3 所，在 CJ 社区建立示范中心 1 所，平均每所外来人员培训中心开展了 100 次以上的培训，每次培训达 490 余人。[②]

CJ 社区外来人员培训中心（以下简称培训中心）主要有以下几个方面的功能。

---

①② Z 市社工委. 和谐·发展：二〇一九年 Z 市社会工作课题集［R］，2019.

（一）传播相关知识，同时搭建流动人口与本地居民交流的平台

培训中心在其培训内容的设置上，有专业技能、卫生保健、法律保护、文化宣传和婚姻家庭关系处理五大方向。最具特色的是招募本地居民作为师资，以促进流动人口与本地居民的相互了解及融合。

培训中心不仅安排本地居民作为师资就必要的课程进行授课，而且还给流动人口赠送了大量的学习资料。据统计，培训中心赠送给流动人口《Z市风俗人情志》《外来务工人员权益100问》《外来务工人员远离职业病》《外来务工人员保健手册》《外来务工权益知多少》《学会保护自己》等小册子多达上万册，还编印有关外来务工人员卫生保健知识和社会保障宣传资料3000多份，让他们在工作之余随时随地可以学习。几年来，培训中心共授课756次，参加培训的流动人口逾万人次。通过培训，流动人口既懂得了专业技术知识和卫生健康保健知识，又掌握了用以保护自身权益和妥善处理婚姻家庭关系的有关法律知识，还树立了积极向上的价值观念，了解了Z市的历史与风土人情。同时，使流动人口与本地居民逐渐熟络起来。通过送书、送学习资料和举办有奖知识问答活动，既为他们增添了一份下班之余的精神食粮，又为他们学习法律、保健等方面知识提供了便利，同时激发了他们学习的兴趣，取得了良好的效果。而且作为培训教师的本地居民与流动人口的互动与交流，也在潜移默化之间拉近了不同户籍地、不同成长背景人群之间的距离，于无形中为结合型社会资本的累积打下了良好的基础。

（二）开展多种活动，丰富学习内容，营造“同为D区人”的氛围

为了丰富流动人口的学习内容和更好地巩固其培训所学的知识，同时进一步激发流动人口对培训中心参训的兴趣，培训中心在本社区的企业内设置了多个流动教室，面向企业所有人（包括流动人口和本地居民）开展技术培训、有奖知识问答和文娱体育活动，丰富学习内容，增强流动人口与本地居民的沟通及联系。如DY股份有限公司外来人员流动教室为了促进新进人员尽快掌握技术，组织入厂一年以内的新员工进行抛光、打磨具比赛，凡进入前三名的都给予奖励，鼓励他们学好技术、学好本领，增强竞争力；除了开展技能比赛外，流动教室还组织举办歌咏比赛以及游泳、田径、乒乓球等体育活动。QY灯具厂流动教室在课堂上进行有奖知识问答，活跃了学习气氛。培训中心在帮助流动人口提高自身综合素质、塑造良好形象、推进社会融入等多方面起到了积极的作用。它通过流动教室组织各种各样的活动，既丰富了流动人口的学习生活，也为流动人口展示才华提供了广阔的舞台，满足了流动人口社会性与文化性的需要。更为重要的是，通过这些活动调动了流动人口的参与意识，使他们感受到了“同为D区人”的温暖，也使其真正融入企业、融入当地、融入组织。

（三）运用社会工作理论与方法，切实打造连接流动人口和本地居民的平台

2015年，D区社工委在开展“加强人文关怀、改善工作环境”项目的基础上，结合Z市妇联系统的工作实际，持续推进“从心关怀”工程。在这个过程中，社会工作方法得到了充分运用。“从

心关怀”工程实施方案规定①：以权益维护、情感关怀、生活关怀、文化关怀等为专题，通过开展社会调研、送课到基层、小组工作坊、社会论坛以及流动人口子女暑期活动，进一步促进流动人口全面发展，提高他们解决实际困难的能力，增强其幸福感和归属感；引导流动人口有序合理地表达利益诉求，形成企业依法管理、流动人口依法维护自身利益的良好氛围；不断增强流动人口的法制意识和心理调适能力，切实维护其合法权益，调动其积极性；进一步督促和引导企业完善现代管理制度，推动社区形成关爱流动人口的良好风气，打造富有特色的流动人口服务品牌。实施方案还特别提到：以流动人口为主要服务对象，运用社会工作方法，至少组织一期工作坊，在探索、学习小组工作的基础上，以压力和焦虑、家庭关系、亲子教育等为主题设计小组工作，为流动人口建立支持系统。同时，加强流动人口与本地居民的理解与融合，至少组织一次流动人口与本地居民联谊的拓展活动，到具有代表性的景点参观或体验生活，通过实地参观、联谊交流等方式，提升流动人口对 Z 市了解的深度和广度，增强其对 Z 市的认同感、归属感和热爱之情。

二、社会组织与流动人口桥接型社会资本的获得

任何组织都不是孤立存在的，它须与其他的相关组织互动才能获得生存与发展。一个组织自其诞生时起，就是一个封闭与开放并存的体系。就封闭而言，组织内部自成体系，这个体系包括权利与责任子体系、经济创造与分配子体系、话语子体系、情感子体系、行为子体系，等等；体系内部有各种各样的资源；体系

---

① Z 市社工委. 和谐·发展：二〇一九年 Z 市社会工作课题集［R］，2019.

可以独立地运行并自我平衡。尽管一个组织内部有各种各样的资源，但是任何组织的资源都是有限的，它所拥有的资源不能为其长期存在和发展提供充分的能量；同时，它产生的能量也必须输送到组织的外部，与组织外部进行能量交换，否则这个组织就会因为能量的枯竭而死亡。尽管一个组织内部存在平衡机制，但这是一种半自动的平衡机制，组织需要借助外部力量来达到全自动的平衡状态。也就是说，任何一个组织都需要外部力量不断地介入，才能正常、理性地运转，其内部才能获得总体与总趋势的平衡。从这个意义上讲，组织同时又是一个开放的体系，是一个封闭与开放并存的体系。本书中的 CJ 社区社会组织也借由多种方式联合在一起，为流动人口构建、累积形成了丰富的桥接型社会资本。

（一）成立流动人口党团组织和工会组织

居住在 CJ 社区的流动人口中，有党员 40 名，为发挥党员的先锋模范作用，D 区党委决定成立流动人口党支部。在全民公益园的支持与推动下，2008 年 6 月，成立了第一届“新 D 区人”团支部；并在同年成立了为流动人口介绍工作和维权的“新 D 区人”联合工会；2014 年 3 月成立“新 D 区人”党小组，9 月成立了“新 D 区人党支部”。这样，流动人口在 CJ 社区有了党的组织和领导，几大社团联合发力，互相协助，既便于管理，也便于流动人口开展自我管理。

（二）“全民公益园”促进流动人口桥接型社会资本累积

全民公益园作为一个特殊的枢纽型社会组织——社会组织联合体，其内部虽然有比较充分的资源，但是相对它所扮演的角色和需承担的使命与任务而言，其资源还是比较有限的。于是，“全民公益园”作为重要桥梁纽带利用其高度开放的组织特性，积极与其他组织进行良性互动，将内部整体力量与外部优势力量结合，充分借助外部资源，实现自身资源的倍增，高效率地实现了自己的目标，完成了任务，有力地促进了流动人口桥接型社会资本的累积。

全民公益园与其他组织之间的互动主要表现在以下几个方面。

1. 将流动人口聚集在一起，让其参与调解矛盾

CJ 社区流动人口的一些党员或团员，思想觉悟较高，并善于做思想工作，能够及时发现流动人口生活中的问题和矛盾产生的根源。为此，CJ 社区全民公益园组建了“相约星期四，聊聊烦心事”工作室，这是由本地老党员和流动人口中的党团员担任调解员开展工作的组织。从流动人口中的党团员中挑选一批治安积极分子，经 D 区综治办考核、审核，充实到群防群治的队伍。这部分人对流动人口过去的情况了解较多，也易于接触流动人口，如是，增加了信息来源渠道，有利于掌握流动人口的最新情况和动态，易于进行有效的服务和管理。

2. 与其他组织合作，共同为流动人口提供服务

在社会运行与管理过程中，合作是一种最为普遍的互动方式。在两种情况下会产生合作：一是共同的利益或目标对单独的个体来说无法实现，需要其他人或组织配合而采取联合行动；二是相关组织或个人存在共同的活动领域，为了避免冲突，或为了节省成本而采取合作行为。在本案例中，全民公益园与 CJ 社区的工会、共青团和妇联等组织开展了良好的合作。就其合作的具体开展而言，随着社会的不断发展，全民公益园与 CJ 社区的工会、共青团和妇联等组织的服务领域和服务对象互相重叠、互相交叉、互相渗透的现象和情况越来越多。这些方面，要么成为“三不管”的地方而“无服务”，要么成为互相争夺之地而造成“过度服务”。

要解决这个问题，需要全民公益园与 CJ 社区的工会、共青团、妇联等组织进行良性的互动，协同共建共治，共同提供服务。

比较典型的案例如下。

2016 年，全民公益园与 CJ 社区的工会联合打造“婚之恋”交友婚恋公益品牌项目，以满足本地居民及流动人口单身人群的交友联谊需要。2018 年 11 月至 12 月，全民公益园与 CJ 社区的企业共同举办了“美汇善爱，情暖 Z 市”之援助单亲特困母亲的爱心传递活动，全民公益园会同妇联及企业派员探访了 CJ 社区的单亲特困母亲家庭。其中一户是外来务工的流动人口 K 及其小孩 Q，这次探访取得了三个方面的成效：第一，为单亲特困母亲家庭提供了精神上的支撑与慰藉，探访人员亲切询问单亲特困母亲及其孩子的身体情况、家庭经济状况，并纷纷对她们乐观积极的生活态度表示赞赏，这种赞赏不仅是针对单亲特困母亲家庭，对其他处于困境的家庭也具有激励作用；第二，企业员工带着自己的子女探访单亲特困家庭，让子女了解社会整体的现实情况，进行对比，以此视觉与心灵的冲击，教导孩子们要懂得珍惜现有的一切，学会感恩，增进理解，培植爱心，学会帮助他人；第三，企业员工除了带去诚挚的问候，还让自家孩子亲笔书写祝福语，为单亲特困母亲家庭的孩子和母亲送上自己的爱心礼物以及现金，让他们感受到社会的温暖。被访人员 K 表示：

> 在异乡漂泊，而且带个小孩，的确很辛苦。不过，有社区的关心，我感觉自己和孩子不孤单，好好工作，一切都会慢慢好起来的，我也有了在 Z 市落地生根的信心和勇气。

全民公益园还与 Z 市木兰拳会有着良好的关系与合作。Z 市木兰拳会是社会组织的佼佼者，它为广大妇女丰富业余生活、锻炼身体提供了一个很好的平台，其成立至今已经走过了 12 载，推广木兰拳武术套路20多个，拳友达到了3000多人。全民公益园为Z市木兰拳会提供活动场地，很多CJ社区的流动人口在休息日积极参加拳会活动，既能够锻炼身体，也能结交当地朋友。拳会会员M谈道：

> 木兰拳是融中国武术之刚健与现代健美操之柔和为一体的健身拳术，在本地非常受欢迎。我们外地人也很喜欢，跟Z市人在一起打拳、谈天，很开心的嘞！我们拳会也蛮团结，很讲究互助合作的。为更好地关心妇女拳友的健康和生活，拳会成立了木兰拳会互助组，对生活有困难的会员及特困家庭进行慰问和帮助。很多外地来的拳友，很辛苦的，我们拳会逢年过节会给点慰问金。我们社区也有条件不错的外地人，他们通过拳会也结交了很多本地朋友，扩大了社交圈，各有所得吧！

3. 与其他组织开展合作，共建平台，共同发展

所有的社会组织要有效地服务社会，就必须进行调查与研究。有调查才有发言权；有研究才能使发言权发挥更大的效力，对社会产生更大的影响。作为社区枢纽型社会组织，要想向本社区的流动人口提供更有效的服务，就必须深入实际，进行具体而详细的调查，研究提供服务的必要性和如何提供服务，等等。所有这些，仅凭全民公益园本身的力量是远远不够的。因此，全民公益园必须与高校、科研院所等进行合作，借助高校和科研院所的力量来完成自己无法完成的任务。长期以来，全民公益园一直与北京市、广州市、Z市等地的高校和科研院所保持密切的合作关系，通过课题与项目的形式，调动高校和科研院所专家学者的积极性并参与到各项流动人口的调查与研究中来，提交调查研究报告，为全民公益园及相关政府部门提供智力支持。

为了更有效地进行长期合作，自 2016 年起，D 区全民公益园与电子科技大学 Z 市学院等高校合作，成立 D 区社会治理发展研究中心（以下简称研究中心），这是一个多方力量联合搭建的调查研究平台。通过这个平台，电子科技大学 Z 市学院等高校的相关教师、学生就 D 区流动人口的经济、社会、子女教育、家庭与健康、法律保护等多个领域开展课题研究，以促进 D 区流动人口的社会融入。随后，D 区全民公益园会同研究中心将 2017 年已结项的 17 个课题汇编成课题研究成果集《和谐与发展：2017 年 D 区基层社会治理发展研究课题集》。课题集编撰者 W 指出：

> 该课题集所有的调研报告都是各高校、研究机构的专家学者带着学生深入社区实际、开展详细而深入的调查，在取得第一手资料的基础上，运用相关的先进理论进行深入研究的结果。课题集集资料性与理论性为一体，为 D 区乃至 Z 市公共政策的决策者和执行者、流动人口问题的研究者和有兴趣的人士提供了有益的参考，对广东省乃至全国的流动人口工作及研究都具有参考价值。

同时，D 区全民公益园重视研究成果的有效转化，充分利用新闻媒体加强成果的宣传，引导社会大众关注流动人口的社会融入及本地基层社会治理创新工作，如《Z 市 D 区外来务工人员职业病普查普治现状及对策建议》《Z 市 D 区外来女工生存和思想状况调查》《如何促进外来务工人员更好地融入本地？——D 区流动人口社会融入情况调查分析》等课题成果在《Z 市日报》等媒体上进行大版面宣传，引起了政府部门、市民的强烈关注和共鸣。可以说，多个组织参与的研究中心作为合作研究平台大大提升了 D 区全民公益园的调查研究能力，使全民公益园得以及时地了解本地流动人口的现状与需要，而且这种了解是有深度的、切合实际的。每一份研究报告都提出了解决问题的对策建议，这对于全民公益园来说是一份难得的宝贵财富。因此，这个平台成为了连接组织、累积流动人口桥接型社会资本的重要通道。

4. 积极借用平台，为流动人口提供更多更好的服务

一个组织的生存与发展需要很多平台，这些平台可以是组织自己独立创建的，也可以是与其他组织联合创建的，同时还可以是向其他组织“借用”的。借用其他组织的平台或品牌，是一个组织与其他组织进行互动的重要内容及方式，在组织生存与发展的过程中起着十分重要的作用。可以说，组织活动的大多数平台都需要向其他组织借用。同时，一个组织也需要向其他组织提供活动平台，以加强与其他组织的沟通、联系，获得其他组织的支持。有时，组织需要将自己的平台借予其他组织，借助其他组织的力量来完成自己无法完成或完成不好的任务。因此，“借用平台”是一种组织之间双赢或多赢的共享、互动模式。

全民公益园拥有许多工作平台和工作品牌，也与其他组织联合创建了许多工作平台和工作品牌。但是，相对于全民公益园的工作任务和工作目标而言，这些显然是不够的。全民公益园要参与社会治理，为本区的流动人口提供贴近的服务，它就必须渗透到区、镇（街道）、村、中小学和社区等，借助区、镇（街道）、村、中小学和社区等平台，将社会治理活动与针对流动人口的服务落到实处；各镇（街道）、村、中小学和社区等也需要借助全民公益园的专业力量、品牌的影响力和组织系统解决与流动人口相关的各种问题，创建和谐社会。这是双方需要的交会点，也是双方合作的基础。

全民公益园举办过关爱老人、服务老人的系列活动，活动发起人谈道：

现在老龄化问题这么严重，我们不得不重视啊！我们这个社区中，60 岁以上的老年人有好几百人，既有本地户籍的老年人，也有流动人口身份的老年人，怎么让他们更好地安度晚年，是我们一直思考的问题。为在社会上营造尊老敬老的文明风尚，让本地老年人及外地来的老年人都在 Z 市安度晚年，我们通过社区居委会邀请了 CJ 社区的 12 位居民，召开了“促进邻里守望，加强人际沟通”座谈会。CJ 社区的老年人很多，针对老年人的退休生活和社区居民的和谐共处，大家畅所欲言，尤其是通过媒体报道和自己的所见所闻，大家深切地感到促进邻里守望、加强人际沟通的重要性和迫切性，并就此发表了各自的意见和建议。

在会议的倡导下，全民公益园帮助发起、组建了 CJ 社区退休老人“守望队”，定期聚会，加强本地户籍老年人与非户籍常住老年人之间的沟通；政府加大对老年人的关注度，让老年人享受更多更好的福利，安享晚年；社区居委会积极组织针对社区老年居民的活动，让大家互相认识，相互了解。在活动中，来自不同地方的老年人展示了各地不同的风土人情及民俗文化，彼此之间加深了了解和认识，也增进了感情和共识。这为流动人口累积了更多的桥接型社会资本。

三、社会组织与流动人口连结型社会资本的获得

情感支持和经济互助所借助的都是个人间的结合型社会资本，同时桥接型社会资本协助流动人口获得较为稳定的社会网络。但有些目标的达成和危机的克服，靠结合型社会资本和桥接型社会资本的力量是很难应对的，需要促进不同层级的户籍人口与流动人口以及流动人口之间的互动，从而实现社会阶层的流动与互通。

连结型社会资本就是这样一种垂直的不同社会层级间个人或社会团体间的社会网络，它有利于不同社会层级间个人即流动人口与本地人之间的融合。有研究指出，流动人口与本地居民的相互信任和相互包容对促进流动人口社会融入具有积极效果，流动人口的社会信任对其社会融入的影响效果表现突出。对当地居民的信任程度越高，感受到的社会歧视就越少，则越容易融入当地社会。原因在于，对当地居民信任程度较高的流动人口，更容易以一种平和平等的心态与当地人相处，这种状态有助于流动人口较快地融入新的生活环境中去，并促进形成其城市居民的身份认同。[①]

（一）CJ 社区社会组织的“五同四化”工作法

CJ 社区的社会组织种类繁多，多样化社区社会组织以“五同四化”工作法为依托，积极推动流动人口深度融入本地社区。面对来自五湖四海的流动人口，自 2006 年起，D 区在 CJ 社区试行“五同”工作法及“四化”工作法，由社区社会组织负责具体执行。“五同”是把流动人口视作新居民，实行同宣传、同管理、同服务、同学习、同教育。社会组织吸纳他们参与各项学习教育活动、文化体育活动、社会公益活动和帮困救助爱心活动，将流动人口融入小区生活的各个方面。同时推荐流动人口在社区居委会任职并担任楼组长，共同参与社区管理。“四化”工作法，即对流动人口实行制度化、规范化、细心化、人性化管理。所谓制度化，是建立流动人口登记、验证制度，强调流动人口必须进行暂住地登记和计划生育登记，且每季度进行一次查证验证；规范化，即在居委会的协助下，设立流动人口咨询窗口，随时接受咨询、办

① 任远，乔楠. 城市流动人口社会融合的过程、测量及影响因素［J］. 人口研究，2010，34（02）：11 - 20.

证；细心化，即通过楼组长、志愿者两个层面，时常进门“唠嗑”送关怀，掌握动态，联络感情；人性化，即加大帮助流动人口的力度，凡家庭有困难的、患有重大疾病的，社会组织均会积极上报居委会，并主动上门探望、问候、提供帮助。通过“五同”工作法和“四化”工作法，CJ 社区的“外地人”也是“自家人”，本地居民享有的“待遇”他们全都有。小区文化设施向他们全面开放，镇里举办歌咏比赛也会邀请他们参加。本地户籍居民和流动人口还成了好邻居，“外来娃”没人带，本地邻居会帮忙，大家互相照顾，亲密得就像一家人。

从这个意义上说，CJ 社区推行的“五同”“四化”的做法就是实现本地居民和流动人口的公民权利平等，通过权利平等来实现流动人口的参与和社会融入。而通过社会组织的牵线搭桥，连结型社会资本得以成功构建，不同层级的个体、社群及公共机构之间开展积极互动，跨越层级界限的关系得以形成，在此基础上，高度社会融入得以实现。

（二）CJ 社区社会组织运用的专业社会工作方法

除了上述 CJ 社区社会组织推行的“五同”“四化”工作法在推进流动人口获取连结型社会资本和高度社会融入中发挥的重要作用之外，CJ 社区社会组织还采取了包括项目制和小组工作法在内的专业社会工作方法，这些方法也发挥了积极的作用。下文以 CJ 社区较具特色的“外来工子女社会融入”为例展开分析。CJ 社区认为，要解决流动人口的社会融入问题，帮助其子女融入当地社会十分关键。在这个过程中，CJ 社区社会组织运用了项目法与小组工作法。

1. CJ 社区社会组织项目法的运用

项目法是一种综合性社会工作法，它集多种社会工作理论与方法于一体，涉及面广，影响较大，是一种深度工作法。CJ 社区社会组织每年都有促进流动人口社会融入的项目，具有代表性的项目有：“小海星计划”、Z 市流动儿童关爱服务体系试点区和 Z 市“百鸟归巢”项目。

项目之一是“小海星计划”。2011 年 10 月，Z 市流动人口妇女儿童项目在 CJ 社区落地。以政府部门、国际慈善组织、社会工作机构三方合作模式，为 CJ 社区妇女儿童（包括本地居民及流动人口）提供社会服务，以提升 CJ 社区妇女儿童在安全、教育、融入、公益四方面的认知与能力。通过运用“妇儿为重、家庭为本、社区为基础”的专业社工方法降低妇女儿童的安全风险，优化教育环境，促进社区融合，提升社区公益，使 CJ 社区的妇女儿童享有安全、成长、互助、共融、快乐的社区环境。截至 2017 年 9 月，共 7292 人次参与此项目，其中常规服务 7612 人次，主题活动 4680 人次。

项目之二是“百鸟归巢”。“百鸟归巢”项目于 2013 年启动实施，主要服务于生活和工作在 D 区内的流动人口，着重关爱其家庭的每一位成员，助人自助，自助助人，培养家庭意识，全面传递“家·Z”的理念与精神，建设和谐共融、互助友爱的 D 区温馨大家庭。该项目在 CJ 社区也得到了较好的推广，其主要内容包括：筑巢——建设流动儿童服务点“小候鸟驿站”、打造服务“新 CJ 社区人”家庭的融爱家庭服务中心、发展完善社区儿童活动园地、协助 D 区办好外来女工流动学校等；暖巢——开展困难家庭帮扶救助，汇聚融合社会各方资源，为新 CJ 社区人困难家庭融注关爱和温暖；固巢——开展“家·安心”家庭素质提升教育活动，编印“候鸟安家”生活手册，把涉及新 D 区人积分入户、子女就读、办理居住证和计划生育证、儿童日常保健等方面的政策，常用电话号码，以及对儿童的居家、户外安全监管教育、家庭教育等方面的知识编印成册，为他们提供生活和工作指引，提升其处理家庭困难和问题的能力；育巢——开展“家·品格”流动儿童品格教育服务计划、“家·成长”流动儿童课外兴趣服务计划、“家·自信”流动儿童未来领袖服务计划；巢聚——组建CJ社区妈妈互助队，开展“家·融合”社区共融计划，组织当地户籍家庭和流动人口家庭一起参与，共同策划文艺表演和趣味运动会，通过学习和了解各地不同的文化、风俗、习惯，促进居民的交流与共融。

2. CJ社区社会组织小组工作法的运用

CJ社区还利用D区妇联的妇女儿童权益维护工作站这一官办社会组织，开展“我是CJ新儿童”活动，帮助流动人口子女融入当地社区。自2012年起，该工作站在CJ社区发起CJ新起航活动，活动内容是在暑期阶段招募20名CJ社区的流动人口子女，每天利用2个小时，针对流动人口子女在人际关系方面的问题，利用CJ社区的活动平台，开展提升人际沟通能力、互帮互助的能力和素质等活动，以团队协作的方式引导这些孩子更好地与他人相处，使小组成员在以后的生活中能够与人相互协作，提升其结交朋友的能力，增强其在CJ社区生活的归属感。谈到该活动的缘起，工作站的工作人员K谈道：

外来工子女很多都是在家乡生活，父母在这边工作稳定了才带他们过来，然而环境的改变、语言的障碍、生活的变化让孩子难以适应，更多的孩子因不会与别人沟通而变得沉默甚至焦虑、抑郁。人际交往是与信息沟通、协调、情绪等分不开的，通过交往建立良好的人际关系，这些良好的关系可以使他们更好地融入当地生活，在CJ社区的生活过得快乐，健康成长。根据马斯洛需求层次理论，在孩子成长的现阶段，除了生理需求和安全需求的需要得到满足之外，其在社交方面的需求也是孩子们渴望的。孩子都有归属感和爱的需要，希望得到家庭（家长）、亲戚、老师、同学的关怀、认同、友谊、信任、表扬，并成为集体中的一员等。我们通过 CJ 社区妇代会在各社区及住宅小区发布招募通知，也通过 D 区广播站发布招募消息，希望招募到这些孩子，帮助他们在 CJ 社区能够更好地融入。

从上述案例可以发现，该小组工作的特定对象是 CJ 社区流动人口的子女。这是一个旨在帮助流动人口的子女融入当地社会的典型案例。流动人口的子女刚到 CJ 社区，由于归属感出现缺损与危机，导致其人性组合形态出现严重的失衡，其心灵秩序处于混乱的状态，如果没有外在力量的及时介入，这些儿童中的一些人就会发展出负面的、消极的心灵秩序，对家庭和社会造成危害。该小组力图从三个方面满足组员归属感的需要：第一，将本地家长及其小孩招入小组，在工作人员的引导下，让 CJ 社区流动人口背景的家长及其小孩与本地家长及其小孩进行有效的沟通、交流，使双方打成一片，为双方融合提供一个良好的平台；第二，传授人际交往技巧，提升流动人口背景的家长及其子女的人际吸引力与沟通能力，为他们融入当地社会打下必要的人际技能基础；第三，传授 D 区的自然知识、历史文化知识，阐述 D 区发展现状，展示 D 区的美好未来，增强流动人口的子女对 D 区的归属感。通过小组活动，流动人口的子女能够建立起新的朋友圈，发展新的人际关系网络。通过这一人际网络，他们可以比较顺畅地融入当地社区，获得当地社区的资源，得到社区的帮助，从而对新的居住地产生情感。随着归属需要的满足，这些流动人口子女的人性组合形态能够恢复平衡，其心灵秩序由混乱向正面的、积极的方向发展。非户籍常住居民的子女融入当地社会是流动人口融入当地社会的重要前提。

本章小结

正式和非正式等多种类型社会组织的存在促进了 CJ 社区的流动人口的社会融入。在 CJ 社区，不同类型的社区社会组织并存，主要有社区居委会、外来人员培训中心和通过政府购买社会服务、为流动人口提供精细化服务的社工机构、枢纽型社会组织“全民公益园”等正式社区社会组织，也有自发成立的非正式社区社会组织。他们共建共治，共同培育、提供流动人口社会融入所需之结合型社会资本、桥接性社会资本和连结型社会资本，有力地推进了流动人口的社会融入，也是培育社区社会组织成为解决流动人口社会融入问题的一个重要策略。

需要进一步指出的是，社区社会组织在促进流动人口社会融入方面发挥了重要的促进作用。已有关于社区社会组织与社会融入的研究，主要关注流动人口自发成立的非正式社会组织发展及在流动人口社会融入方面所发挥的作用，而较少关注不同类型社区社会组织对于促进流动人口不同维度的社会融入方面所发挥的作用。可以肯定的是，正式社区社会组织与非正式社区社会组织对促进流动人口社会融入的介入作用路径存在不同之处，其共同作用才是促进流动人口高度社会融入的有效途径。本章及前两章呈现出不同类型社会组织促进多种社会资本产生的具体机制和三种社会融入模式产生的过程，那么三种社会融入模式之间有何内在的联系和区别？下一章将具体论述。

第七章　社会组织促进流动人口社会融入的模式

学界往往关注政府治理对流动人口社会融入的影响，却忽视了社会组织的关键作用。前述研究发现：社会组织是促进流动人口社会融入的另一关键，其中有着复杂的作用机制。对流动人口而言，由于其经历不同和所获得社会资本的机会不同，一部分流动人口有可能通过社会组织的帮助建立起一定的社会资本，逐渐地对流入地的社会文化、生活习俗和制度环境等产生认同，从而由隔离实现社会融入，如 CJ 社区流动人口的高度社会融入；而也有部分流动人口虽然对居住地有部分的认同，且自身的经济融入较有优势，在融入过程中历时较短，还会保留自身原有的文化和部分生活习惯。从身份上来看，他们认为自己具有双重身份——既是本地人也是外地人，如 ZS 社区流动人口的中度社会融入；还有部分流动人口由于自身原因和外部环境等因素的影响，一直未融入当地社会，而处于当地社会的边缘，从心理上认为自己还是外地人，如 GN 社区流动人口的低度社会融入。具体来讲，社会组织异质性——合法性通过提供社会服务、实现资源连接、促进群体互动等方式帮助流动人口构建不同类型的社会资本，进而推动其实现不同类型的社会融入。此外，通过这一促进过程，社会组织实现了其合法性的提升，由此进一步形成了社会组织促进不同类型的社会融入的良性循环。

本章对上述三种社会融入模式开展比较分析，以进一步探讨社会组织通过培育社会资本来为流动人口提供服务、促进其社会融入的影响及其机制之不同。

第一节　流动人口社会融入三模式比较

通过上述研究可以发现，不同社区流动人口社会融入存在差异，可分为低度社会融入、中度社会融入和高度社会融入三种类型。社会组织基于已获得的组织合法性而参与社区社会融入——通过承接政府转移的公共服务职能、提高服务质量、提高资源配置效率，为社区流动人口提供专业化服务等构建、提供社会资本。社会资本在促进社区流动人口的社会融入中起到了很大的作用，在一定程度上影响了流动人口的融入效果。结合型社会资本、桥接型社会资本和连结型社会资本三种类型的社会资本使社会组织得以促进流动人口较好地融入当地社区；而通过提供不同类型的社会资本，社会组织使不同类型的社会融入模式及社区得以产生。值得注意的是，在前文论述有关社会融入的概念界定时，本书也指出，三种社会融入情境彼此之间也表现出互相隔离的状态。换言之，流动人口在社会融入的同时又造就了新的社会隔离状态。下面，结合上述三个案例与相关理论，尝试性对这一问题进行进一步分析。

一、不同社会融入程度下流动人口的社会融入特征比较

不同社会融入程度下的流动人口对于流入地的期待存在差异性，三类群体呈现出部分重合的社会融入特征。低度社会融入的流动人口可以被归纳为经济型社会融入，这种类型的社会融入强调的是前往流入地的目标及动力主要来自获取更多的经济收入，以补贴家庭开支。中度社会融入的流动人口可以被归纳为经济型和生活型并存的社会融入状态，生活型的社会融入是指前往流入地的目的是为了改变当下生活状况，追求工业化城市更加现代化的生活方式，包括让自己子女获得更好的教育、感受更先进的思想文化氛围等，经济型和生活型并存的状态强调的是前往流入地既有经济型的目标，也有生活型的动机，或者同等地看待经济和生活的重要意义。相较于低度社会融入和中度社会融入的流动人口，高度社会融入的流动人口的融入目标有所不同，他们更多地是以生活型的社会融入为目标。当然，随着中国经济发展水平的不断提升，有研究认为经济型的社会融入形态正在呈现不断减少的变化趋势。一项有关流动人口的调查明确指出，自20世纪90年代起，流动人口前往流入地的目的已经表现出多样化的特征。[①] 文军的研究也认为，自2000年以来，纯粹经济原因驱动下的人口外出流动行为已经在逐年下降，更多人选择流动至流入地是考虑到其他一些动机，主要有“不喜欢在家乡当农民，想出去务工”“家乡太落后太穷，这样的生活没有希望，不想再这样”“一直都在读

① 王春光．新生代农村流动人口的社会认同问题［J］．社会学研究，2001（03）：63－76.

书，已经不知道怎么做农活了”“羡慕城市生活”，等等。①

经由上述分析，我们可以初步得到如下结论：随着国家经济发展速度的不断加快，流动人口的社会流动行为已经发生了多样化的变化趋势，部分接受高等教育、具备一定经济能力的中度社会融入流动人口选择迁徙至其他城市，其动机是在考虑获取更多收入、流动至更高经济地位的同时，也希望能够改变自己的生活状态，前往城市追求现代化的生活方式，因此该群体外出流动的原因是兼具经济型和生活型的需要。

尤其值得我们关注的是，迁入原因的变化也直接影响了高度社会融入型的流动人口对于自身身份认同的变化。在绝大多数低度社会融入型的流动人口看来，前往城市之后，他们的社会地位高低与否，职业身份是否为白领抑或是打工仔也罢，这并不是关键问题，因为在这一部分流动人口看来，他们前往城市，其主要的目的是获取更多经济收入，至于他们被赋予何种身份，并不影响他们的主要目的；但绝大多数高度社会融入型的流动人口却有着不同的考量，他们前往流入地更多的动机是发展自身，希望能够通过流动及自身努力进入流入地工作，打开新的生活局面，获取更高的社会地位，进而实现身份转换，变成真正的本地人，融入当地社会之中。② 高度社会融入型的流动人口的这种心态变化主要表现为两个方面：一方面，高度社会融入型的流动人口看待户籍制度的态度已经发生明显变化，他们开始认为户籍不再是最值得在意的东西，而是更加将社会身份的认定放在最重要的位置，

---

① 文军. 从生存理性到社会理性选择：当代中国农民外出就业动因的社会学分析[J]. 社会学研究，2001（06）：19－30.

② 王春光. 社会学家与打工妹的对话 民工“新生代”走向何方？[N]. 中国青年报，2002－04－14 .

因此越来越多的高度社会融入型的流动人口将生活、价值观等非制度性因素作为是否顺利融入流入地的重要审视指标；另一方面，正是因为高度社会融入型的流动人口并不认为自己是流动人口，而是具备城市身份的外来移民，因此该群体开始追求与城市人口具备相似的生活方式、价值观念以及思维方式，至少是缩小与城市人口在上述各方面的差异，而不仅仅纠结于双方在经济收入及社会职业上的区别。

在调研的三个案例中，我们可以发现，被调查者在回答自身与本地人的区别时，经济收入在低度社会融入型的流动人口那里是仅次于社会地位的重要因素；但在高度社会融入型的流动人口那里，思想观念、价值态度以及生活习性跃居于经济收入之上，已经成为十分关键的影响因素。由于这种期待的转变，相较于低度甚至中度社会融入型的流动人口，高度社会融入型的流动人口对于本地人的态度更加敏感，即使具备相差不多的物质条件，这极有可能在不同社会融入程度的人群的心理上造成十分迥异的反应。当被笼统地问及是否曾被本地人歧视或看不起的时候，高度社会融入型的流动人口的反应比低度社会融入型的流动人口要强烈得多。但是，当这个问题具体到是否受过罚款等的时候，结果显示高度社会融入型的流动人口并不是特别在意其所遭受的实际损失，特别是当相关罚款在制度、法律规定范围之内时。之所以会如此，正是因为高度社会融入型的流动人口对本地居民看法具有十分敏感的反应表现，这会使得他们更加在意自己的外在形象，即自身在本地居民心目中的身份形象是否正面，这也促进了高度社会融入型的流动人口在心理上的更加深度的社会融入。

二、低度社会融入型流动人口社会融入的表现

就低度社会融入型的流动人口而言，他们的社会融入程度相

对较低，更加需要直面在流入地已经固化的有关流动人口的负面且被歧视的刻板印象。当然，值得注意的是，虽然在流动人口流动成为工业化城市的重要的社会景象以来，的确给流入地带来了一些负面的影响：包括大量流动人口涌入之后，对于流入地在物质供应、交通运输、社会治安、环境卫生等各方面带来的巨大压力，这从某种程度上来说的确是有损于流入地居民的基本利益，包括对当地生存环境的损害、交通堵塞的不断增加、社会治安的恶化等，这必然会让少数本地居民对流动人口心存一些埋怨、厌恶，甚至是歧视；再者，持续数十年已经固化的户籍制度造成了本地居民与流动人口之间存在一定的隔阂，当很多低度社会融入的流动人口在流入地从事一些体力型工作时，本地居民可能对他们穷苦的生活境遇流露一丝同情。但是，当他们希望汲取流入地资源以更好地发展自己，以致影响到本地人的生活、损害到本地居民的切身利益时，情况就会发生一些变化。

与高度社会融入的流动人口不同的是，低度社会融入的流动人口在思想观念以及生活方式上并没有太多融入的积极性，这就使其表现出与流入地居民在生活状态上的极大异质性，这种异质性转化到本地人的思想观念中，就是低度社会融入的流动人口长久以来的负面形象——脏乱差且不讲规则，并带有一定的社会危险性。牛津大学的项飚教授曾经在其研究中把这种有关低度社会融入流动人口的负面心态进行了分析，将之解释为“秩序决定洁污定义”，落实到本书的三个案例研究中，这种阐释是极有价值的。[①] 当低度社会融入的流动人口进入流入地之后，刻板印象的存在导致其很难简单地以个人身份与本地人展开日常交往，而是被

① 项飚．跨越边界的社区：北京“浙江村”的生活史［M］，北京：生活·读书·新知三联书店，2000.

自动归类为受到歧视的群体中去，这一群体需要面临的这些排斥是已经固化了的，虽然与他们并无直接联系。这一点也可以运用布迪厄的场域理论进行深入的分析与阐释，由于这些流动人口占据着一个既定的被歧视位置，他们能够运用的交往资源就会受到极大的限制，其社会角色往往也是被排斥甚至被歧视的。① 这与戈夫曼的观点也是一致的，即个人的社会角色总是在不断扮演自己的过程之中获得再生产的机会与可能。② 低度社会融入的流动人口的受挫感从一开始就在被歧视和被排斥中形成，并在接下来的每一个社会交往环节中不断地得以稳固化，这反过来导致低度社会融入的流动人口也会对流入地居民产生一些抵触心理。

三、传统社会资源对流动人口社会融入的影响

如前所述，无论是高度、中度抑或低度社会融入程度的流动人口，在流入地并非一无所有，他们具有一些传统的血缘、地缘等社会资源，这可以帮助他们在进入流入地后抵消由于城市社会资源的不足带来的困难。③ 随着流动人口的研究方向已经从“劳动力流动”方向发生转移，朝向“社会流动”的方向转变，开始有更多的研究关注流动人口在社会融入时对传统的血缘、地缘等社会资源的挖掘和依赖。在本研究中我们发现，以传统的血缘和地缘为基础的社会资源网络在流动人口进入流入地后依旧能够生根发芽，甚至蓬勃发展。金耀基对此也进行了解释，他指出流动人

① 皮埃尔·布迪厄，华康德．实践与反思：反思社会学导引［M］．李猛，李康，译．北京：中央编译出版社，1998．

② 戈夫曼．日常接触［M］．徐江敏，丁晖，译．北京：华夏出版社，1990．

③ 这一点分析建立在前两点分析的基础上，强调的是对非户籍常住人口心理成因的分析。当非户籍常住人口的融入心理受挫，并且遭受到更强大和牢固的歧视，替代性的社会资源这一点才变得异常关键。

口并没有朝向社会心理的现代化发展及转型，因此上述人群坚守着乡土内隐的心理认同感，进而更加依赖传统的以血缘与地缘为基础的社会资源网络；[①] 陆绯云也指出，对于传统的以血缘与地缘为基础的社会资源的依赖之所以形成，是因为传统关系网络为流动人口提供了人际信任的社会功能，或者是提升了安全感的社会功能；[②] 项飚在其研究中就提到，在针对北京“浙江村”进行了为期6年之久的调查分析之后发现，这种对传统的以血缘和地缘为基础的社会资源网络的依赖是流动人口在经过理性选择后出现的一种必然结果。[③] 不管这种现象出现的原因是什么，在流动人口进入城市以后，他们已经在流入地“织”起了规模庞大的传统社会资源网络，构建形成了蜂窝般紧密的社群集合体。在项飚的研究中也提到了这一点，以同乡为基础，大批流动人口构建形成的“浙江村”“温州村”就是典型的例证。这些场域在陌生人的现代社会不断地延伸繁衍，搭建出一个虽在异地却仍然保留传统情感网络的熟人社会，[④] 其存在的意义就是为具有同乡身份的人们提供各种各样的社会资源，这些资源或是帮助他们在异地落脚谋生的职业，或是实现社区认同的共同体情感。[⑤]

于是，当流动人口特别是低度社会融入型的流动人口带着满心的希望与美好的憧憬进入流入地的时候，他们往往会发现无论

---

① 金耀基. 关系和网络的建构：一个社会学的诠释［J］. 中国社会与文化，1992.

② 陆绯云. 同乡关系网络与中国大陆的“民工潮”［J］. 世纪中国，2001（03）.

③ 项飚. 跨越边界的社区：北京“浙江村”的生活史［M］. 北京：生活·读书·新知三联书店，2000.

④ 用项飚的话说，一种跨越边界的社区，但他建构这个概念的目的主要在于描述这种社区对于社会构造的意义，在该社区与社区内行动者的关系上，与传统的熟人社会的差别并不大。

⑤ 郭星华，储卉娟. 从乡村到都市：融入与隔离——关于民工与城市居民社会距离的实证研究［J］. 江海学刊，2004（03）：91－98.

自己的经济基础和社会地位与流入地居民何等相似，自身其实早已被固定在一个被歧视和被排斥的社群之中，甚至被某种意识形态打造成为都市之中具备一定危险性的人群。[①] 这些人很难真正融入他们以往极度向往的都市生活，但城市生活方式已经对他们产生了各种影响，这导致这部分流动人口的家乡认同感也在逐渐消失，[②] 他们怎么样才能重新找回自己的归属感，如何在看似熟悉、实则陌生的都市确定属于自己的美好未来？在王春光的研究中，我们可以看到他对于这部分流动人口在外漂泊却无法靠岸落地的深刻忧虑。然而，王春光没有看到另外一种可能的未来，那就是流动人口特别是低度社会融入型的流动人口在尝试无果之后，会采取主动回避退缩的行动策略，回归在城市中的传统社会网络社群，借助结合型社会资本来帮助自己在流入地生根发芽。正是因为这样，我们可以明确地断言，流动人口将传统社会网络一并带入流入地是生存理性自发进行选择的结果，低度社会融入型的流动人口的经济行为并非完全被动式地嵌入流入地之中，而是依靠其自身能够利用的社会关系网，不断地发挥着主动性延伸展开，这深刻地影响着城市社区社会关系的构造趋势及未来发展方向。

四、社会组织对流动人口社会融入的作用比较

相较于本书中呈现的低度社会融入特征的流动人口群体，中度社会融入及高度社会融入的流动人口已经在流入地拥有一定经济实力，在文化和心理上与本地居民已呈现出互相理解甚至融入

---

① 关于这一点，可以参见各种关于提高非户籍常住人口素质的文章和宣传，包括前一段时间教育非户籍常住人口不要偷盗的素质歌。

② 王春光．新生代农村流动人口的社会认同问题［J］．社会学研究，2001（03）：63－76．

当地的态势，这也提示我们更高程度的经济融入能够为流动人口的中、高度社会融入提供更好的基础。同时，社会组织的介入也能帮助流动人口更好地实现融入流入地。在现有的体制和政策环境下，社区社会组织的发展对于流动人口社会融入能够发挥积极作用，但不同类型社区社会组织对于促进流动人口不同维度的社会融入方面所发挥的作用并不相同。这一点在中度社会融入的案例情景中得到了证明，正式社区社会组织通过承接政府购买服务、承担培育非正式的社区自组织的责任和资源连接，促进了社区自组织的发展和不同类型的社区自组织之间的合作，同时也为流动人口与本地户籍人口之间的互动搭建了平台，起到桥梁和中介的作用。社区自组织是流动人口社会融入中的重要一环，流动人口通过地缘、业缘和亲缘关系参与社区自组织的活动，拓展了在流入地的关系网络，重建了促进融入的社会资本和人际关系，从而建立起对于本地社区的归属感和认同感。值得注意的是，正式社区社会组织和社区自组织在流动人口社会融入的不同阶段发挥了不同层次的作用。可以说，社区自组织和正式社区社会组织的联动性形成了流动人口的社会融入机制，为流动人口的社会融入提供了良好的社会基础和可能的多种途径。

第二节　流动人口社会融入四维度比较

社会融入具有一定的过渡性质，在同样的制度环境下，会以融入程度的高低呈现出阶梯性。它是一个逐步的、渐进的过程，因此经济融入、社交融入、文化融入和心理融入这四方面均会呈现出一种递进的逻辑。根据本书所采用的四种测量维度，按照“互斥穷尽”原则，将社会融入分为低、中、高三种程度，如果经济融入、社交融入、文化融入和心理融入四种维度全都呈现为低程度水平，则认为其处于一种低度社会融入状态；如果经济融入、社交融入、文化融入和心理融入四种维度全都呈现为高程度水平，则认为其处于一种高度社会融入状态；其他情况等则统一归属为中度社会融入状态。

本研究将社会融入划分为以下四个测量维度：一是经济融入，代表社会融入的起点，涉及经济和生产资料的配置利用、新的生产经营方式的适应、收入变化状况及发展趋势、经济改善的可持续性等。具体到本研究，经济融入主要借由流动人口的职业情况、居住环境等来进行衡量，它是流动人口立足城市的基础。二是社交融入，代表社会融入的广度，包括与当地政府之间的交流机制，以及与当地居民社会关系网络的建立和熟识等。具体到本研究，社会生活融入借由流动人口社会交往网络的复杂化程度来衡量，它是流动人口在居住地生活的进一步要求。三是文化融入，代表社会融入的进一步深化，包括对当地居民日常生活方式和休闲方式的接纳与使用、语言和习俗的接纳与认可、流动人口与当地居民之间的通婚等。具体到本研究，文化融入借由流动人口对居住地文化习俗的了解和使用情况来衡量，它是流动人口融入社会的深度，反映的是流动人口对居住地的深层次要求。四是心理融入，代表社会融入的最深层次，主要包括流动人口自我认知身份的逐渐消除。换言之，流动人口对流入地产生同当地居民一样的社区归属感，户籍居民与非户籍居民的心理身份开始消除，当地身份自我产生。具体到本研究，心理融入借由流动人口对居住地的身份认同和感情归属来衡量，它是流动人口对居住地的心理认同，是融入的内核表现。只有心理和文化的适应，才说明流动人口完全地融入于城市社会。

一、经济融入比较

在经济融入方面，作为低度社会融入的GN社区流动人口，他们往往在经济收入上呈现较低水平，就业机会相对缺乏，就业信息的获取方式有限，从事的工作以劳动密集型或基本服务业为主，得不到相应的社会保障和职业培训机会，居住环境往往以流动人口聚集的出租屋为主。作为中度社会融入的ZS社区流动人口，他们拥有一份较为稳定的工作，经济条件和居住环境也要比低度社会融入流动人口好。作为高度社会融入的CJ社区流动人口，他们完全融入了主流经济体系，具有与本地居民相同的就业机会和培训机会，在居住环境上他们都在通过经济条件的改善而寻求生活环境更好的社区。

二、社交融入比较

在社交融入方面，作为低度社会融入的GN社区流动人口，他们的主要交往对象为亲人和老乡，集中在以血缘和地缘为主的社会关系网络中。作为中度社会融入的ZS社区流动人口，与本地居民之间也有了相应的互动，且结交了一些业缘朋友。作为高度社会融入的CJ社区流动人口，由于深度的经济融入，他们社会交往的圈子开始扩展，不仅有本地居民的社会网络，也有与亲戚、朋友的社会网络。

三、文化融入比较

在文化融入方面，作为低度社会融入的GN社区流动人口，他们对本地的习俗和文化有了解的意愿，但由于缺乏与本地居民的实质性交流，加上结构性、制度性的限制，非户籍居民难以很好地实现文化融入。作为中度社会融入的ZS社区流动人口，他们虽然与本地居民有互动，但还存在一定的差异性、阻隔和障碍，对本地的文化和居民的风俗习惯的认同度不高。作为高度社会融入的CJ社区流动人口，他们对自身原有的文化没有忘怀，但也尊重本地居民的文化习俗，办事过程中所遵循的风俗主要与交往对象的身份相关，而非一味追求与本地人相同。

四、心理融入比较

在心理融入方面，作为低度社会融入的GN社区流动人口，由于缺乏与本地居民的实质性交流，加上户籍制的二元切割，他们从心理上难以很好地融入当地社会，认为自己是外地人，对自己家乡有着非常大的依恋，最早进入城市的流动人口大部分属于这种类型。作为中度社会融入的ZS社区流动人口，虽然与本地居民有了一定的互动，但还存在一定的心理阻隔和障碍，存在一种对本地居民的从属意识和主从关系，他们有强烈的融入当地社会的愿望，以便为下一代扎根当地奠定基础。作为高度社会融入的CJ社区流动人口，他们既认为自己是本地人，也认为自己是具有多重文化背景的外地人，非户籍居民与本地居民之间呈现的是一种相互欣赏、深度交融的状态。

社会组织在参与社会融入的过程中，通过提供不同类型的社会资本，导致不同类型的社会融入模式的产生。流动人口社会融入的衡量标准包括多个方面，根据上述分析，Z市GN、ZS、CJ三社区流动人口的社会融入参照其在经济、社交、文化和心理四个方面的适应度，分为低度融入、中度融入和高度融入三种模式，这也相应地形成了差异化的社会组织参与社会融入的三个社区的三种不同模式。总体上看，作为低度社会融入的GN社区流动人口，在经济融入、社交融入、文化融入和心理融入等方面的融入程度均较低，体现出一种与本地居民相对隔离的状态。作为中度社会融入的ZS社区流动人口，在经济融入、社交融入上呈现出较高程度，但在文化融入和心理融入方面存在犹豫和选择性，融入程度相对较低，但总体而言，比低度社会融入中的文化融入和心理融入程度相对要高。作为高度社会融入的CJ社区流动人口，在经济融入、社交融入、文化融入和心理融入等方面均呈现出较高的水平。

第三节　社会资本促进流动人口社会融入的作用比较

如前所述，社会资本对于促进流动人口的社会融入具有非常重要的中介作用。国内相关的研究也表明，社会资本对流动人口的迁徙影响深远。以社会关系网络为例，当流动人口抵达流入地时会构建关系网络以更好地生存，主要有以老乡为主的初级关系网络和强调业缘的次级关系网络，只有扩大新移民所集结的社会网络，其能够获取的物质资源才会更加丰富，且能够源源不断地流向自身。[①] 鉴于社会连结有亲疏远近之分，部分学者根据社会资本的主体差异性和互动网络紧密性，以划分不同维度的方式来考察社会资本存在的形式。[②]

微观层面的个人社会资本，居民个体通过面对面相互作用所拥有的社会关系网络以及由此所能获取其他资源的能力，包括信

① 曹子玮. 农民工的再建构社会网与网内资源流向 [J]. 社会学研究，2003 (03)：99－110.

② 吴光芸，杨龙. 社会资本视角下的社区治理 [J]. 城市发展研究，2006 (04)：25－29.

任、亲情、信仰、参与、互惠等,[①] 即是个体社会关系网络中的资源。而较为丰富的社会资源，则是等级制组织中的资源，包括参与、规则、信任以及组织的各种联系,[②] 这种社区组织的社区社会网络及其形成中所发挥的作用，也即是社区组织的动员能力和关系网，可称为中观层面的组织社会资本。而更为丰富的社会资源，则是社区成员共同拥有的社会体制中的资源，可被视为一个整体的社区所拥有的宏观社会资本——一种系统性的社会资本。本书将它们分别称为结合型社会资本、桥接型社会资本和连结型社会资本。上述三种不同层次的社会资本相互影响、相互作用，在流动人口社会融入中发挥着重要的作用。

一、社会资本促进流动人口低度社会融入的作用

结合型社会资本，作为流动人口通过血缘、种族或家庭纽带而形成的一种紧密型社会关系，使流动人口表现出相同的社会背景和目标，且具有较强烈的认同感。流动人口迁移前拥有以血缘和地缘为基础的结合型初级社会资本，这使其在入城之初的生活、就业以及未来发展等社会融入方面产生了显著作用。但不可否认的是，处于这种关系中的流动人口往往局限于追求小范围的社会网络，不愿意与网络外部成员交往，不利于社会资源在更广泛的范围内进行合理的配置，也不利于他们的在地化社会资本构建。换言之，也就是不利于流动人口的社会融入，其融入也只可能是低度的。

需要进一步指出的是，流动人口在城市生活与流动人口融入

---

① BROWN T F. Theoretical summary of social capital [M] //Social capital: a multifaceted persperctive. Washington, DC: The World Bank, 1999.

② 包括社团单元和组群单元。

所在的城市，这两者是有所区别的。在真正意义上实现对流入城市的身份认同并从心理上完全融入，形成社会生活共同体，仅仅依靠建立在血缘和地缘基础上的结合型社会资本是不够的，必须在流入地培育、获取和积累更多的在地化社会资本。相较于高级的次级社会资本——桥接型社会资本和连结型社会资本，作为初级社会资本的结合型社会资本具有明显的两面性。在流动人口进入迁徙地之初，它能够帮助其减少交易费用，扩展其生存空间；[①] 在寻找新的职业机会时，它能够确保流动人口获得的职业信息的有效性和真实性，并能显著提高其信息搜寻的效能。[②] 而伴随流动人口在迁徙地生活时间的延长，这种以地缘和血缘关系为纽带的结合型社会资本，就会成为流动人口与当地居民交往的“绊脚石”，还会阻碍其对迁徙地的认同感和归属感的形成，使其难以融入当地社会。[③] 从这个角度而言，流动人口要真正融入迁徙地，应着力突破在既有“乡土社会”中所构建形成的结合型社会资本的约束，构建新的社会资本。

二、社会资本促进流动人口中度社会融入的作用

一个有能力构建桥接型社会资本、促进和推动跨民族跨文化交往和互动的社会，才是一个成功应对新移民社会融入问题的社会。[④] 桥接型社会资本与结合型社会资本相比，在一定意义上更为

---

① 李培林. 流动民工的社会网络和社会地位［J］. 社会学研究，1996（04）：42－52.

② 张智勇. 内生性制度与农民工就业：基于社会资本的视角［C］. 全国中青年农业经济学者年会，2005.

③ 牛喜霞，谢建社. 农村流动人口的阶层化与城市融入问题探讨［J］. 浙江学刊，2007（06）：45－49.

④ PUTNAM R D，UNUM E P. Diversity and community in the twenty－first century：the 2006 Johan Skytte Prize Lecture［J］. Scandinavian Political Studies，2010，30（2），137－166.

重要和难得。流动人口通过同事、朋友等联系起来的这种社会关系，相较于基于“三缘”而建立的社会关系相对疏远，可能是因为具有不同的地域来源和社会经济地位的缘故。桥接型社会资本对流动人口社会融入产生的影响是比较复杂的：一方面，它是在结合型社会资本的基础之上发展起来的，并通过结合型社会资本得以强化，因此如果结合型社会资本所产生的影响是负面的，那么桥接型社会资本的影响也有可能是负面的；另一方面，它依托一种横向的连接机制，可以看作将不同团体和身份的人们连接起来的桥梁，这有助于网络内部与外部资源的连接，有助于促进信息共享、形成信任和完成合作，故对流动人口社会融入有积极影响。

然而，桥接型社会资本往往更为稀缺。目前以公益目标为发展导向的社会组织，能够为流动人口社会融入搭建桥接型社会资本。社会组织围绕特定的公益目标展开运作，其所推动的公益项目常常以流动人口群体为主要帮扶对象，可以帮助流动人口搭建起桥接型社会资本，促进流动人口群体的社会融入。① 社会组织以社区成员为对象的公共服务，可提升社区凝聚力和社区认同感，并打破与户籍人口群体的边界，产生桥接型社会资本，促进社会融入。总结来看，社会组织在提供结合型资本的基础之上，培育提供桥接型社会资本来促进社会融入，这种融入是一种中度社会融入，其中包括了结合型社会资本和桥接型社会资本，即中度社会融入的形成，首先离不开结合型社会资本的获得，这是流动人口建立个体社会网络的重要途径；但仅有结合型社会资本是不够的，还必须培育、建构基于社区社会网络的桥接型社会资本。

---

① 刘芳. 桥接型社会资本与新移民社会融入：兼论社会组织与基层社区对新移民融入的推动作用 [J]. 学习论坛，2015 (11)：67 -72.

三、社会资本促进流动人口高度社会融入的作用

如前所述，微观层面的结合型社会资本和中观层面的桥接型社会资本对流动人口的社会融入均能产生积极作用，社会组织通过提供这两种社会资本帮助流动人口低度或中度融入社区。但是，要实现流动人口的高度社会融入，仅具有这两种社会资本是不够的，还必须同时培育、构建更高层级的社会资本——连结型社会资本。连结型社会资本是一种垂直于不同社会层级间的个人或社会团体间的社会网络。由于人们处于不同的社会网络和组织，具有不同的经济和社会背景，所以连结型社会资本是一种比较弱的社会关系，它有助于人们超越既有网络和层次的限制，通过与外部网络和层次进行连接来获得信息和资源。正如普特南的研究所述，在那些横向社会组织比较发达的地区，不同网络之间的相互接触也比较频繁，网络内成员的溢出效应得以释放，这有助于在不同的网络之间，以及在全社会范围内形成合作和规范，从而社会资本得到良性循环，促进社会融入。① 下面重点比较分析不同社会层级间个人即流动人口与本地人之间高度社会融入的社会资本作用的发挥及其表现。

研究指出，流动人口与本地居民彼此之间能够相互理解、包容和信任，都会对前者的社会融入产生显著的积极影响，且信任对其社会融入的效果更为突出。他们对本地居民越信任，所遭受到的社会歧视就越少，对其融入当地社会就会更顺利。究其原因，如果对当地居民能够持有更多的信任，那么当他们与本地居民相处时，其心态就会更加平和、轻松。这些将有利于他们较快地、

① PUTNAM R D. Making democracy work：civic traditions in modern Italy［M］. New Jersey：Princeton University Press，1993.

更好地适应新生活，并且实现对居住地的社会融入，从而实现自我城市居民身份认同。[①] 由于三种类型社会资本依次提高，连结型社会资本是在结合型社会资本和桥接型社会资本基础之上促进社会融入，这种融入是一种高度社会融入，因此高度社会融入实际上包括了三种社会资本的同时存在。

无论是培育结合型社会资本和桥接型社会资本，还是积累连结型社会资本，社区社会组织都发挥了非常重要的作用。其中正式社区社会组织通过承接政府购买服务项目、提供无差别服务，并且承担培育非正式社会组织的责任，通过社会资源连接促使流动人口自发成立组织，进一步促进了非正式社会组织的发展和不同类型的非正式社会组织之间的合作，同时也为流动人口与本地人口之间的互动搭建了平台，发挥其促进社会融入的中介作用，形成的是组织之间或群体之间的桥接型社会资本，这种资本扩大了流动人口的活动空间、频率和参与度，促进了他们的社会融入。非正式组织既包括社区居民自发成立的社区自组织，还包括连接正式组织、自组织的枢纽型社会组织，其与正式组织在流动人口社会融入的不同阶段发挥的作用是不同的。在建构流动人口内部的关系网络和社会资本过程之中，非正式社区社会组织通过增加社会资本、提升认同感等介入路径促进了流动人口的社会融入。其中以血缘、地缘和业缘“三缘”为基础社会组织在组织内部、群体内部开展活动，形成的是组织内部或群体内部的结合型社会资本，这种资本对于刚开始进入新城市的流动人口的社会融入提供了各种支持，促进了他们的社会融入。而对于枢纽型社会组织来说，它具有更强的实质合法性，与政府的合作关系更紧密，有

---

① 任远，乔楠. 城市流动人口社会融合的过程、测量及影响因素［J］. 人口研究，2010（02）：11－20.

许多枢纽型社会组织实际上是政府主导的，它们通过全方位、多层次、宽领域的资源连接，发展社会组织，提供更高层次的连结型社会资本，为流动人口提供全方位的社会融入服务。

本书认为，社会资本在社会组织促进流动人口的社会融入中发挥了重大作用，在一定程度上影响了流动人口的融入效果。社会组织在参与流动人口社会融入的过程中，通过帮助流动人口聚集不同类型的社会资本，加快了其社会融入的进程。因此，社会组织在参与流动人口社会融入的过程中通过提供不同类型的社会资本，导致不同类型的社会融合模式的产生。①（如图 7－1）

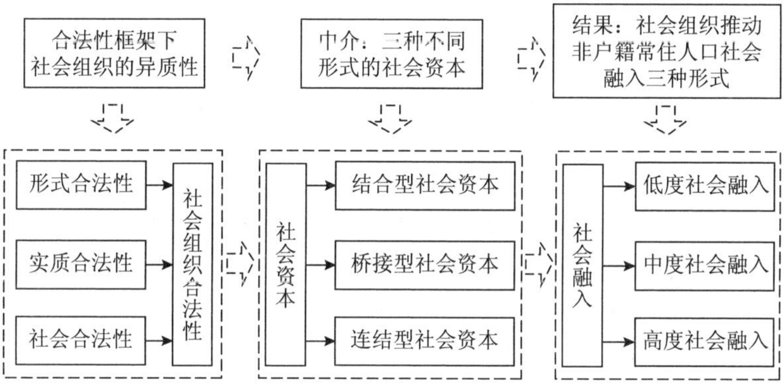

图 7－1　社会组织促进不同类型的社会融入的良性循环

本章小结

随着时代的急速变化和社会的快速发展，户籍制度固化的情境逐渐逝去，社会隔膜已然削弱，虽然隔膜以及造成隔膜的制度

① 罗伯特·D. 帕特南. 使民主运转起来：现代意大利的公民传统［M］. 王列，赖海榕，译. 北京：中国人民大学出版社，2017.

原因依然存在，但社会资本导致流动人口的社会融入程度发生了明显的变化。城市社区内部关系网络发生转变：社区基本公共服务开始实现无差别化和均等化，流动人口可以享受与本地居民基本相等的基本公共服务；社区居民、社区居委与流动人口的互动在加大加强，部分社区开始主动关注流动人口的社区参与和社会融入问题；市场竞争环境越来越公平和开放，流动人口与本地居民基本上可以实现其在就业过程中的“身份平等”；文化的交融与互相借鉴越来越多地出现在城市社区，流动人口与本地居民在生活习俗与文化习惯上日趋理性；心理的交会也逐渐发生，流动人口与本地居民在心理上日趋认同等。换言之，从制度到现实环境，流动人口在社区的融入“一路向好”——越来越朝积极的方向靠近，各种社会资源均在流动人口与本地居民之间自由流动，非正式的互动关系也在积极形成。

在流动人口的社会融入趋向积极的大环境下，如何衡量流动人口的社会融入就显得非常关键。通过前述可知，流动人口的社会融入实质上包含了社区居民身份转变的内涵：由农村农业人口向城市居民人口转变。在这一过程中，无论是从居住环境和就业领域，还是从生活习惯以及价值和心理认同上看，流动人口与城市社区居民之间均存在差异，虽然也有部分流动人口并非从农村人口向城市人口的转变，但也同样面临以上各个方面的转变问题。当然，这种差异化的过程并不意味着流动人口一定要被动地融入城市从而必须接受流入地的文化，社会融入还可以是不同文化之间相互交融从而实现多元共融。不过制度上的部分差距依旧存在，如流动人口在社会保障方面尚未能与当地居民享受同样的待遇，众多非户籍居民对异地就医不能及时报销存在怨言。社会排斥的状况虽然有所改善，但依旧存在。尤其是在某些具有集体经济的城市社区，本地居民对流动人口是否可以享受与其同等的待遇持绝对否定态度。但从现实来看，社会排斥虽然存在，但发展形势并非那样糟糕。如前所述，社区中的各方主体已然在向建立更为友好和积极的互动关系的方向努力，其中作为促进流动人口社会融入重要主体之一的社会组织，通过充分发挥自身优势，积极参与到流动人口社会融入所需社会资本的培育和积累之中，在促进流动人口实现低度、中度乃至高度社会融入方面发挥了重要的作用。

余　论　“诗与远方”与“路在何方”

第一节　基本结论

20 世纪 80 年代以前，在严格管控的户籍制度、落后的交通工具、安土重迁的传统观念和机会缺失等多重因素的作用下，以个体或家庭为单位的人口流动并不普遍。然而，伴随着改革开放的推进和市场经济体制的逐步确立，劳动力作为重要的生产要素，开始突破城乡二元结构的限制；同时，交通工具的不断发展及在越来越广阔的空间中流动，促成了史无前例的人口流动浪潮。虽然城乡二元社会经济结构和户籍制度的双重壁垒依旧存在，但二元经济体制同时也构成了人口流动的驱动力之一。落后地区人群对改善生活环境的渴望和对城市生活的向往形成强大的推力，促使他们冲破制度的制约，突破重重困难的阻碍，涌入经济发达地区。[1] 然而，由于流入地与流出地在经济结构、户籍制度，以及社

---

① 杨菊华. 从隔离、选择融入到融合：流动人口社会融入问题的理论思考［J］. 人口研究，2009，33（01）：17－29.

会、文化、行为习惯、生活方式等方面存在的巨大差异，那些流入发达地区、流入城市的流动人口虽然身处流入地，却通常过着候鸟般的生活，每到节庆假日就返回家乡与亲人团聚，过完节庆便再出来打工，始终无法摆脱“外来人”或者“新移民”的身份烙印，难以成为城市社区的永久居民。① 外来人和新移民的身份阻碍了社区流动人口融入城市社区主流社会。作为制度结构性问题以及面对数以亿计的人口问题，流动人口的社会融入问题已非是私人问题，而是一种社会现象，也不仅是一个个人问题或家庭问题，而且是一个转型时代的问题。这其中，涉及社会资源分配的秩序和规则以及利益关系；涉及国家层面的宏观政策、流入地的经济结构、居民的态度和行为、流动者的社会经济背景等多方面因素，是构建和谐社会过程中无法回避的问题。②

随着改革开放的不断深入，尤其是政府职能由管理向服务的转变，对流动人口的管理也从严格管控转为综合管理再到今天的管理服务。如何让流动人口共享改革开放的红利，享受到与城市社区户籍人口均等的公共服务，提升他们的幸福感和获得感，促进社会公平，维护社会稳定，增进社会和谐，就成为21世纪以来我国政府和社会各界共同关注的问题而引起了各方重视。

2009年，中共中央、国务院发布的《关于加大统筹城乡发展力度进一步夯实农业农村发展基础的若干意见》指出：“采取有针

① 杨菊华．从隔离、选择融入到融合：流动人口社会融入问题的理论思考［J］．人口研究，2009，33（01）：17－29．

② 费尔德曼．中国农民工的社会融合及其影响因素研究：基于社会支持网络的分析［J］．李树茁，任义科，靳小怡，译．人口与经济，2008（02）：1－8．

对性的措施，着力解决新生代农民工问题。”① 2011 年 2 月，时任中共中央总书记胡锦涛同志强调：“要进一步加强和完善由党委、政府、企事业单位、社会组织、人民团体和群众等发挥各自作用的社会管理格局，形成社会管理合力。”② 这其中就包括解决流动人口管理和服务在内的社会管理议题。③ 同年 4 月 27 日，胡锦涛总书记在中共中央政治局第二十八次集体学习时强调：“引导人口有序迁移和合理分布，切实加强流动人口管理和服务，制定引导人口合理流动、有序迁移的政策，积极稳妥推进城镇化，统筹协调好人口分布和经济布局、国土利用的关系，把流动人口管理和服务纳入流入地经济社会发展总体规划之中，为人口流动迁移创造良好政策和制度环境。”④ 2012 年 1 月，民政部出台针对农民工融入社区生活的专门性政策文件《关于促进农民工融入城市社区的意见》，将促进农民工的社会融入作为其参与社区生活重要抓手，确定了促进农民工社会融入的组织原则和主要任务。⑤ 由此可见，流动人口的管理和服务已成为当前我国经济社会全面、协调、可持续发展的关键影响因素之一，成为当前我国加强和创新社会管理的重要议题。

从学术界的研究来看，已有研究关注到上述问题，在社会融

① 中共中央，国务院．关于加大统筹城乡发展力度进一步夯实农业农村发展基础的若干意见［EB/OL］．（2010 - 1 - 31）．http：//www. gov. cn/gongbao/content_152890. htm.

② 胡锦涛．在省部级领导干部专题研讨班开班式上讲话［N］．人民日报，2011 -02 -19.

③ 蔡旭昶，严国萍，任泽涛．社会组织在流动人口管理服务中的作用——基于浙江省慈溪市和谐促进会的研究［J］．经济社会体制比较，2011（05）：199 -205.

④ 胡锦涛．加强任务落实不断开创人口工作新局面为经济社会发展创造更加有利的人口环境［EB/OL］．（2011 -04 -27）．http：//www. gov. cn/ldhd/2011 -04/27/content_1853485. htm.

⑤ 民政部．关于促进农民工融入城市社区的意见［Z］，2012 -01 -04.

入、政社关系、社会组织参与社会治理等方面所积累的研究成果颇丰，这不仅有力地指导、引领了实践，同时也为相关领域的理论研究进一步深化奠定了较为坚实的基础。但是，已有研究针对社会融入的研究视角过于单一，多以静态研究为主，较少讨论社会组织对于促进流动人口的社会融入所能发挥的功能及限度，没有分析社会组织参与社会融入的机制和行为逻辑；从社会融入归因和结果分析来看，对社会资本如何影响社会融入的研究也仅仅停留在笼统的描述之上，没有进行差异化分析；更未对社会融入的层次进行质性划分。针对已有研究之不足，本研究首先对社会融入的概念和主体、社会组织的概念进行界定；引入社会组织合法性概念及理论，对社会组织参与社会融入的动因进行分析；对社会组织参与社会融入的机制进行提炼，并对这种行为产生的影响展开探讨。具体结论包括以下四个方面。

第一，本书将社会组织作为流动人口社会融入的重要因素，指出社会组织在提供社会资本方面具有重要作用，尤其是社会组织合法性对于社会资本的影响是不同的。在中国特有的社会治理创新语境下的今天，合法性这一社会组织的属性特质之一对于社会组织至关重要。社会组织的合法性这一异质性特质，在社会组织产生培育社会资本过程中发挥了重要作用。鉴于斯科特（Scott）的三维度分析对于我国社会组织合法性的获得更具有适切性，笔者将组织的合法性分为体现规制性要素的形式合法性、体现规范性要素的实质合法性、体现文化—认知性要素的社会合法性。形式合法性强调的是规则、法律和奖惩等，是指社会组织是否具有法律意义上的合法性；实质合法性通过资格承认、合格证明等获得规范性合法性；社会合法性是从共同信念、共同行动逻辑等角度出发，指社会组织被社会认可的程度。综上所述，社会组织参与社会融入是基于组织合法性的获得，通过成功注册、赢得法律认可而获取形式合法性；通过遵守行政机关的相关规章制度、获得政府认可、承接政府转移的公共服务职能、提高服务质量和资源配置效率而获取实质合法性；通过为流动人口提供优质的、多样化的专业化服务而获取社会合法性。上述三种组织合法性提供了三种不同层次的社会资本。本研究认为社会组织的合法性构成要素包括形式合法性、实质合法性和社会合法性三个层面。同时具有三种合法性的社会组织获得政府认可支持，可以获得更多资源，通过承接政府转移的公共服务职能，开展项目服务，加强与政府及其他社会组织的交往联系，进而参与社会化动员、优化社区资源、实现市场化资源配置，从而获得不同层次的社会资本。

第二，目前学术界对社会资本理论的研究成果颇丰，本书运用社会资本理论及其研究成果，对流动人口社会融入的不同阶段和不同社会融入模式的形成进行了深入细致的分析，探讨了不同社会资本给予流动人口社会融入的不同影响，这丰富了社会资本理论的运用范围。具体地讲，本书认为，社会资本在促进社区流动人口的社会融入中起到了重要的中介作用，在一定程度上影响了流动人口的融入效果。社会组织在参与流动人口社会融入的过程中，通过帮助流动人口聚集不同类型的社会资本，进一步加快了流动人口社会融入的进程。因此，在参与流动人口社会融入的过程中，社会组织通过提供不同类型的社会资本，导致不同类型的社会融入模式的产生。根据已有分析，本书将社会资本分为三个层次：第一层次为结合型社会资本，主要是代表个人微观层面的社会资本，包括同质者间的连结，如家庭成员、朋友和邻居间的社会网络；第二层次为桥接型社会资本，系中观层面的社会资本，是在整个社会融入中起重要作用的社会资本，如关系较远的同事或社区团体或社会组织间的社会网络；第三层次是连结型社会资本，代表宏观层面的社会资本，是一种垂直的、不同社会层级间的、个人或社会团体间的社会网络。

流动人口进入异地社区，伴随他们一起进入新环境的还有他们通过血缘和地缘关系积累起来的结合型社会资本。到达流入地之初，流动人口往往通过既有熟人、亲戚、朋友、同事、同乡和宗亲会馆等“三缘”关系，寻找工作、安顿住所，借助结合型社会资本的重组和培植，排除心灵孤寂，结合型社会资本对流动人口在物质和精神等方面的安定与稳定都起到了重要作用。事实上，注重关系、血缘等结合型社会资本是我国流动人口社会融入的重要特征。在传统社会文化的影响下，社会资源的分配及汲取是以社会关系网络的“差序格局”为基础进行的，稳定可靠的地缘、血缘关系，对于“外来户”的流动人口而言是最可靠的社会资本。因此，我国绝大多数流动人口十分看重结合型社会资本，“老乡见老乡，两眼泪旺旺”“亲不亲，故乡人”，凡事都讲道义、重老乡情，着眼于营造人际关系，并以血缘、地缘为线索，累积更为厚重的结合型社会资本，构建更为广泛的社会关系网络，多数流动人口都处在这种关系网络之中，且每个人都以此为基础不断地维持、扩大这种社会网络和人际关系。

除了受传统社会文化的影响外，这种以亲缘和地缘关系为基础和纽带累积形成的结合型社会资本之所以具有如此强大的影响力，还可以从中国当下的社会状况中追寻原因。中国正处于社会转型期，较多旧的制度逐渐被破除，但新制度尚未完全确立起来，存在着一定的“制度真空”。在旧有的二元社会结构制度和观念的影响下，很多城市还没有建立适应流动人口就业、生活、社会保障、子女教育等完善的制度措施。为了更好更快地适应和融入流入地生活，流动人口只好利用自己唯一可以利用的、可靠的血缘、地缘关系相互支持、相互帮助；而部分流动人口自身组织化意识和力量的缺乏、流入地对流动人口自组织的忽视甚至制约，使部分流动人口的社会资本长期处于个人层次，难以制度化、组织化。这也再次证明，在当下的社会转型时期，流动人口在城市社区中延续其结合型社会资本具有一定的合理性。

流动人口冲破原有的城乡二元格局的束缚和羁绊，纷纷流向城市，这种人口流动在整体上讲，是有利于我国劳动力的合理配置和市场化分配机制的建立的。因此，国家应确立起各种有利于这种人口流动的体制机制，努力培育完善的人力资本市场，为流动人口的流动提供就业的信息、机会和相关资源。但是，就目前的情况来看，完善的社会流动制度化尚需时日，这将是一个长期的过程，可能将伴随着中国工业化、城市化和现代化始终。既然制度上还不能保障流动人口获得足够的社会资本，他们也就只能求助于自己的原有的社会关系网络，由此形成了他们自己的富有“中国特色”的结合型社会资本。

当然，这种以初级关系为基础的社会资本可为流动人口在新的环境中就业和发展提供帮助，但也在一定程度上对流动人口融入当地社区产生负面影响。① 由于有结合型社会资本的存在，流动人口融入流入地社区的主动性就受到影响，较少会在流入地社区发展本土化的社会资本，也难以真正从心理上融入当地社区、形成对流入地的身份认同。研究表明，流动人口在流入地通过社会交往等方式形成桥接型社会资本、通过社会参与等方式形成的连结型社会资本，对于流动人口的社会融入具有积极的作用。② 即通

---

①② 任远，陶力．本地化的社会资本与促进流动人口的社会融合［J］．人口研究，2012（09）：47－57.

过与流入地的社会成员、群体及相关社会团体的积极互动，累积桥接型社会资本及连结型社会资本。这十分有助于流动人口建立及培植适合个人在流入地生存和发展的新的关系网络和活动空间，以便在新的环境中更好地实现个人价值及奋斗目标，这也是社会组织在促进流动人口社会融入中，需要更加注重累积的两类社会资本。

鉴于中国特有的文化传统和社会转型时期的“中国特色”，桥接型社会资本和连结型社会资本的建构与累积须在策略上有所考虑：一方面需对现有的社会资本存量（即结合型社会资本等）进行改造，发掘其积极作用；另一方面则需要充分利用制度创新来增加和扩大桥接型社会资本和连结型社会资本的容量和规模。因此，本书认为，在我国新时代中国特色社会主义体制之下，除了要注重发挥社会组织在流动人口社会融入中的作用外，还应让政府发挥其应有的主导作用。有研究在谈到弱势群体社会资本的建构时，就提到了建立“诱导性社会资本”的策略，即在政府有意识的诱导下形成社会资本。在政府的持续支持中，帮助流动人口实现社会资本的维持和发展，包括对弱势群体给予制度化的支持（如让流动人口加入工会，在流动人口集中居住的社区建立外来人员权益保障机构等），以及扩大他们的社会支持体系，实现异质的支持网络连接等。通过扩大纵向的社会支持网络来缓解流动人口的困境，通过流动人口内部的互动来缓解群体成员的心理压力，使社会资本得以保持。① 这也即是说，在流动人口累积社会资本、融入流入地的过程中，除了需要发挥本书指出的社会组织的应有作用，还应强调以政府为核心的支持力量的作用发挥。

---

① 卜长莉. 社会资本与社会和谐［M］. 北京：社会科学文献出版社，2005：393.

第三，在参与流动人口社会融入的过程中，社会组织通过提供不同类型的社会资本，导致低度、中度和高度社会融入模式的产生。社会组织在参与社会融入的过程中通过提供不同类型的社会资本，导致不同类型的社会融入模式的产生，本研究认为流动人口的社会融入呈现出低度融入、中度融入和高度融入的差异化特点，这也构建形成了差异化的社会组织参与社会融入的模式。

在低度社会融入中，流动人口的职业不固定，居住环境杂乱，多为城中村，或者城乡接合部，或者直接为工厂宿舍。在该模式中，流动人口的经济融入程度低；从社会网络来看，因为住所区隔和经济地位悬殊，致使流动人口与本地人交往甚少，主要依托的是老乡、亲戚等熟人而建立起来的社会网络；从文化习俗来看，流动人口对本地人的风俗习惯了解不多，语言和生活习惯等仍保持原有模式，文化融入程度低；从心理融入来看，流动人口缺少对流入地的身份认同。

在中度社会融入中，流动人口的社会融入状况较好，已基本适应当地生活。从经济融入来看，流动人口拥有较为稳定的职业和收入，居住环境较好；从社会网络来看，流动人口的交往对象较为多样化，与本地人的互动也较多；从文化习俗来看，流动人口对本地人的风俗习惯了解较为深入，但依旧会沿用流出地习俗，不太愿意改变自身生活习惯；从心理融入来看，流动人口对居住地有一定情感归属，但并未放弃流出地身份认同。

在高度社会融入中，流动人口与本地人之间关系融洽，融入程度最高。从经济融入来看，流动人口与本地人的职业相当，收入稳定，双方没有职业和经济地位上的悬殊；从社会网络来看，流动人口有较稳定的社会网络，与当地居民互动程度很高；从文化习俗来看，流动人口对本地风俗习惯非常了解，也积极推广和扩散流出地风俗，双方对彼此的风俗和语言习惯相互尊重；从心理融入来看，他们既对流入地的文化表示认同，也不忘自身根本，对流入地和流出地的情感没有孰高孰低之别。

第四，特别需要指出的是，从更深层次的理论启示来看，本书认为流动人口正面临着艰难的选择，他们是选择深度融入还是被进一步隔离？在社会融入的分析中加入关于文化、心理的融入，我们可以很清晰地发现：流动人口的社会融入特征是多样化的，特别是低度社会融入型的流动人口，该群体看起来试图正在城市里寻觅更加深度的社会融入，以及更长期及稳定的发展，但从实质看来，这只不过是低度社会融入型流动人口在流动动因上的变化表现而已，无法证明上述群体所在流入地对他们社区认同度的加强；而结合型社会资本的广泛存在则反映了目前低度社会融入型的流动人口与流入地生活之间的复杂关系——低度社会融入型流动人口在流入地艰难地谋生，却徘徊于城市本地居民生活之外，很难与真正的城市生活融合为一体。

更为重要的是，在上面的分析中，我们发现了结合型社会资本的另一层功能：结合型社会资本能够给低度社会融入型的流动人口一个未来的可能的归属。当低度社会融入型的流动人口与本地居民的隔阂日益加深、存在社会融入困难之时，结合型社会资本就不仅像很多文献已经强调的那样，可以针对正式社会组织机制不完善带来的同乡权益受损以及同乡群体与其所处环境之间的不协调问题，帮助流动人口尽快嵌入至该群体所在的社会情境，结合型社会资本还可以帮助低度社会融入型的流动人口躲避所处的流入地可能对他们带来的伤害及不适。从这个角度而言，结合性社会资本就像是一座桥梁，将低度社会融入型的流动人口的家乡与外面的世界相勾连在一起，构建形成一个新的世界，结合型社会资本因此也被赋予了重要的“跨越边界”的特殊地位，能够让低度社会融入型的流动人口在这个新的世界里推动构建自身的行动逻辑、社会情景和实践秩序。项飚就曾经分析到，在北京“浙江村”里的流动人口，特别是青少年群体，他们在北京接受了正规的教育，表现出“回归”的趋势，在该群体所在的流入地社区形成了独特的社会化形态。项飚对此进行了分析，指出上述流动人口表现出截然不同的社会情境以及实践秩序的想象，但是，这种想象是怎么出现的呢？为什么这种想象模式这么顽固？可能的一种解释是，上述流动人口的表现是因为他们对流入地并没有很强的认同感和归属感，通过理性选择，该群体由此构建形成了自己的想象结果。①

从上述分析我们可以了解，一个正陷入矛盾境地的低度社会融入型流动人口群体，放在他们面前的并非一个非此即彼的简单选择（深度融入流入地抑或被进一步隔离），而是一个难以进行抉择的痛苦悖论：为了更好地追求美好的工业化时代的生活模式，他们背井离乡，走进沿海开放城市，从心理上永远离开了自己的家乡，他们不停地在陌生的流入地摸索新的生活机会及可能性。但是，在理性选择的推动下，他们却被动地深陷于另一个被隔离的境地。与户籍制度等制度化的非自愿性隔离相区别的是，这种隔离是一种无奈情境中的选择，是低度社会融入型的流动人口群

① 很多研究都倾向于将非户籍常住人口处理成非理性行动的主体，并相应地将非户籍常住人口的境遇改善与非户籍常住人口自身素质提高联系在一起。但是，已经有研究开始注意到非户籍常住人口行动的理性化特征，并尝试从结构化的角度来重新认识非户籍常住人口问题，这方面的努力包括：詹姆斯·斯科特《东南亚农民的道义经济学》，项飚《跨越边界的社区》，欧阳觅剑、王列军《社区的历程》（未刊稿）等。

体在综合多种因素后，他们进行了自主化的理性选择，并在实践行动中不断固化的结果，这是梯姆斯在其研究中所提出的“自愿性隔离”①。即便如此，这种自愿性隔离的结果隐含着极其危险的“社区唐人街化”问题，抑或是贫民窟化的危险境地。更加需要注意的是，一个十分荒谬的困境由此呈现出来：一直以来为研究者们所批判、被流动人口所痛恨的城乡二元化结构，极有可能在流入地得到重现和进一步固化。

文行至此，我们需要着力思考的重要问题是：现实中，这些流动人口将朝何方走去？实际上主要应当看这部分低度社会融入型的流动人口能否最终融入城市生活，并在落脚社区中明确自己的社会身份及地位。当然，很多文献已经指出，在面临既定的社会、文化、制度形态时，流动人口会依据自身需求，理性地设计和规划自己的行为，争取在本地社区的生存机会及发展空间，以求节约流动成本，进而实现自身利益最大化，这从宏观角度上看来可能会对整体社会结构产生影响。但如前所述，理性的选择也会有反作用力，会带来社会结构的异化和社会阶层差距的进一步扩大，正如孙立平所指出的不断地发生结构化的“断裂”形式。那么，我们就必须将审视思路重新回归到宏观制度层面，认真地思考应该怎样推动社会制度的改革，从而改造低度社会融入型流动人口的理性选择可能带来的行动后果。

---

① 梯姆斯认为，个体的认同与他的互动对象密切相关，个体的公共认同以及他的阶级归属感，是由与他经常互动的群体的特性决定的。这样，有共同需要的群体，面临共同的问题，群体成员生活在一起就能更好地满足大家的需要，处理共同的问题，并逐渐形成群体亚文化圈。TIMMS DWG. The urban mosaic: towards a theory of residential differentiation [M]. Cambridge: The University of Chicago Press, 1971.

第二节　研究的创新与不足

本研究对研究问题和研究背景进行深入研判，对既有研究成果进行文献研究，在归纳提炼社会融入理论、社会资本理论、组织合法性理论的基础上，形成了本研究的分析框架，并依此理论和分析框架解释社会组织参与流动人口社会融入这一问题，进行了一定程度的探索性研究，亦表现出视角和观点以及研究方法等方面的一定创新，但在对比分析上缺失数据分析，社会融入理论和社会资本理论的研究也有待进一步拓展。在未来的研究中，将运用调查问卷等方式收集数据，并在理论上进行更深入的探讨和拓展，以使该问题研究的效度进一步提升。

一、研究的创新之处

（一）视角的创新

已有研究虽然已经关注到了社会组织有助于流动人口的社会融入，却没有从理论上建构一个社会组织推动流动人口社会融入的整体性分析框架。或者说，针对流动人口的社会融入问题，整体性的理论框架尚未形成。本研究重点关注社会组织参与社会融入的原因、机制和影响，并试图建立社会组织参与社会融入的理论分析框架。

一方面，不同于以往“重结构、轻策略”的研究，本研究从“制度与行动策略”的研究路径出发，以社会组织异质性为分析视角，在对组织合法性进行重新界定的基础上，探讨具有不同形式合法性的社会组织对于社会资本的影响。

另一方面，不同于以往在社会融入的分析中将社会资本作为一个整体进行分析的情况，本研究着重关注社会组织促进社会融入的机制和社会融入的发生逻辑，将社会资本作为关键中介，对其进行系统的层次划分，并对社会组织在推动流动人口社会融入中培育、累积和采取何种社会资本进行对比分析，丰富了社会资本的研究范畴，即社会组织之所以能够促进流动人口的社会融入，是其通过提供社会资本来完成的。社会组织的异质性即其所具有的不同类型的组织合法性，对社会资本的影响是不同的，因而其所提供的不同类型的社会资本对流动人口社会融入的影响程度也是不同的。

（二）观点的创新

本书针对社会融入的类型和社会组织参与流动人口社会融入的机制进行深入分析。研究发现，社会组织在促进流动人口社会融入方面发挥着至关重要的作用，是多种机制综合作用的结果。社会组织根据自身所具备的不同类型的合法性而参与流动人口的社会融入——通过开展活动、承接政府转移的公共服务职能、承接政府购买服务项目、提高专业化服务质量和资源配置效率等来为社区流动人口构建、提供不同层次的社会资本，进而参与到流动人口社会融入的进程中，最充分地发挥其功能作用，并以此促进流动人口社会融入的实现。

在这一过程中，社会资本起到了很重要的中介作用。首先，具备不同类型合法性的社会组织通过提供结合型社会资本，帮助流动人口获得个体层面的社会资本；通过提供桥接型社会资本，帮助流动人口获得组织层面或社区内的社会资本；通过提供连结型社会资本，帮助流动人口获得系统层面的或跨社区的社会资本。其次，社会资本在促进流动人口的社会融入中，在一定程度上影响了流动人口的融入效果。我们可以从经济融入、社交融入、文化融入和心理融入四个维度来度量社会融入的程度；不同社区流动人口的社会融入程度存在差异，可分为低度社会融入、中度社会融入和高度社会融入三种类型。在不同层次社会资本的作用下，不同类型的社会融入模式得以产生，流动人口实现了低度、中度和高度三种程度的社会融入。由此，社会组织通过帮助流动人口获得结合型社会资本、桥接型社会资本和连结型社会资本三种不同层次的社会资本，从而使社会组织得以促进流动人口较好地融入当地社区。最终社会组织促进流动人口社会融入这一完整作用得以发挥，流动人口不同程度的社会融入得以实现。

（三）方法的创新

已有研究虽已从理论上注意到了社会组织参与流动人口社会融入的作用，但未进行实证检验，缺乏案例分析。本研究也不同于已有研究对社会融入群体的笼统分析，而是重点关注流动人口的社会融入问题，并对不同社区环境下的流动人口社会融入的现状进行类型学划分。因此，在研究方法上，不同于以往简单地通过调查来解释和描述流动人口的总量、空间分布、流向、流出方式、流动规则和流动机制等，本研究注重多案例比较分析，通过案例的对比和深描来发现影响流动人口社会融入状况的深层原因，从纵向逻辑上发现社会组织参与流动人口社会融入的基本策略。

二、研究的不足之处

一方面，定性研究更加关注事物的变化过程，而不是结果。它注重由原因导致结果的路径及过程，而要充分了解事件发生过程中的诸多细节，则需要研究者与研究对象有较深入和较长时间的接触，进而使双方之间建立起信任关系。它强调研究者要在比较自然的环境中收集所需之研究资料，深入了解研究对象在最一般、最自然状态下的意识和行为。因此，本书适宜于运用定性研究的方式开展论题分析。但其不足之处在于，在分析研究中缺少数据支撑，这可能会对本书的研究效度带来一定的影响。当然，在本书的调研及写作过程中，笔者采用深度访谈、观察法等研究方式予以尽可能的弥补。

另一方面，文章试图对社会融入理论和社会资本理论进行拓展。本书指出，不同社区流动人口社会融入存在差异，可分为低度社会融入、中度社会融入和高度社会融入三种类型。更为重要的是，本书深入分析了社会组织在帮助流动人口累积社会资本、推进其社会融入方面的重要作用。遗憾的是，关于社会融入的不同程度之间的层次分型，其维度如何界定？不同社会组织所建构的社会资本的差异性如何进一步予以解释？本书未进一步展开。在今后的研究中，笔者将在这个方面多下功夫，并进一步深入分析案例，争取做更深入的理论拓展。

第三节　研究展望

如前所述，流动人口的社会融入模式各有区别，这也预示了在推动社会治理创新和社会融入的过程中，基层政府要积极利用各类社会组织创造适合社区流动人口的社会资本层次，从而推动其快速融入社区。那么，应该如何进一步发挥社会组织在流动人口社会融入中的功效呢？

一、深化社会组织促进流动人口社会融入研究

移民研究显示，与选择返回迁出地或留在流入地社会融入不同的是，有那么一群频繁交替往返于迁出地和流入地之间的“跨

界移民”。对他们而言，无论是工作还是生活，两地都具有同等的重要性。他们既没有选择留在流入地，也不打算返回迁出地。也就是说，越来越多的流动人口在融入当地社会的同时，努力把居住地与原籍地联系起来，这预示着一种更适合当代流动人口社会融入的发展模式正在形成：流动人口的社会关系网络不断拓展，流动人口群体社会资本不断增殖，人群、社会乃至地区之间的各种关系经由各种有意识的人来人为架构起来，以实现旨在促进相关利益共同发展的互动。这种被称为“跨界移民”的现象构成了流动人口社会融入的另一种模式——“跨界”融合模式，这种跨界模式也开始引起了学者们的关注。① 而我国随着交通工具的便利性不断增强，这种跨界移民现象也可能在不久的将来出现，值得学界关注，也有待我们在未来的研究中予以重视。

基于移民管理的复杂性、艰巨性等特点，西方国家在其管理中都出现过诸多失败的教训。法国就曾因移民群体难以融入主流社会、固守自身文化传统以及整体经济状况较差等，而给社会稳定、政府整合、福利制度带来挑战。美国 2001 年“9・11”事件爆发后，新移民潮与恐怖袭击后的国家安全问题相互交织在一起，美国主流社会随即以国家安全的名义不断渲染新移民潮带来的消极因素，认为美国的法律移民体制已跟不上国家安全的需要，不能适应美国的商业和家庭生活的要求，从而要求对移民法进行改革。2006 年，美国因移民法案而引发激烈的国内争论和数百万人的抗议浪潮，这说明美国国内因移民问题而造成的社会裂痕在扩大。还有德国的移民管理问题等也是如此。尽管经历了一个从较宽松到严格的过程，西方发达国家的移民管理总体上都较重视通

① 悦中山．农民工的社会融合研究：现状、影响因素与后果［D］．西安：西安交通大学，2011.

过特定政策来引进具竞争性的高级专业技术人才，但不同国家、同一国家在不同发展阶段或者不同经济社会状况下所采取的措施和手段并不相同或一致，因此并不存在一套移民管理的成熟模式。但是，这并不意味着西方国家的移民管理实践对于我国毫无意义，相反，它对于当前我国的流动人口管理服务具有很多启示。例如，西方发达国家在移民管理实践中重视公民权利、阶层流动、多元融合、社会组织等方面的经验，可以成为我国流动人口管理的“他山之石”。Z 市在流动人口管理和服务中的诸多创新，与西方国家的上述移民管理经验具有相似之处。多年来，Z 市不断赋予流动人口在就业、教育、医疗、养老、住房等方面与本地居民同等的社会权利，逐步使流动人口实现“同城待遇”。不仅如此，Z 市通过建设“和谐促进会”等这类社会融入组织，有效增进了新老市民之间的利益协调和认同建构。深入开展比较研究，有利于我国流动人口的管理和社会治理创新。

面向未来，以下几点值得我们重视：

（1）普遍提供一定的公共服务和社会保障，寓管理于服务之中。不论哪个国家，只要确定了某一个人的合法移民身份，都应毫无例外地赋予其平等享有社会保障的权利。对于我国流动人口，既不是只有行政管理却没有公共服务，也不是只享用服务却不承担义务，而是管理和服务双管齐下，以服务作为最好的管理手段。

（2）拓宽开放向上流动渠道。我国及很多国家都通过居住证制度设计达到这一目的。如户籍制改革、“优秀人才居留证”等规定，成功的申请者可以获准入籍，享有一定的居留时间，并可做一定的续延，符合一定条件的也可以申请长居，等等。对其子女在内的儿童一视同仁，保证每一个人获得良好的教育，这种致力于实现机会平等的举措无疑为开放社会阶层之间的流动通道做了最好的注解。

（3）积极促进社会文化融合。如为希望入籍的流动人口提供统一的入籍课程，希望他们了解流入地文化、历史和价值观。并保持各个层面、各个部门在移民、社会融入和就业政策上的一致性，促进各级政府与研究机构、公共服务提供者与社会组织的合作，解决流动人口社会融入的问题。

（4）充分发挥社会组织的作用。前文已列举Z市培育发展社会组织并发挥其在流动人口社会融入级管理中独特作用的例子。同样，我们还可更加强调通过各类社会组织表达、集中流动人口需求，增强各社群在政治生活、经济生活、社会生活和文化生活中的代表性，维护自身权益，真正实现共建共治共享，共同打造社区共同体。

二、进一步研究的方向

综上所述，对于流动人口的社会融入问题，本书虽然在理论与实践结合研究的基础上，运用质性研究方法进行了较为系统和深入的分析，也取得了具有一定价值的研究成果，但同样也存在一些局限，以期在以下四方面改进。

（1）本书对流动人口社会融入的实证研究仅限于Z市，尽管Z市有一定的代表性，但一个更大范围的实证调研对于议题研究的针对性和准确性是非常必要的。笔者已经意识到这一问题，并希望在以后的实际工作和进一步研究中能够扩大实证调研的范围，将这一框架细化，从而探索出更加具有解释力的理论框架和实践路径。囿于时间和能力，本书只能算是为分析流动人口社会融入问题破了题，还有大量的深入细致且具重大意义的理论和实践问题需要在今后的研究工作中加以深化和细化。

（2）在城市实现高度社会融入应该是流动人口个人发展的一条重要出路，然而受限于个体条件、社会环境及制度约束，许多流动人口仍然处于低度社会融入的状态，如何推动流动人口从低度社会融入实现向高度社会融入模式的转变，从目前的静态结构分析转向动态的历时观察，这一转向已成为社会融入研究不可忽视的重要组成部分，亦将是未来社会融入研究的一个重要方向，对社会组织而言亦然。但是已有研究滞后于实践，在促进流动人口社会融入的作用机制的研究方面关注有限，还有待在本书建立的包含流动人口、本土化社会资本、社会组织在内的动态融合的分析框架的基础上，系统地把握流动人口社会融入的过程及社会组织作用的充分发挥，以进一步丰富社会组织和社会融入的研究成果。因此，深入研究流动人口融入流入地社区的机制，进一步构建一个能展示流动人口、社会组织、社区融入、社会资本的动态的、更大的社会融入分析框架，将有助于更系统把握流动人口的社会融入，实现流动人口高度社会融入。这将是一个需要重点关注的、有待深耕和开拓的重要研究方向。

（3）研究结论提示我们需要重新思考社会组织在社会融入中所扮演的角色。从社会组织提供服务的动力机制出发，社会组织更多是承接了部分政府社会服务的职能，并通过自身的专业性为社区居民提供相应的社会服务。如果说社会组织在当前社区治理中发挥重要作用尚可，但具体到社区治理中的社会融入的问题上，社会组织与流动人口的社会融入并未引发学术界的重视。诚然，在当下的社会情境下，流动人口社会融入的问题虽然迫切，但是放在社会组织的面前却很容易被忽视。本书所列举的三个典型案例具有一定特殊性，这种特殊性是否能够具备绝对意义上的创新性，本书的研究结果是否可以进一步推广，值得后续研究进行深入探讨。

（4）如上所述，由于社会组织在促进流动人口社会融入方面发挥着积极作用，因此非常有必要制定相关的政策来促进社会组织参与流动人口的社会融入，实现社会和谐稳定与公平正义，满足人们对美好生活的期待，这也是后续研究中应该进一步强化的地方。具体而言：

一是如何大力培育发展融合类社会组织。改革开放 40 多年的实践证明，流动人口将成为中国社会的常态。因此，在户口制度继续存在的情况下，流动人口与本地人口的社会融入将是我国政府未来持续面对的社会问题。政府应大力培育以促进族群社群融合为目标的社会组织，充分利用该类社会组织扎根基层、贴近民众的特点，积极发挥其沟通政府与社会、本地人与外地人的桥梁纽带作用，运用社会工作、心理学等专业服务方法，促进流动人口融入本地社区。此外，还需激发社区自组织力量，促进流动人口和本地人口共同参与社区公共事务，增强其对社区的认同感和归属感，不仅要让不同户籍的社区居民融入劳动分工体系，更要让其融入共同的新的文化体系和价值体系。

二是进一步完善融合类社会组织的指导与监督机制。社会组织在我国的发展时间不长，以促进社区融入为目的的融合类社会组织更是少之又少，尚未有成熟可行的经验可借鉴，因而还需政府相关部门加大对该类社会组织的业务指导。从法人治理、业务开展、财务规范、成效提炼等方面，不断完善这类社会组织的管理运营。同时尚需加强对此类社会组织的监管，确保其正确的政治方向。

三是建立流动人口服务的多元主体协同机制。在体制机制上，要理顺政府、社会组织、企业、社区居民和流动人口等多元主体在推动流动人口社会融入过程中的角色关系，建立多方协同机制和社区共同体。政府需做好流动人口政策的制定工作，在制度层面消除户籍歧视，让不同户籍的社区居民都享受到均等的基本公共服务，同时尚需通过政府购买服务的方式加大对社会组织的支持，为社会组织发挥应有的作用提供资金保障和资源支持，从而实现政府行政功能与社会自治功能互补、政府管理力量与社会协调力量互动的流动人口管理服务和社会资本培育构建网络。

参考文献

一、专著

［1］帕萨·达斯古普特. 社会资本：一个多角度的观点［M］. 张慧东，等 译. 北京：中国人民大学出版社，2005.

［2］马克斯·韦伯. 经济与社会：第2卷［M］. 阎克文，译. 上海：上海人民出版社，2010.

［3］尤尔根·哈贝马斯. 合法化危机［M］. 刘北成，曹卫东，译. 上海：上海人民出版社，2009.

［4］尤尔根·哈贝马斯. 重建历史唯物主义［M］. 郭官义，译. 北京：社会科学文献出版社，2000.

［5］皮埃尔·布迪厄，华康德. 实践与反思：反思社会学导引［M］. 李猛，李康，译. 北京：中央编译出版社，1998.

［6］让－马克·夸克. 合法性与政治［M］. 佟心平，王远飞，译. 北京：中央编译出版社，2002.

［7］涂尔干. 社会分工论［M］. 渠东，译. 北京：生活·读书·新知三联书店，2000.

［8］托克维尔. 论美国的民主［M］. 董果良，译. 北京：商务印书馆，1989.

［9］亚里士多德. 政治学［M］. 颜一，秦典

华，译. 北京：中国人民大学出版社，2003.

［10］W. 理查德·斯科特. 制度与组织：思想观念与物质利益［M］. 3 版. 姚伟，王黎芳，译. 北京：中国人民大学出版社，2010.

［11］阿历克斯·英格尔斯. 人的现代化［M］. 殷陆君，译. 成都：四川人民出版社，1985.

［12］罗伯特·D. 帕特南. 使民主运转起来［M］. 王列，赖海榕，译. 南昌：江西人民出版社，2001.

［13］T. 帕森斯. 现代社会的结构与过程［M］. 梁向阳，译. 北京：光明日报出版社，1988.

［14］乔尔·S. 米格代尔，等. 社会中的国家：国家与社会如何相互改变与相互构成［M］. 李杨，郭一聪，译. 南京：江苏人民出版社，2013.

［15］安东尼·吉登斯. 第三条道路：社会民主主义的复兴［M］. 郑戈，译. 北京：北京大学出版社，2000.

［16］安徽省社会科学界联合会. 美好安徽　圆梦中国：自信·自觉·自强——安徽省社会科学界第八届学术年会文集［M］. 合肥：合肥工业大学出版社，2013.

［17］陈向明. 质的研究方法与社会科学研究［M］. 北京：教育科学出版社，2000.

［18］邓国胜. 非营利组织评估［M］. 北京：社会科学文献出版社，2001.

［19］邓正来. 国家与社会［M］. 北京：北京大学出版社，2008.

［20］范丽珠. 全球化下的社会变迁与非政府组织［M］. 上海：上海人民出版社，2003.

［21］范铁中．社会转型期群体性事件预防与处置机制研究［M］．上海：上海大学出版社，2014.

［22］费孝通．乡土中国　生育制度［M］．北京：北京大学出版社，1998.

［23］风笑天．社会学研究方法［M］．北京：中国人民大学出版社，2005.

［24］郭广辉，王晓烁，武建敏，等．法治进程中的社会组织发展研究［M］．北京：中国检察出版社，2013.

［25］国务院研究室课题组．中国农民工调研报告［M］．北京：中国言实出版社，2006.

［26］黄晓勇．中国民间组织报告（2010—2011）［M］．北京：社会科学文献出版社，2011.

［27］金耀基．从传统到现代［M］．北京：中国人民大学出版社，1999.

［28］林聚任，刘玉安．社会科学研究方法［M］．济南：山东人民出版社，2004.

［29］林南．社会资本：关于社会结构与行动的理论［M］．张磊，译．上海：上海人民出版社，2005.

［30］林瑞华．“阶级差异”或“认同制约”?：大陆台湾人社会融入之分析［D］．台北：致知学术出版社，2016.

［31］卢宪英，韩恒．非营利组织前沿问题研究［M］．郑州：郑州大学出版社，2010.

［32］任远．城市流动人口的居留模式与社会融合［M］．上海：上海三联书店，2012.

［33］孙柏瑛．社会管理新机制［M］．北京：国家行政学院出版社，2015.

［34］王克勤，田文进，朱烈，等. 世界知识大辞典［M］. 北京：世界知识出版社，1988.

［35］王名. 社会组织与社会治理［M］. 北京：社会科学文献出版社，2014.

［36］王培安. 中国流动人口发展报告 2010［M］. 北京：中国人口出版社，2010.

［37］王颖. 社会中间层——改革与中国的社团组织［M］. 北京：中国发展出版社，1993.

［38］项飚. 流动、传统网络市场化与"非国家空间"［M］// 张静. 国家与社会. 杭州：浙江人民出版社，1998.

［39］余晖. 行业协会及其在中国的发展：理论与案例［M］. 北京：经济管理出版社，2002.

［40］张静. 法团主义［M］. 北京：中国社会科学出版社，2005.

［41］张静. 基层政权：乡村制度诸问题［M］. 杭州：浙江人民出版社，2000.

［42］周红云，宋学增. 构建全民共建共享的社会治理格局：中山的实践与创新［M］. 北京：中国社会出版社，2016.

［43］周晓虹. 现代社会心理学［M］. 上海：上海人民出版社，1997.

［44］周永新. 香港人的身份同和价值观［M］. 香港：中华书局有限公司，2016.

二、期刊

［45］亚历杭德罗·波特斯. 争夺优势：国内及移居少数民族经济地位的提高［J］. 周民，刘东国，译. 世界民族，1993（05）：9－17.

［46］白小瑜. 新生代农民工的社会资本［J］. 湖北民族学院学报（哲学社会科学版），2006（01）：148－150.

［47］蔡宁. 政府会影响非营利组织与企业的合作吗？［J］. 公共行政评论，2015（05）：114－128.

［48］蔡旭昶，严国萍，任泽涛. 社会组织在流动人口管理服务中的作用：基于浙江省慈溪市和谐促进会的研究［J］. 经济社会体制比较，2011（05）：199－205.

［49］曹子玮. 农民工的再建构社会网与网内资源流向［J］. 社会学研究，2003（03）：99－110.

［50］陈成文，孙嘉悦. 社会融入：一个概念的社会学意义［J］. 湖南师范大学（社会科学学报），2012（06）：66－71.

［51］陈福平. 非营利组织与社区建设：台湾和香港的比较研究［J］. 澳门理工学报（人文社科版），2014（03）：124－135.

［52］陈怀超，陈安，范建红. 组织合法性研究脉络梳理与未来展望［J］. 中央财经大学学报，2014（04）：87－96.

［53］陈天祥，徐于琳. 游走于国家与社会之间：草根志愿组织的行动策略：以广州启智队为例［J］. 中山大学学报（社会科学版），2011（01）：155－168.

［54］陈天祥，郑佳斯. 双重委托代理下的政社关系：政府购买公共服务的新解释框架［J］. 公共管理学报，2016（03）：36－48.

［55］陈为雷. 从关系研究到行动策略研究：近年来我国非营利组织研究述评［J］. 社会学研究，2013（01）：228－240.

［56］程苏，刘璐，郑涌. 社会排斥的研究范式与理论模型［J］. 心理科学进展，2011（06）：905－915.

［57］崔月琴，张冠. 社会组织管理模式变迁及创新路径

[J]. 江海学刊, 2014 (01): 99 - 106.

[58] 戴鑫. 政治合法性与组织合法性理论比较研究 [J]. 北京理工大学学报 (社会科学版), 2010 (06): 96 - 101.

[59] 邓宁华. "寄居蟹的艺术": 体制内社会组织的环境适应策略——对天津市两个省级组织的个案研究 [J]. 公共管理学报, 2011 (07): 91 - 101.

[60] 杜建政, 夏冰丽. 心理学视野中的社会排斥 [J]. 心理科学进展, 2008 (06): 981 - 986.

[61] 范和生, 唐惠敏. 社会组织参与社会治理路径拓展与治理创新 [J]. 北京行政学院学报, 2016 (02): 90 - 97.

[62] 范明林. 非政府组织与政府的互动关系: 基于法团主义和市民社会视角的比较个案研究 [J]. 社会学研究, 2010 (03): 159 - 176.

[63] 费梅苹. 社会转型中政府与社团组织关系研究 [J]. 华东理工大学学报 (社会科学版), 2006 (03): 12 - 17.

[64] 嘎日达, 黄匡时. 西方社会融合概念探析及其启发 [J]. 理论视野, 2008 (01): 47 - 49.

[65] 高丙中. 社会团体的合法性问题 [J]. 中国社会科学, 2000 (02): 100 - 110.

[66] 管兵, 岳经纶. 双重合法性和社会组织发展: 以北京市 19 个小区 163 个的业主委员会为例 [J]. 广西民族大学学报 (哲学社会科学版), 2014 (05): 147 - 151.

[67] 郭宏斌. 我国城市社会组织的发展现状与培育策略: 一项基于对中小城市的调查与思考 [J]. 南京航空航天大学学报 (社会科学版), 2013 (02): 65 - 68.

[68] 何道峰, 肖延中. 异地就业: 扶贫与人力资源开发——

中国西南劳务输出扶贫项目的个案分析 [J]. 开放时代，1997 (03)：5－19.

[69] 何艳玲，周晓锋，张鹏举. 边缘草根组织的行动策略及其解释 [J]. 公共管理学报，2009 (01)：48－54.

[70] 和经纬，黄培茹，黄慧. 在资源与制度之间：农民工草根 NGO 的生存策略——以珠三角农民工维权 NGO 为例 [J]. 社会，2009 (06)：1－21.

[71] 胡小军，朱健刚. "三社联动"机制下社区基金会的功能与运行逻辑 [J]. 华东理工大学学报（社会科学版），2018 (01)：77－86.

[72] 黄晓春，稽欣. 非协同治理与策略性应对：社会组织自主性研究的一个理论框架 [J]. 社会学研究，2014 (06)：98－123.

[73] 纪莺莺. 当代中国的社会组织：理论视角与经验研究 [J]. 社会学研究，2013 (05)：219－241.

[74] 敬乂嘉. 控制与赋权：中国政府的社会组织发展策略 [J]. 学海，2016 (01)：22－33.

[75] 康晓光，韩恒. 分类控制：当前中国大陆国家与社会关系研究 [J]. 社会学研究，2005 (06)：1－19.

[76] 康晓光，韩恒. 行政吸纳社会：当前中国大陆国家与社会关系再研究 [J]. 中国社会科学（英文版），2007 (02)：116－128.

[77] 康晓光. 转变政府职能：构建"小政府、大社会"的社会管理模式 [J]. 学术探索，2013 (12)：4－5.

[78] 李明欢. 20 世纪西方移民理论 [J]. 厦门大学学报（哲学社会科学版），2000 (04)：12－18.

[79] 李培林，田丰. 中国农民工社会融入的代际比较 [J]. 社会，2012 (05)：1－24.

［80］李强．当前我国城市化和流动人口的几个理论问题［J］．江苏行政学院学报，2002（01）：61－67.

［81］梁波，王海英．国外移民社会融入研究综述［J］．甘肃行政学院学报，2010（04）：18－27.

［82］刘芳．桥接型社会资本与新移民社会融入：兼论社会组织与基层社区对新移民融入的推动作用［J］．学习论坛，2015（11）：67－72.

［83］刘鹏．从分类控制走向嵌入型监管：地方政府社会组织管理政策创新［J］．中国人民大学学报，2011（05）：91－99.

［84］刘茜，杜海峰，靳小怡，等．留下还是离开：政治社会资本对农民工留城意愿的影响研究［J］．社会，2013（04）：103－116.

［85］刘轩．北京市社会组织的调查研究［J］．中国社会组织，2012（10）：14－17.

［86］陆淑珍，魏万青．城市流动人口社会融合的结构方程模型：基于珠三角地区的调查［J］．人口与经济，2011（05）：17－23.

［87］马西恒，童星．敦睦他者：城市新移民的社会融合之路——对上海市Y社区的个案考察［J］．学海，2008（02）：15－22.

［88］马永斌．枢纽型社会组织的理想类型与发展路径：以社会组织孵化中心为例［J］．法制与社会，2019（01）：127－128.

［89］穆光宗．全球人口发展趋势及其对世界政治的影响［J］．当代世界与社会主义，2012（04）：109－118.

［90］聂伟，风笑天．农民工的城市融入与精神健康：基于珠三角外来农民工的实证调查［J］．南京农业大学学报（社会科学版），2013（05）：32－40.

［91］牛喜霞，谢建社．农村流动人口的阶层化与城市融入问

题探讨［J］. 浙江学刊，2007（06）：45－49.

［92］彭华民. 社会排斥与社会融合：一个欧盟社会政策的分析路径［J］. 南开学报（哲学社会科学版），2005（01）：23－30.

［93］邱培媛. 国内外流动人口心理健康研究进展及启示［J］. 中国心理卫生杂志，2010（01）：64－68.

［94］任远，乔楠. 城市流动人口社会融合的过程、测量及影响因素［J］. 人口研究，2010（02）：11－20.

［95］任远，陶力. 本地化的社会资本与促进流动人口的社会融［J］. 人口研究，2012（05）：45－57.

［96］宋全成. 论二战后德国的合法移民及社会融合政策［J］. 厦门大学学报（哲学社会科学版），2008（03）：114－121.

［97］宋言奇. 城市流动民工心理社区的构建：以大连市的个案分析为例［J］. 南华大学学报，2004（02）：106－109.

［98］唐文玉. 行政吸纳服务：中国大陆国家与社会关系的一种新诠释［J］. 公共管理学报，2010（01）：13－19.

［99］田凯. 关于农民工的城市适应性的调查分析与思考［J］. 社会科学研究，1995（05）：90－95.

［100］王春光. 新生代农村流动人口的社会认同与城乡融合的关系［J］. 社会学研究，2001（03）：63－67.

［101］王桂新，沈建法，刘建波. 中国城市农民工市民化研究：以上海为例［J］. 人口与发展，2008（01）：3－23.

［102］王名，刘求实. 中国非政府组织发展的制度分析［J］. 中国非营利评论，2007（01）：92－145.

［103］王诗宗，宋程成，许鹿. 中国社会组织多重特征的机制性分析［J］. 中国社会科学，2014（12）：42－59.

［104］王思斌. 走向承认：中国专业社会工作的发展方向

[J]. 河北学刊，2013 (11)：108-113.

[105] 王新时. 从行政组织法的视角看我国非政府组织之法律规制 [J]. 内蒙古大学学报（哲学社会科学版），2012 (01)：54-58.

[106] 吴光芸，李建华. 社会资本：区域经济发展的软实力 [J]. 未来与发展，2009 (07)：26-30.

[107] 吴光芸，杨龙. 社会资本视角下的社区治理 [J]. 城市发展研究，2006 (04)：25-29.

[108] 吴月. 吸纳与控制：政府购买社会服务背后的逻辑 [J]. 上海行政学院学报，2015 (06)：64-73.

[109] 夏俊林. 社会组织参与流动儿童社会融入的问题研究：以苏州红庄爱心小屋为例 [J]. 学理论，2015 (04)：129-130.

[110] 肖瑛. 从“国家与社会”到“制度与生活”：中国社会变迁研究的视角转换 [J]. 中国社会科学，2014 (09)：88-104.

[111] 谢海定. 中国民间组织的合法性困境 [J]. 法学研究，2004 (02)：17-34.

[112] 徐佳良，孙钰林. 论社会团体的内部合法性 [J]. 甘肃行政学院学报，2006 (04)：77-79.

[113] 徐佳良，许源. 合法性理论下政府购买社会组织服务的绩效评估研究 [J]. 经济与社会体制比较，2015 (06)：187-195.

[114] 徐丽敏. “社会融入”概念辨析 [J]. 学术界，2014 (07)：84-91.

[115] 许鹿，李云. 社会组织在政治关联中的自主性生产何以可能？评《跨部门协同中非营利组织自主性的形成机制》[J]. 公共管理学报，2013 (04)：12-14.

[116] 杨菊华. 从隔离、选择融入融合：流动人口社会融入

问题的理论思考［J］. 人口研究，2009（01）：17-29.

［117］杨菊华. 中国流动人口的社会融入研究［J］. 中国社会科学，2015（02）：61-79.

［118］杨黎源. 外来人群社会融合进程中的八大问题探讨：基于对宁波市1053位居民社会调查的分析［J］. 宁波大学学报（人文科学版），2007（06）：65-70.

［119］杨立伟. 从社区发展组织看社会资本［J］. 开放时代，2004（02）：120-129.

［120］杨丽，赵小平，游斐. 社会组织参与社会治理：理论、问题与政策选择［J］. 北京师范大学学报（社会科学版），2015（06）：5-12.

［121］杨柳. 社会资本视域下社会治理的困境［J］. 学理论，2014（27）：58-59.

［122］杨晓红. 社会组织参与社会治理模式及其动因分析［J］. 行政科学论坛，2017（04）：41-46.

［123］杨绪松，靳小怡，肖群鹰，白萌. 农民工社会支持与社会融合的现状及政策研究：以深圳市为例［J］. 中国软科学，2006（12）：18-26.

［124］姚华. NGO与政府合作中的自主性何以可能？——以上海YMCA为个案［J］. 社会学研究，2013（01）：21-42.

［125］于晓红，李姿姿. 当代中国社团官民二重性的制度分析：以北京市海淀区个私协会为个案［J］. 开放时代，2001（09）：90-96.

［126］郁建兴，金蕾. 社会组织在社会管理中的协同作用：以杭州市为例［J］. 经济社会体制比较，2012（04）：157-168.

［127］郁建兴，吴宇. 中国民间组织的兴起与国家：社会关

系理论的转型［J］. 人文杂志，2003（04）：142－148.

［128］郁建兴，周俊. 中国公民社会研究的新进展［J］. 马克思主义与现实，2006（03）：36－45.

［129］张坚. 关于八大城市流动人口问题的综合报告［J］. 社会学研究，1991（03）：20－24.

［130］张紧跟，庄文嘉. 非正式政治：一个草根 NGO 的行动策略：以广州业主委员会联谊会筹备委员会为例［J］. 社会学研究，2008（03）：133－150.

［131］张劲松，许甜甜. 论非政府组织对政府职能转移的承接［J］. 新视野，2012（04）：71－76.

［132］张劲松. 邻避型环境群体性事件的政府治理［J］. 理论探讨，2014（05）：20－25.

［133］张荆红，丁宇. 互依联盟何以可能?：中国枢纽型社会组织与国家之关系及其改革走向［J］. 北京师范大学学报（社会科学版），2018（06）：181－140.

［134］张文宏，雷开春. 城市新移民社会融合的结构、现状与影响因素分析［J］. 社会学研究，2008（05）：117－141.

［135］张文宏，刘琳. 城市移民与本地居民的居住隔离及其对社会融合度评价的影响［J］. 江海学刊，2015（02）：114－122.

［136］张向东. 传统与现代的冲突：帕特南的社会资本理论简析［J］. 兰州学刊，2007（02）：61－63.

［137］张孝文，毛国民. 社会组织在非洲裔移民社会融入中的作用：基于广州市越秀区登峰街的实证分析［J］. 机构与行政，2017（07）：48－51.

［138］赵衡宇，胡晓鸣. 邻里资本视角下的城市住区空间变革［J］. 城市问题，2009（05）：2－6.

[139] 赵秀梅. 中国 NGO 对政府的策略：一个初步考察 [J]. 开放时代，2004 (06)：5 – 23.

[140] 赵学昌. 中国社区民间组织法律治理机制探析 [J]. 政法论丛，2006 (03)：38 – 42.

[141] 赵延东. 再就业中的社会资本：效用与局限 [J]. 社会学研究，2002 (04)：43 – 54.

[142] 周皓. 流动人口社会融合的测量及理论思考 [J]. 人口研究，2012 (03)：27 – 37.

[143] 朱健刚，陈安娜. 嵌入中的专业社会工作与街区权力关系：对一个政府购买服务项目的个案分析 [J]. 社会学研究，2013 (01)：43 – 64.

[144] 朱健刚. 草根 NGO 与中国公民社会的成长 [J]. 开放时代，2004 (06)：36 – 47.

[145] 朱力. 论农民工阶层的城市适应 [J]. 江海学刊，2002 (06)：82 – 88.

三、政策文献

[146] 中共中央、国务院关于加大统筹城乡发展力度进一步夯实农业农村发展基础的若干意见 [Z]，2009

[147] 中共中央、国务院关于加大统筹城乡发展力度进一步夯实农业农村发展基础的若干意见 [Z]，2010.

[148] 中共中央. 关于全面深化改革若干重大问题的决定 [Z]，2013.

[149] 中共中央. 关于制定国民经济和社会发展第十三个五年规划的建议 [Z]，2015.

[150] 国家卫生和计划生育委员会. 中国流动人口发展报告，2017 [EB/OL]. http：//www. china. com. cn/opinion/think/2017 –

11/14/content_41888694. htm.

［151］国务院. 关于加强和改进社区服务工作的意见［Z］，2006.

［152］民政部. 2017 年社会服务发展统计公报［Z］，2018.

［153］民政部. 关于促进农民工融入城市社区的意见［Z］，2012.

［154］全国人民代表大会常务委员会. 中华人民共和国户口登记条例［Z］，1958.

［155］中国共产党第十六届中央委员会第六次全体会议. 中共中央关于构建社会主义和谐社会若干重大问题的决定［Z］，2006.

［156］中华人民共和国国家统计局. 2010 年第六次全国人口普查主要数据公报［Z］，2011-04-28.

［157］中山市统计局. 2018 年中山市统计年鉴［Z］，2018.

四、电子文献

［158］马凯. 充分认识加强和创新社会管理重要性紧迫性［DB/OL］.（2010-10-16）. http：//www. gov. cn/ldhd/2010-10/16/content_1723896. htm.

［159］习近平. 我们都在努力奔跑，我们都是追梦人［EB/OL］.（2019-01-02）. http：//www. xinhuanet. com//video/2019-01/02/c_1210028811. htm.

［160］中国政府网（http：//www. gov. cn/）.

五、硕士、博士学位论文

［161］陈菊红. “国家—社会”视野下的流动人口自我管理研究［D］. 北京：中共中央党校，2014.

［162］侯非. 社会组织参与社会治理路径研究［D］. 重庆：

西南大学，2013.

［163］胡巧. 断裂与重构：地方政府与社会组织关系的研究［D］. 上海：华东理工大学，2012.

［164］赵萌萌. 新生代农民工城市社会融入问题研究：基于泉州市新生代农民工的实证分析［D］. 福州：福建农林大学，2012.

六、英文文献

［165］BOURDIEU P, WACQUANT L. Invitation to reflexive sociology［M］. Chicago: University of Chicago Press, 1992.

［166］BOURDIEU P. The forms of capital［M］//Handbook of theory and research for the sociology of education. New York: Greenwood, 1985.

［167］CHAN A. Revolution or corporatism? workers and trade unions in post – Mao China［J］. The Australian Journal of Chinese Affairs, 1993 (29): 31 – 61.

［168］COLLINS H. Discrimination, equality and social inclusion［J］. The Modern Law Review, 2003 (66): 16 – 43.

［169］DEKKER K, KEMPEN R V. Places and participation; comparing resident participation in post – WWII neighborhoods in Northwest, Central and Southern Europe［J］. Journal of Urban Affairs, 2016, 30 (1): 63 – 86.

［170］DEWALL C N, TWENGE J M, GITTER S A, et al. It's the thought that counts: the role of hostile cognition in shaping aggressive responses to social exclusion［J］. Journal of Personality and Social Psychology, 2009, 96 (1): 45 – 59.

［171］ENTZINGER H, BIEZEVELD R. Benchmarking in immigrant integration［M］, 2003.

[172] FUKUYAMA F. Social capital, civil society and development [J]. Third World Quarterly, 2001, 22 (1): 7-20.

[173] GANNOVETTER M. Economic action and social structure: the problem of embeddness [J]. American Journal of Sociology, 1985, 91 (3): 504-507.

[174] GORDON M M. Assimilation in American life [M]. New York: Oxford University Press, 1964.

[175] HALPERN D. Social capital [M]. Cambridge: Polity Press, 2005.

[176] JUNGER-TAS J. Ethnic minorities, social integration and crime [J]. European Journal on Criminal Policy and Research, 2001, 9 (1): 5-29.

[177] LEARY M R, KOWALSKI R M, SMITH L, et al. Teasing, rejection, and violence: case studies of the school shootings [J]. Aggressive Behavior: Official Journal of the International Society for Research on Aggression, 2003, 29 (3): 202-214.

[178] LEARY M R. Varieties of interpersonal rejection [M] // The social outcast: ostracism, social exclusion, rejection, and bullying. New York: Taylor & Francis Group, 2005.

[179] LOCKHART W H. Building bridges and bonds: generating social capital in secular and faith based poverty-to-work programs [J]. Sociology of Religion, 2005, 66 (1): 45-60.

[180] MANER J K, DEWALL C N, BAUMEISTER R F, et al. Does social exclusion motivate interpersonal reconnection? Resolving the "porcupine problem" [J]. Journal of Personality and Social Psychology, 2007, 92 (1): 42-55.

[181] MEYEJW, ROWAN B. Institutionalized organizations: formal structure as myth and ceremony [J]. American Journal of Sociology, 1977, 83 (2): 340 - 363.

[182] O'BRIEN DJ, PHILLIPS J L, PATSIORKOVSKY V V. Linking indigenous bonding and social capital [J]. Regional Studies, 2005, 39 (8): 1041 - 1051.

[183] PALMER, NA, PERKINS D D, XU Q. Social capital and community participation among migrant workers in China [J]. Journal of Community Psychology, 2001, 39 (1): 89 - 105.

[184] PARK RE, BURGESS EW. Introduction to the science of society [M]. Chicago: University of Chicago Press, 1921.

[185] PARSONS C. Social inclusion and school improvement [J]. Support For learning, 1994, 14 (4): 179 - 183.

[186] PORTER A. Social capital: its origins and applications in modern sociology [J]. Annual Review of Sociology, 1998, 24 (1): 1 - 24.

[187] PUTNAM R. The prosperous community: social capital and public life [J]. The American Prospect, 1993, 13 (4).

[188] PUTNAM R D, UNUM E P . Diversity and community in the twenty - first century: the 2006 Johan Skytte Prize Lecture [J]. Scandinavian Political Studies, 2010, 30 (2): 137 - 166.

[189] PUTNAM R D. Making democracy work: civic traditions in modern Italy [M]. New Jersey: Princeton University Press, 1993.

[190] PUTNAM R. D. Bowling alone: the collapse and revival of American community [M]. New York, Simon & Schuster Paperbacks, 2001.

[191] PUTNAM R D. E pluribus unum: diversity and community in the twenty – first century [J]. Scandinavian Political Studies, 2007, 30 (2): 137 – 174.

[192] REMENNICK L. Language acquisition, ethnicity and social integration among former Soviet immigrants of the 1990s in Israel [J]. Ethnic and Racial Studies, 2004, 27 (3): 431 – 454.

[193] RICHMAN L S, LEARY M R. Reactions to discrimination, stigmatization, ostracism, and other forms of interpersonal rejection: a multimotive model [J]. Psychological Review, 2009, 116 (2): 365 – 383.

[194] RUEFM, SCOTTW R. A multidimensional model of organizational legitimacy: hospital survival in changing institutional environments [J]. Administrative Science Quarterly, 1998, 43 (4): 877 – 904.

[195] SAICH T. Negotiating the state: the development of social organizations in China [J]. The China Quarterly, 2000 (161): 124 – 141.

[196] SCHMITTER P C, PIKE F B, STRITCH T. The new corporatism: social – political structures in the lberian world [J]. The Review of Politics, 1974, 36 (1): 85 – 131.

[197] SCOTT W R, MARTIN R, MENDEL P J, et al. Institutional change and healthcare organizations: from professional dominance to managed care [M]. Chicago: University of Chicago Press, 2000.

[198] SINGH J V, TUCKER D J, HOUSE R J. Organizational legitimacy and the liability of newness [J]. Administrative Science

Quarterly, 1986, 31 (2): 171 -193.

[199] SOLINGER D J. Urban entrepreneurs and the state: the merger of state and society [M] //State and Society in China: The Consequences of Reform. Boulder: West -view Press, 1992.

[200] SUCHMAN MARK C. Managing legitimacy: strategic and institutional approaches [J]. Academy of Management Review, 1995, 20 (3): 571 -610.

[201] TUNER J H. Theoretical summary of social capital [M] //Social capital: a multifaceted perspective. Washington, DC: The World Bank, 1999.

[202] TWENGE J M, BAUMEISTER R F, TICE D M, et al. If you can't join them, beat them: effects of social exclusion on aggressive behavior [J]. Journal of Personality and Social Psychology, 2001, 81 (6): 1058 -1069.

[203] WEISINGER J Y, SALIPANTE P F. A grounded theory for building ethnically bridging social capital in voluntary organizations [J]. Nonprofit and Voluntary Sector Quarterly, 2005, 34 (1): 29 -55.

[204] WHITE G, HOWELL J A, SHANG X. In search of civil society: market reform and social change in contemporary China [M]. Oxford: Clarendon Press, 1996.

[205] WILLIAMS K D. Ostracism [J]. Annual Review of Psychology, 2007 (58): 425 -452.

[206] WILLIAMS K D. Ostracism: a temporal need - threat model [J]. Advances in Experimental Social Psychology, 2009 (41): 275 -314.

[207] WILLIAMS K D, SOMMER K L. Social ostracism by

coworkers: does rejection lead to loafing orcompensation? [J]. Personality and Social Psychology Bulletin, 1997, 23 (7): 693-706.

附　录

附录1　1982—2018年常住人口、流动人口、农民工统计数据表

年份	全国人户分离的人口（亿）	流动人口（亿）	全国农民工（亿）	外出农民工（亿）
1982	0.33	0.0657		
1990	0.86	0.2135		
2000	1.44	1.023		
2001			0.8961	
2002			0.94	
2003			0.982	
2004			1.1823	
2005		1.474	1.2578	
2006			1.3181	
2007		1.5	2.1	1.26
2008	2	2.01	2.2542	1.4041
2009		2.11	2.2985	1.4536
2010	2.61	2.2143	2.4223	1.5335
2011	2.71	2.3	2.5278	1.5863

续表

年份	全国人户分离的人口（亿）	流动人口（亿）	全国农民工（亿）	外出农民工（亿）
2012	2.79	2.36	2.6261	1.6336
2013	2.89	2.45	2.6894	1.6610
2014	2.98	2.53	2.7395	1.6821
2015	2.94	2.47	2.7747	1.6884
2016	2.92	2.453	2.8171	1.6934
2017	2.91	2.445	2.8652	1.7185
2018	2.86	2.41	2.8836	1.7266

数据来源：国家卫生健康委流动人口服务中心主办的流动人口数据平台；参考中华人民共和国国家统计局《全国第三次人口普查数据》《全国第四次人口普查数据》《全国第五次人口普查数据》《全国第六次人口普查数据》。

附录2 我国流动人口发展状况

时间（年）	部门	成果	主要数据	主要结论
1984—1988	北京市人民政府研究室	《关于八大城市流动人口问题的综合报告》（1991）	北京、上海、广州、天津、和沈阳的流动人口总量达到536万人，增幅迅猛①	各城市流动人口的增长速度进一步加快，并一直呈现出快速增长的势头
1988			北京、上海、广州、天津、武汉、沈阳、西安、重庆8个城市的流动人口日均接近600万人②	庞大的流动人口已成为中国城市的一股有生力量，也是城市发展变化中最活跃的群体，其出现带来了交通紧张、日常生活必需品供应负担加重、刑事犯罪比例升高以及非法商业活动增加等一系列社会问题

①② 张坚．关于八大城市流动人口问题的综合报告［J］．社会学研究，1991（03）：20－24．

续表

时间（年）	部门	成果	主要数据	主要结论
2009	国家人口和计划生育委员会流动人口服务管理司	《中国流动人口发展报告2010》	中国流动人口数量已达2.11亿①	人口流动已从生存型转向发展型，家庭式移民的比例有所增加，常居乃至定居的趋势明显。与此同时，流动人口的生计压力大，民生问题突出，服务、管理体制改革的压力大增②
2010		《中国流动人口发展报告2011》	流动人口中受过职业培训并拥有职业技术职称的人数不到20%；52%未参加任何社会保险，养老保险异地转移难接续；住房负担沉重，支出比上半年增加58.2%；27%的家庭人均收入不到1000元。74%从农村到城市谋生的流动人口不想留在中小城镇，对“农转非”的兴趣不大；而愿意落户城市的流动人口中有近一半（46.6%）的原因是为了子女今后的教育问题；“80后”一直在增加，占农民工总数的47.0%③	新生代农民工④或者“农民工二代”问题日益突出。劳动技能整体偏低，家庭抗风险能力弱，低收入阶层入不敷出问题严重，社会保险参保率低，房租负担重，住房状况有待改善

①② 王培安．中国流动人口发展报告，2010［M］．北京：中国人口出版社，2010．

③ 国家人口和计划生育委员会流动人口服务管理司．中国流动人口发展报告，2011［M］．北京：人口出版社，2011．

④ 指在1980年及之后出生的，进城从事非农业生产6个月及以上的，常住地在城市，户籍地在乡村的劳动力，是新时代的产业工人。

续表

时间（年）	部门	成果	主要数据	主要结论
2011	国家人口和计划生育委员会流动人口服务管理司	《中国流动人口发展报告2012》	流动人口的总量近2.3亿，差不多是全国人口总数的17%。流动人口中农村户籍人口占到了八成以上	中国城镇人口比重超50%，流动人口规模创新高，流量、流向、结构和利益诉求变化深刻。大多数流动人口关心流入地的发展和变化，融入当地社会意愿强烈，但与流入地其他社群交流和参与渠道少
2012		《中国流动人口发展报告2013》	数量达2.36亿，相当于每6人中有1人是流动人口。均龄约28岁，超一半劳动年龄流动人口出生于1980年以后	在总量上，流动人口主体是“新生代”，代际更替出现。新生代流动人口在流量、流向、结构等方面的特征代表着人口迁移的新趋势：由生存型向发展型转变、由个体流动向家庭化迁移转变、由“钟摆式”流动向在城市稳定生活和工作转变。应顺应其发展需求，设计相关政策，提升其生存发展能力
2013		《中国流动人口发展报告2014》	总量2.45亿，超总人口的1/6。均龄27.9岁。6~15岁子女随父母流动的比例达62.5%，比2012年上升了5.2个百分点	总的流向趋势未变，特大城市人口聚集态势加强。婚育年龄推迟与老龄化有关；育龄妇女在流入地怀孕和生育的比例提高；婚育服务需求增强，这些都要求流入地强化流动人口基本公共卫生和婚育服务均等化工作

续表

时间（年）	部门	成果	主要数据	主要结论
2014	国家人口和计划生育委员会流动人口服务管理司	《中国流动人口发展报告2015》	“十二五”时期，年均增长约800万人，2014年末达2.53亿人。预测，至2020年，将逐步增至2.91亿人，年均增长600万人左右，其中农业转移人口约2.2亿人、城城流动人口约7000万人。近9成已婚新生代流动人口夫妻双方一起流动，与配偶、子女共同流动的约占60%	根据城镇化、工业化进程和城乡人口变动趋势，迁移人口增速放缓，城镇间人口流动日趋活跃；流动儿童和流动老人规模不断增长，劳动年龄人口比重不断下降；居留稳定性增强，融入城市意愿强烈；其子女在现居住地出生的比例不断上升
2015		《中国流动人口发展报告2016》	规模达2.47亿人，占总人口的18%。新生代占比持续提高，均龄呈上升趋势（29.3岁），且老化速度快于全国人口	流动人口多年来人数首次出现下降趋势；但人口迁移方向依然是继续向沿江、沿海等交通与经济发达地区聚集，中西部地区省内流动比重增加；东部地区流动比重下降，西部地区渐趋活跃；流向中心城市比例下降，流向非中心城市比例上升

续表

时间（年）	部门	成果	主要数据	主要结论
2016	国家人口和计划生育委员会流动人口服务管理司	《中国流动人口发展报告2017》	规模为2.45亿人；新生代比重不断上升（达64.7%），成为流动人口中的主力军	总量第二年下降，主要是因为：户籍制度改革使部分流动人口在流入地落户转化为新市民
2017		《中国流动人口发展报告2018》	总数2.44亿，其中“80后”占比超六成。40.4%新生代愿将户口迁入流入地，97.3%的喜欢现居住地，93.3%的愿意融入本地人之中，73.2%认为已是其中一员	数量第三年下降，规模正进入调整期。新生代作为主要群体，表现出对城市社会较好的适应性和较高的融入意愿

注释：本表由作者根据1991年《关于八大城市流动人口问题的综合报告》① 和2010—2018年国家卫计委（国家卫健委）发布的《中国流动人口发展报告》整理制作。

① 张坚．关于八大城市流动人口问题的综合报告［J］．社会学研究，1991（03）：20-24.

附录3 新中国成立以来流动人口政策变迁①

年份	制定部门	政策法规名称
1951年7月	公安部	《城市户口管理暂行条例》
1953年4月	政务院	《中央人民政府政务院关于劝止农民盲目流入城市的指示》
1955年6月	国务院	《关于建立经常户口登记制度的指示》
1956年12月	国务院	《国务院关于防止农村人口盲目外流的指示》
1957年3月	国务院	《关于防止农村人口盲目外流的补充指示》
1957年9月	国务院	《国务院关于防止农民盲目流入城市的通知》
1958年1月	全国人大常委会	《中华人民共和国户口登记条例》
1964年8月	国务院转公安部	《公安部关于处理户口迁移的规定（草案）》
1977年11月	国务院转公安部	《公安部关于处理户口迁移的规定》
1980年8月	中共中央	《关于转发全国劳动就业会议文件的通知》

① 根据上引文及人民网（http：//cppcc.people.com.cn/n/2014/0731/c34948－25373435.html）整理。

续表

年份	制定部门	政策法规名称
1981 年 12 月	国务院	《国务院关于严格控制农村劳动力进城做工和农业人口转为非农业人口的通知》
1982 年 5 月	国务院	《城市流浪乞讨人员收容遣送办法》
1984 年 1 月	中共中央	《关于 1984 年农村工作的通知》
1984 年 10 月	国务院	《国务院关于农民进入集镇落户问题的通知》
1985 年 7 月	公安部	《公安部关于城镇暂住人口管理的暂行规定》
1992 年 8 月	公安部	《关于实行当地有效城镇居民户口制度的通知》
1995 年 9 月	中央社会治安综合治理委员会	《关于进一步加强流动人口服务和管理工作的意见》
1997 年 6 月	国务院批转公安部	《关于小城镇户籍管理制度改革的试点方案》
1998 年 7 月	国务院批转公安部	《国务院批转公安部关于解决当前户口管理工作中几个突出问题意见的通知》
2001 年 3 月	国务院批转公安部	《国务院批转公安部关于推进小城镇户籍管理制度改革意见的通知》
2003 年 1 月	国务院	《国务院办公厅关于做好农民进城务工就业管理和服务工作的通知》
2006 年 3 月	国务院	《国务院关于解决农民工问题的若干意见》

续表

年份	制定部门	政策法规名称
2006 年 12 月	中共中央、国务院	《关于全面加强人口和计划生育工作统筹解决人口问题的决定》
2009 年 12 月	中共中央、国务院	《中共中央、国务院关于加大统筹城乡发展力度进一步夯实农业农村发展基础的若干意见》
2014 年 7 月	国务院	《关于进一步推进户籍制度改革的意见》
2014 年 9 月	国务院	《国务院关于进一步做好为农民工服务工作的意见》

附录4　加强社会建设和管理的政策文件

时间（事件）	政策文件	与社会建设相关的核心内涵
2004年9月19日，中国共产党第十六届中央委员会第四次全体会议	《中共中央关于加强党的执政能力建设的决定》	首次提出要加强社会建设和管理，推进社会管理体制创新
2005年2月19日	《胡锦涛同志在省部级主要领导干部提高构建社会主义和谐社会能力专题研讨班上的讲话》	随着我国经济社会不断发展，中国特色社会主义事业的总体布局更加明确地由社会主义经济建设、政治建设、文化建设三位一体发展为社会主义经济建设、政治建设、文化建设、社会建设四位一体①
2005年10月11日，中国共产党十六届五中全会	《中共中央关于制定国民经济和社会发展第十一个五年规划的建议》	开创社会主义经济建设、政治建设、文化建设、社会建设新局面

① 胡锦涛．在省部级主要领导干部提高构建社会主义和谐社会能力专题研讨班上的讲话［EB/OL］．http：//www.gov.cn/ldhd/2005－06/27/content－9700.htm.

续表

时间（事件）	政策文件	与社会建设相关的核心内涵
2006 年，中国共产党十六届六中全会	《中共中央关于构建社会主义和谐社会若干重大问题的决定》	推动社会建设与经济建设、政治建设、文化建设“四位一体”协调发展。“健全社会组织，增强服务社会功能，坚持培育发展和管理监督并重”，健全“党委领导、政府负责、社会协同、公众参与的社会管理格局”①
2007 年，中国共产党第十七次全国代表大会	《高举中国特色社会主义伟大旗帜为夺取全面建设小康社会新胜利而奋斗》	加快推进以改善民生为重点的社会建设。“最大限度激发社会创造活力，最大限度增加和谐因素，最大限度减少不和谐因素。”②
2012 年，中国共产党第十八次全国代表大会	《坚定不移沿着中国特色社会主义道路前进 为全面建成小康社会而奋斗》	全面推进经济建设、政治建设、文化建设、社会建设、生态文明建设，实现以人为本、全面协调可持续的科学发展。使生态文明建设的战略地位更加明确，有利于把生态文明建设融入经济建设、政治建设、文化建设、社会建设各方面和全过程

① 中国共产党第十六届中央委员会第六次全体会议．中共中央关于构建社会主义和谐社会若干重大问题的决定［EB/OL］．（2006－10－11）．http：//www.gov.cn/govweb/gongbao/content/2006/content_453176.htm.

② 胡锦涛．高举中国特色社会主义伟大旗帜　为夺取全面建设小康社会新胜利而奋斗——在中国共产党第十七次全国代表大会上的报告［EB/OL］．（2007－10－25）．http：//www.npc.gov.cn/zgrdw/npc/xinwen/szyw/zywj/2007－10/25/content_373528.htm.

续表

时间（事件）	政策文件	与社会建设相关的核心内涵
2013 年，中国共产党十八届三中全会	《中共中央关于全面深化改革若干重大问题的决定》	“创新社会治理体制”，“推进国家治理体系和治理能力现代化”。① 官方话语体系实现了从“社会管理”到“社会治理”的转变
2015 年，中国共产党十八届五中全会	《中共中央关于制定国民经济和社会发展第十三个五年规划的建议》	“加强和创新社会治理，推进社会治理精细化，构建全民共建共享的社会治理格局。”②
2017 年，中国共产党第十九次全国代表大会	《决胜全面建成小康社会 夺取新时代中国特色社会主义伟大胜利》	“加强社会治理制度建设，完善党委领导、政府负责、社会协同、公众参与、法治保障的社会治理体制，提高社会治理社会化、法治化、智能化、专业化水平”，“加强社区治理体系建设，推动社会治理重心向基层下移，发挥社会组织作用，实现政府治理和社会调节、居民自治良性互动。”“提高保障和改善民生水平，加强和创新社会治理”，“打造共建共治共享的社会治理格局”。③

① 中共中央. 关于全面深化改革若干重大问题的决定［EB/OL］.（2013 - 11 - 15）. http：//cpc. people. com. cn/n/2013/1115/c64094 - 23559163. html.

② 中共中央. 关于制定国民经济和社会发展第十三个五年规划的建议［EB/OL］.（2015 - 10 - 29）. http：//cpc. people. com. cn/n/2015/1103/c399243 - 27772351. html.

③ 习近平. 决胜全面建成小康社会夺取新时代中国特色社会主义伟大胜利——在中国共产党第十九次全国代表大会上的报告［EB/OL］.（2017 - 10 - 28）. http：//www. xinhuanet. com/2017 - 10/27/c - 1121867529. htm.

附录5　访谈提纲

一、市社工委访谈提纲

1. Z 市基本情况（人口总量、地理位置、经济发展状况、产业布局、组织架构、本地户籍居民人口数量、流动人口数量及占本地户籍人口比重等）；Z 市社工委的组织架构、职责分工等。

2. Z 市社会组织的数量、类型、服务领域和相关管理政策以及基本运作状况；Z 市政府购买服务的方式是怎样的？（购买项目、购买岗位）

3. Z 市流动人口的构成和特征（性别比例、受教育程度、户籍所在地分布、从事的工作领域分布、居住情况等）、户籍制度特点和流动人口管理的有关政策，以及针对流动人口社会融入采取的政策、取得的效果等。

4. Z 市下辖的各镇街流动人口数量、就业状况和人口构成情况、流动人口流入的原因、有哪些镇街比较具有代表性。

5. Z 市政府与社会组织合作的有关促进流动人口社会融入的项目或政策措施落实情况。

6. 除推动流动人口社会融入之外，Z 市在创新社会治理方面还有哪些突出的做法？社会组织的参与程度如何？

7. 在推动社会融入或社会治理过程中，政府各部门之间是如何分工与协作的？有哪些项目或活动是由部门之间共同完成的？（试举一例）

二、镇（街、区）社工委访谈提纲

1. * * 镇（街、区）的基本情况（人口总量、地理位置、经济发展状况、产业布局、组织架构、本地户籍居民人口数量、流动人口数量、流动人口占本地户籍人口比例等）。

2. 社会组织的数量、类型、服务领域和相关管理政策，以及基本运作状况。

3. * * 镇（街、区）总体的流动人口的构成和特征（性别比例、受教育程度、户籍所在地分布、从事的工作领域分布、居住情况等）、户籍制度特点和流动人口管理的有关政策，以及针对流动人口融入采取的政策及其取得的效果等。

4. * * 镇（街、区）各村（居）的流动人口数量、就业状况和人口构成情况、流动人口流入的原因、有哪些村（居）比较具有代表性。

5. * * 镇（街、区）与社会组织合作的有关促进流动人口社会融入的项目或政策措施的落实情况。

6. 您认为社会组织在促进流动人口的社会融入中能起到或起到了什么作用？（请举例说明）

7. 您认为不同的社区类型的流动人口的社会融入差异是什么（如出租屋集聚区、工厂宿舍区、楼盘小区、传统农村社区、传统城市社区等）？

8. 除推动流动人口融入之外，* * 镇（街、区）在创新社会治理方面还有哪些突出的做法？社会组织的参与程度如何？

三、社区居委会访谈提纲

1. 社区的基本情况（人口总量、地理位置、经济发展状况、产业布局、组织架构、本地户籍居民人口数量、流动人口数量、流动人口占本地户籍人口比例等）。

2. 社会组织的数量、类型、服务领域和相关管理政策，以及基本运作状况。

3. 社区流动人口的构成和特征（性别比例、受教育程度、户籍所在地分布、从事的工作领域分布、居住情况等）。

4. 社区与社会组织合作的有关促进流动人口社会融入的项目或政策措施的落实情况。

5. 您认为社会组织在开展社会服务过程中与社区居委的最大区别是什么？（请举例说明）

6. 您认为社会组织在促进流动人口的社会融入中能起到或起到了什么作用？（请举例说明）

四、社会组织访谈提纲

1. 贵组织的成立时间、业务主管（指导）部门、活动领域、主要服务范畴和组织内部架构是怎样的？

2. 贵组织的资金来源渠道有哪些？项目资金如何分配？是否有自主权？若有，您享受到了哪些方面的自主权？如在活动开展中，是否由自己决定？活动范围和活动地域是自己决定还是由项目决定？

3. 贵组织在与政府开展合作项目的过程中，一般与哪些政府部门接触？与政府开展合作的优势和劣势分别是什么？

4. 贵组织是否参加过等级评估？您认为参加等级评估对组织发展有哪些利弊？

5. 您认为组织发展与参加政府服务项目之间的关系是怎样的？

6. 贵组织是否与基层政府合作过关于社会融入的项目？若有，

请进一步介绍。

7. 在项目开展初期，遇到了哪些困难？如何克服的？（请举例说明）

8. 在促进流动人口的社会融入项目实施过程中，社会组织自身的发展得到了哪些提升？流动人口对社会组织的认可度是否有所提升？

9. 您认为社会组织在促进社会融入中起到了哪些作用？（请举例说明）

10. 目前您的组织所服务的镇（街、区）基层政府出台了哪些政策以促进社会组织在社会治理中发挥作用？这些政策的效果怎样？

五、流动人口访谈提纲

1. 您目前居住在哪种类型的社区（出租屋、工业园、楼盘小区等）？

2. 您的年龄、受教育程度、婚姻状况是________？

3. 您在＊＊镇（街、区）工作（居住）多长时间了？您来自哪个省市？

4. 您目前从事的行业是什么？具体从事哪方面工作？工作期间是否更换过工作？一般通过何种途径获得就业信息？工作是否签订了劳动合同？是否购买社会保险？

5. 您的收入水平如何？支出最主要在哪些方面？

6. 您是否办理了居住证？是否打算在本地买房？

7. 您生活中与哪些人交往得比较多？您与本地人的相处怎么样？是否结识了本地的朋友？平日的交往频率怎样？

8. 您是否参加过社会组织（如业委会、生活类组织、志愿者

组织、社工组织等）？是否参加过社会组织开展的活动？这些活动对您是否起到了帮助？在哪些方面有帮助？（请举实例）

9. 在生活或工作中遇到困难时，您一般如何解决？你所在的单位是否对您提供过相关的服务（如培训、心理咨询、困难帮扶、维权、联谊等）？

10. 当您在本地看到违反社会公德的行为时，您会做出何种反应？

11. 您在日常生活中最多使用哪种语言？您是否能听懂粤语？在您与周边的人交流过程中存在语言障碍等方面的问题吗？

12. 您对本地的风俗习惯熟悉吗？您会按照本地的风俗习惯办事吗？

13. 您认为自己的身份是外地人还是本地人？您觉得自己与本地人有哪些不同？您觉得在与本地人交往的过程中有受到歧视的情况吗？

14. 您是否参加过本地社区的选举？您对您所生活的社区和工作单位的管理工作是否关注？

附录6　主要受访者名单

Y 女士：Z 市政法委副书记。

Z 先生：Z 市政法委专职委员。

Y 先生：Z 市政法委群众工作科科长。

L 女士：Z 市政法委群众工作科干事。

G 先生：北达博雅社会工作资源中心总干事/理事长。

S 先生：Z 市社会发展研究院院长。

S 先生：Z 市 G 镇党委副书记、社工委主任。

L 先生：Z 市 G 镇党委委员。

C 先生：Z 市 G 镇社会事业局局长。

H 女士：Z 市 G 镇社会工作委员会专职副主任。

Z 女士：Z 市 G 镇社会工作委员会干事。

C 女士：Z 市 G 镇浙江商会会长。

L 女士：Z 市 G 镇亲子志愿服务队队长。

Z 女士：Z 市 G 镇乐活艺术团团长。

Z 女士：Z 市 G 镇宜宾商会会长。

L 先生：Z 市 G 镇流动人口代表。

Q 女士：Z 市 G 镇岗南村村民委员会委员。

L 女士：Z 市 X 镇公益发展中心主任、文明办主任。

L 先生：Z 市 X 镇综治办主任。

L 先生：Z 市 X 镇永宁社区居民。

L 先生：Z 市 X 镇新市社区居民。

L 先生：Z 市 X 镇菊城公益。

C 女士：Z 市 X 镇北达博雅总干事。

L 先生：Z 市 X 镇外来工志愿者，“Z 市公益达人”。

H 女士：Z 市 X 镇外来工志愿者，“Z 市好人”。

M 先生：Z 市 X 镇新市社区家庭综合服务中心主任。

L 女士：Z 市 K 开发区副主任。

L 女士：Z 市 K 开发区干事。

L 女士：Z 市 K 开发区社区党支部书记。

L 先生：Z 市 D 区社工委干事。

以及 Z 市 D 区社会组织代表、社区代表、D 区全民公益园负责人，长江三溪社区社会组织代表、非户籍人员代表、社区代表等。

后　记

自2011年在英国伯明翰大学学习“社会研究”、2016年在中山大学学习“研究社会”至今，纵横万里，历时十年。满怀社会情怀、社会担当和社会责任，既仰望星空，又脚踏实地，在“诗与远方”的引领下，梦想成为一个顶天立地的有为于社会和有利于他人的人。

“十年磨一剑”。十年来，我要感谢的人有许多，尤其要感谢我的导师K. Ecclestone教授、刘祖云先生，他们的无微不至的关怀、诲人不倦的教导和真诚无私的帮助成就了今天的我，实令我感激不尽！

衷心感谢蔡禾教授、罗教讲教授、管兵教授、王宁教授、丘海雄教授、梁玉成教授、张和清教授、李若建教授、黎熙元教授、方芗教授、王进教授、肖文明教授、陈天祥教授、韩冬临教授、侯佳伟教授、黄晓星教授和方博野教授的谆谆教诲、倾心指导和热情帮助！

我还要感谢出版社的江宜玲老师、我的同学同事、我的朋友和我的家人！

古人云："三十而立"。我谨以此书为证。

彭灵灵

2021 年 6 月 4 日

于广州白云山庄